SANDRINE ZERBIB
ALDO SPAANJAARS

DRAGON TACTICS

龙策略

LES TACTIQUES DES ENTREPRENEURS CHINOIS POUR MIEUX DIRIGER DANS L'INCERTITUDE

DUNOD

Éditorial : Innocentia Agbe, Lucile Lesage
Fabrication : Nelly Guilbert
Mise en page : PCA
Conception de couverture : Studio Dunod
Maquette intérieure : Marion Alfano, Lucile Lesage
Graphiques : Tine van Wiel (sauf visuel p. 143)

Titre original : *Dragon Tactics*
Traduction : Michel Bessières

www.dragontactics.com

11, rue Paul Bert, 92240 Malakoff
www.dunod.com
ISBN : 978-2-10-084276-6

Sommaire

Note des auteurs

Entre le moment où nous avons décidé d'écrire ce livre, voilà deux ans, et les dernières retouches que nous apportons à notre manuscrit, une succession quasiment ininterrompue d'informations a rendu compte d'orientations et de décisions des autorités chinoises souvent jugées alarmantes. Dans certains cas, ces initiatives ont pour but de contrôler les firmes les plus dynamiques du secteur privé, en particulier dans la tech. De telles actions entament le crédit déjà fragile de la Chine aux yeux du monde. À l'intérieur des frontières, elles sapent la confiance des entrepreneurs en un avenir stable, garant de leur expansion.

Nous constatons aussi la montée inquiétante du nationalisme en Chine. Jour après jour, il s'impose comme la nouvelle norme à laquelle bon nombre se conforment tandis que les voix dissidentes sont étouffées. Par ailleurs, ces évolutions compliquent les projets des entreprises et des marques étrangères sur le marché chinois et pèsent sur leurs chances de réussite.

Toutefois, en dépit de ces réalités, nous sommes plus persuadés que jamais de la pertinence des «tactiques du dragon» que nous décrivons ici. Ce livre met en lumière les moyens par lesquels les entrepreneurs chinois parviennent à prospérer dans un environnement en rapide évolution et souvent plein d'aléas.

Changement climatique, appels à une plus grande responsabilité sociale des entreprises, rôle croissant de la Chine sur la scène internationale, transformation et expansion de ses firmes… Ces facteurs, parmi d'autres, nourrissent la montée des incertitudes économiques. Autrement dit, voilà que le monde fait face à des conditions similaires à celles qu'ont dû affronter les entrepreneurs chinois depuis leurs premiers faits d'armes, à la fin des années 1980. Alors que se multiplient ces bouleversements rapides, les leçons exposées dans ce livre sont d'une importance vitale pour les entrepreneurs et les décideurs économiques du monde entier. Plus que la Chine elle-même, ce livre a donc pour sujet les enseignements à tirer de l'expérience d'entreprises capables de s'épanouir dans un monde incertain.

Disons-le clairement, nous ne traiterons pas ici de politique. Nous n'entendons pas analyser les tensions géopolitiques entre la Chine et les États-Unis, et nous voulons encore moins prendre parti. De plus, si nous sommes convaincus que les entrepreneurs chinois ont beaucoup à nous apprendre, nous ne cédons aucunement à une fascination aveugle et enthousiaste pour tout ce qui vient de Chine. Notre recul critique est manifeste, y compris quand nous traitons des tactiques du dragon.

Le chemin vers les tactiques du dragon…

En juin 2019, nous sommes arrivés à la conclusion que ce livre devait être écrit. L'événement déclencheur a été l'annonce par le groupe Carrefour, géant français de la grande distribution, de la vente de sa filiale chinoise. La multinationale n'était plus en mesure d'affronter ses concurrents sur le marché chinois. Cette situation, qui faisait suite à deux décennies d'une présence marquée pour l'essentiel par de nombreux succès et une rentabilité enviable, était invraisemblable. Que s'était-il donc passé ?

L'affaire ne nous a pas totalement surpris. Les concurrents locaux de l'enseigne française ont su prendre l'avantage et Carrefour a échoué face à des capacités qu'elle n'a pas su vraiment comprendre, assimiler ou prendre au sérieux. La marque a évolué trop lentement sur un marché en mutation rapide, peu propice aux prévisions. Carrefour n'a pas su naviguer en milieu incertain. Pourtant, nombre de ses concurrents locaux ont su, et savent toujours, tirer le meilleur parti de ces conditions.

… s'est ouvert à nous dès nos premiers pas en Chine, voilà déjà longtemps

À notre arrivée, la Chine était encore aux prémices de la remarquable trajectoire qui l'a conduite de l'arriération économique à son statut de grande puissance mondiale.

Au début de l'année 1994, Sandrine arrivait à Shanghai à la demande de Robert Louis-Dreyfus, nouvel actionnaire majoritaire et PDG d'Adidas, pour sonder le potentiel du marché chinois. Elle allait finalement s'y installer et lancer Adidas-Chine depuis son domicile.

Aldo a quant à lui posé le pied à Hong Kong en 1992 en rejoignant le service marketing du conglomérat néerlandais Hagemeyer. C'est sa confiance dans le potentiel exceptionnel de la Chine qui l'a décidé à quitter Hong Kong pour Pékin. En 1995, il s'y est installé pour participer à la création du bureau local de l'agence publicitaire américaine J. Walter Thompson.

L'un comme l'autre n'avaient qu'une connaissance superficielle de la Chine à leur arrivée. Sandrine, en particulier, a connu un véritable choc culturel et des débuts parfois difficiles : qu'allait faire Adidas dans ce pays aux infrastructures commerciales déficientes, voire inexistantes, au pouvoir d'achat d'une faiblesse insigne et dont le cadre juridique posait des obstacles presque insurmontables à une époque où la Chine n'avait pas encore rejoint l'OMC ?

Sandrine a pourtant persisté et créé la filiale chinoise d'Adidas : l'énergie qu'elle percevait en Chine l'a convaincue que le pays pouvait devenir l'épicentre de la planète au XXIe siècle. Les faits lui ont donné raison. Néanmoins, alors qu'elle assistait au décollage accéléré de la Chine, elle gardait la plus grande réserve à l'égard des entrepreneurs de cette première génération émergente. Chaos, absence de planification, gaspillage des ressources dominaient le tableau. Il ne s'agissait pas seulement d'une impression. C'est la même conviction quant au potentiel exceptionnel de la Chine qui a décidé Aldo à quitter Hong Kong pour un avenir incertain à Pékin. Grâce à ses fréquents allers et retours passés entre la Chine continentale et Hong Kong, le choc culturel a été amorti.

Tandis que Sandrine multipliait les rencontres avec les entrepreneurs locaux pour créer une chaîne logistique et un réseau de distribution, Aldo traitait avec les multinationales étrangères, tentées par la conquête du marché chinois. Certaines allaient y parvenir, d'autres moins. Aldo se souvient de cet argument récurrent qui résumait les espoirs de la plupart de ses interlocuteurs : « Quel succès ce serait si seulement une frange étroite du 1,3 milliard d'habitants achetait nos produits ! » Dans les faits, séduire cette frange étroite n'était pas si aisé. En vérité, bien peu de marques étrangères étaient prêtes à assumer les choix stratégiques difficiles, mais nécessaires pour convaincre ces nouveaux consommateurs chinois. Pour Aldo, l'exemple le plus éloquent de cette myopie remonte à sa collaboration avec l'équipe d'une célèbre marque de céréales. À la veille d'une entrevue avec les dirigeants de l'Asie-Pacifique, il a été prévenu qu'il ne devait sous aucun prétexte suggérer que la firme puisse se lancer dans la fabrication de produits locaux pour le petit-déjeuner. La firme se faisait fort de convertir les Chinois aux céréales sucrées…

Sandrine et Aldo se sont rencontrés en 2004 chez Adidas-Chine, devenue en partant de rien et grâce aux efforts de Sandrine la deuxième filiale de la marque. Sandrine avait également convaincu le Comité Olympique de Pékin de faire d'Adidas le premier sponsor pour le sportswear de la XXIXe Olympiade à Pékin, en 2008. En quête d'un expert en marketing pour renforcer l'image de la marque dans la perspective des jeux, elle s'est tournée vers Aldo. Alors qu'il travaillait pour Siemens, il venait de remporter un prix pour une campagne publicitaire à l'impact aussi fort dans le monde qu'en Chine, cas exceptionnel à cette époque.

• • •

Bien des choses ont changé depuis. Non seulement en Chine et dans nos carrières, mais aussi dans notre perception du marché chinois et des conditions à remplir pour s'implanter et y réussir. Depuis 2004, nous avons chacun occupé divers postes de direction, travaillé ou collaboré avec toute une série d'entreprises, multinationales ou chinoises. Sandrine a aussi créé sa propre société. Dans chacune de nos fonctions, nous avons régulièrement échangé avec des entrepreneurs chinois, qu'il s'agisse de franchisés ou de prestataires de firmes pour lesquelles nous travaillons, de candidats à de possibles partenariats internationaux pour les marques que nous représentions ou d'interlocuteurs directs au sein de sociétés pour lesquelles nous avons travaillé ou agi en tant que consultants.

Dans les premiers temps, en raison de nos connaissances très limitées, nous avions été frappés par ce qui nous a semblé être un manque de professionnalisme au sein de ces entreprises. Avant et après nous, bien d'autres ont émis le même jugement. Toutefois, depuis cette époque, les entrepreneurs chinois ont su convertir bon nombre de ces lacunes en atouts. L'approche radicalement nouvelle qu'ils ont définie est une des clés des succès actuels de la Chine.

Dans ces pages, nous partageons quelques-unes des leçons tirées de nos années d'expérience majoritairement sur les marchés de consommation, d'où le fait que la plupart des exemples donnés soient liés à ce secteur. Nous tenons cependant à souligner que nos raisonnements valent pour beaucoup d'entreprises chinoises, prospères ou non, quel que soit leur secteur d'activité. Les pratiques managériales que nous décrivons dans cet ouvrage et qui réussissent si bien aux entrepreneurs chinois ne sont pas propres à tel ou tel domaine.

Nous adjurons les lecteurs qui nous suivront de ne pas jeter le bébé avec l'eau du bain : qu'ils veuillent bien rester réceptifs et curieux aux idées et aux pratiques originales susceptibles de les aider à remporter des succès – ou à les confirmer – dans le monde de demain, plutôt que de rendre un verdict prématuré, sans bénéficier des connaissances ou des aperçus nécessaires.

Introduction

Depuis que la Chine s'est ouverte au monde à la fin des années 1980, son économie s'est développée par étapes successives. Au cours de la plupart de ces phases, les capitaux et les technologies venus de l'étranger ont joué un rôle moteur, tout comme les règles de management importées. Les compétences et les pratiques de l'encadrement occidental ont été une source d'inspiration pour organiser la production comme la distribution. Les dirigeants des premières firmes nationales florissantes ont observé les modèles en vigueur hors de leurs frontières ou ont appris des nombreux Chinois de l'étranger et des citoyens de Taïwan et de Hong Kong actifs en Chine continentale. Ils ont aussi recruté des Chinois chevronnés qui avaient fait leurs armes dans des multinationales.

La réussite des entreprises chinoises – à l'intérieur et, comme nous le constatons, de plus en plus à l'étranger – repose sur une nouvelle approche du management. Elle bouscule les méthodes auxquelles nous sommes habitués. Les préceptes qui la fondent puisent dans l'histoire multimillénaire de la Chine et cadrent avec le contexte culturel dans lequel entrepreneurs et dirigeants économiques chinois se sont affirmés. Ils se révèlent aujourd'hui décisifs dans l'environnement hypercompétitif que rencontrent ces chefs d'entreprise.

Parce que cette nouvelle donne est concomitante de la numérisation accélérée de toutes les activités, avec ses conséquences en matière d'échelle, de vitesse et de complexité, les firmes chinoises qui sortent du lot mettent désormais en œuvre toute une batterie de techniques originales. L'obsession de la survie, l'organisation en plateforme, la compétition interne, la combinaison d'objectifs à long terme et d'une totale flexibilité à court terme, la préférence donnée aux opportunités sur les efficiences, l'organisation de style amibe, le recours généralisé aux données, le recrutement de profils d'entrepreneurs et l'adhésion à la méthode «essayer, échouer, essayer à nouveau et échouer à nouveau jusqu'à obtenir un résultat satisfaisant» en font partie.

La théorie occidentale du management peut aisément tourner ces préceptes en dérision, y voir une démarche menant au chaos, critiquer un manque de «sens des affaires» ou, pire, pointer l'absence d'un *business case* et de conclure que cela «ne marchera jamais!». Pourtant, comme l'illustre l'exemple de Carrefour, dans l'ensemble, ça marche…

Pour beaucoup de gens dans le monde entier, et pour les cadres dirigeants en particulier, la Chine reste une énigme. Un pays lointain, fort d'une culture insaisissable. Cependant, à mesure que le monde devient plus interconnecté et plus numérique, que la Chine et ses entrepreneurs semblent appelés à jouer un rôle croissant dans l'économie mondiale, les dirigeants d'entreprise dans le reste du monde peuvent tirer bien des enseignements des pratiques du management chinois. Réciproquement, leurs pairs chinois ont intérêt à mieux apprécier les défis qu'ils sont susceptibles de rencontrer en s'aventurant à l'étranger.

À ce jour, il est vrai, la Chine n'a pas formalisé ses méthodes innovantes de management sous la forme d'une théorie cohérente et largement reconnue, à la différence d'un Peter Drucker ou des entreprises japonaises de naguère, avec l'amélioration continue et le juste-à-temps. Cependant, comme nous le montrerons dans ce livre, les entrepreneurs chinois ont acquis la maîtrise de compétences indispensables dans nos sociétés en voie de numérisation accélérée et soumises à une forte instabilité, c'est-à-dire la flexibilité, la réactivité, la rapidité, l'agilité, la ténacité et la soif d'apprendre.

Ces aptitudes leur confèrent un avantage décisif. Plusieurs études, dont celle de Qiao Liu et Alan Siu de l'université de Hong Kong, suggèrent que les entreprises chinoises à capitaux privés obtiennent des rendements plus élevés que les sociétés nationalisées, soit 14 % en moyenne contre 4 % [1].

Que faut-il entendre par « tactiques du dragon » ?

Le titre que nous avons choisi pour ce livre mérite une explication. À première vue, il s'agit d'un simple rapprochement entre une notion qui exprime un agencement réfléchi d'actions et un symbole culturel emblématique de la Chine. Pour être tout à fait juste, ce constat ne rend pas entièrement compte de sa signification.

Comme le lecteur le découvrira au fil de ces pages, nombre d'entrepreneurs chinois avec lesquels nous avons collaboré ou échangé ont une véritable vénération pour les loups. Il ne s'agit pas nécessairement du loup solitaire, prédateur agressif et sanguinaire qui attaque les troupeaux, assimilé à la cruauté dans la tradition occidentale comme dans la culture chinoise, mais d'un archétype plus flatteur, caractérisé par l'intelligence, le courage, l'obstination et la patience. Un symbole d'indépendance et de liberté, en somme. Un animal agissant en meute, hautement organisé et discipliné, capable d'élaborer des plans et de se fixer des objectifs. Un modèle d'endurance, résistant à la faim et à la soif, soucieux du bien-être des siens, animé par un esprit collectif, inflexible et indomptable.

À bien des égards, toutes ces caractéristiques lupines évoquent le profil des entrepreneurs chinois. Pour nombre d'entre eux, la culture du loup, que nous examinons en détail dans ces pages, offre la métaphore la plus appropriée pour décrire la culture des entreprises qu'ils ont bâties.

Nous aurions pu envisager d'intituler notre livre «Les Tactiques du loup». Pour tout ce qu'elle a d'admirable et de propice au succès, la culture du loup n'a pas que des traits engageants. Par ailleurs, tous les entrepreneurs chinois n'adoptent pas le comportement du loup. Tous, en revanche, sont des dragons.

S'il est présent dans les légendes chinoises et occidentales, cet animal mythique y tient pourtant des rôles bien différents. En Occident, sa représentation est souvent négative alors qu'il jouit en Chine d'une image beaucoup plus favorable. Dans la Chine ancienne, le dragon était l'objet d'un culte. Avec l'émergence de la société féodale, les structures hiérarchiques se sont rigidifiées et la figure du dragon a évolué. Quand les souverains chinois ont revendiqué le Mandat du ciel et accédé au statut d'empereur, le dragon a suivi leur ascension. L'empereur, désormais considéré comme le fils du Ciel, soit un être de nature divine, a adopté le dragon comme emblème exclusif de son pouvoir. Bientôt, l'empereur a été assimilé au dragon. Il est devenu un dragon d'or.

Aujourd'hui, le dragon reste un symbole très respecté. Il est associé à la richesse, à la sagesse, à la réussite, au pouvoir et à la chance. Les Chinois affirment avec fierté descendre des dragons. Le dragon est aussi une métaphore de la Chine dans les médias occidentaux. Dans notre livre, nous décrivons le rôle qu'assume le fondateur, l'entrepreneur ou le dirigeant d'une organisation. C'est, en général, celui d'un chef au pouvoir absolu, mais bienveillant qui prend soin de ses gens. D'un empereur. Soit, selon nous, d'un dragon (龙, pinyin: Lóng).

C'est avec le même soin que nous avons choisi le mot «tactique» (策略, pinyin: cèlüè). Comme nous l'expliquons dans ces pages, les entrepreneurs chinois sont des virtuoses de la rapidité, de la flexibilité et de l'improvisation. Parce qu'ils sont imprégnés d'une histoire et d'une culture marquées par la notion de la succession des saisons et de changement permanent, leur conduite ne connaît qu'une seule constante: la nécessité de s'adapter. Et, parce qu'ils opèrent dans un monde hyperconcurrentiel et en mouvement permanent, leurs plans obéissent à une vision à long terme. Ces plans ne sont pourtant pas gravés dans le marbre, l'environnement dans lequel ils évoluent est trop incertain pour cela. Comme nous l'avons très justement entendu dire, le seul moment où une entreprise chinoise prend le soin d'élaborer un plan à cinq ans, c'est avant son entrée en Bourse ou son rachat par une firme occidentale.

Le marché est trop fluctuant pour s'embarrasser d'un tel plan. Dans leur environnement toujours plus moderne et numérique, où tout change radicalement et à un rythme soutenu, les entrepreneurs chinois sont contraints de laisser leur moteur tourner pendant qu'ils augmentent sa puissance.

Comme nous le verrons, la planification stratégique, telle que nous la connaissons dans nos pratiques occidentales, n'existe pas dans l'esprit des entrepreneurs chinois. Dans un monde flexible, la rigidité est synonyme de stupidité. La vision, elle, est d'un autre ordre, elle ouvre une perspective à long terme, anticipe l'avenir en se fondant sur le potentiel que recèle la situation présente, ici et maintenant.

Une fois cette perspective définie, toute flexibilité est envisageable pour réagir à court terme aux circonstances de l'heure. Qui possède cette vision claire peut commencer à agir. Ses ressources tactiques l'aideront à avancer sans s'égarer, aussi sinueux que soit le chemin.

Telle est l'ambition que nous avons pour ce livre. Il ouvre la perspective des tactiques du dragon. Il indique la voie à suivre. Quant à la bonne manière d'appliquer les leçons qu'il propose, dans chaque circonstance particulière, ici et maintenant, c'est au lecteur d'en décider et de passer aux actes.

Un guide pour comprendre les tactiques du dragon

Ainsi, nous exposons en détail les préceptes et les techniques de management qui font le succès des entreprises chinoises modernes et de leurs dirigeants, nous les examinons, analysons lesquelles fonctionnent et pourquoi, enfin nous envisageons comment il est possible de se les approprier dans un contexte plus occidental. Un manuel destiné aux entreprises du monde entier sur la manière de s'adapter à un monde en mutation rapide, numérisé et de plus en plus incertain.

Au fil des siècles, la Chine n'a jamais hésité à adopter les théories, les tendances et les technologies venues de l'extérieur, mais elle est toujours parvenue à se les approprier et à les développer en puisant dans son histoire et à sa culture.

Les performances des entrepreneurs chinois – sur leur marché intérieur, et de plus en plus, à l'étranger – reposent sur une approche du management intimement liée à l'histoire multimillénaire du pays, à l'environnement dans lequel les dirigeants ont grandi et au contexte hyperconcurrentiel dans lequel ils opèrent.

Dans ce cadre, marqué en outre par la numérisation rapide de la société et par ses effets – changement d'échelle, accélération des rythmes, complexité accrue –, les entreprises chinoises qui sortent du lot le doivent à un ensemble de compétences originales. Pour naviguer dans un environnement économique de plus en plus numérique, de plus en plus instable, de plus en plus concurrentiel, elles comptent sur les qualités managériales qu'elles ont appris à maîtriser : flexibilité, réactivité, vitesse, agilité, ténacité et soif d'apprendre.

C'est cet ensemble de compétences que nous nommons les « tactiques du dragon ». Elles relèvent de cinq principes et méthodes de management :

1. **La culture du loup : la faim enseigne des leçons vitales.** Les premières générations d'entrepreneurs ont grandi dans les années 1960 et 1970. Dans cette période instable et troublée, chacun devait compter en permanence sur ses ressources de caractère pour survivre, protéger sa famille, endurer les relégations en zone rurale ou d'autres épreuves plus dramatiques, se frayer un chemin jusqu'au premier rang des files d'attente afin d'accéder à la nourriture.

   De telles expériences laissent des traces. Chez les premiers entrepreneurs chinois qui ont fait leurs armes dès l'ouverture du pays aux échanges en 1989 et qui ont posé les jalons de la culture du management local, ces épreuves ont aiguisé l'instinct de survie, favorisé un état d'esprit hautement compétitif et une acceptation de la prise de risque.

   Dans la sphère économique, comme dans la vie courante, un même instinct de survie a prévalu. Toutes les occasions sont bonnes à saisir. Toutes les relations doivent être mises à profit pour avancer. Un revers, aussi douloureux soit-il, n'est pas insurmontable. Il faut se relever et poursuivre. Tous les coups sont permis pour rester dans l'arène et surpasser l'adversaire le plus proche. Un tel comportement ne diffère en rien de celui d'un loup dans la forêt !

2. **S'adapter au changement ou périr.** À la différence des sociétés occidentales – de traditions gréco-latine et judéo-chrétienne – le riche héritage culturel de la Chine se passe de notions telles que la transcendance divine, le ciel des idées éternelles ou l'essence des choses.

   La succession des saisons et la perspective d'un changement inévitable sont au fondement de la philosophie chinoise. L'idée de transformation est intimement liée au mode de pensée chinois, autrefois comme aujourd'hui. De ce fait, l'adaptation au changement est un principe fondamental du management chinois.

   Dans l'environnement tumultueux et hyperconcurrentiel des trente dernières années, la flexibilité dans la gestion des entreprises s'est imposée avec plus de force que jamais. Parce qu'elles opèrent dans un pays immense et hétérogène, engagé dans une évolution frénétique, les entreprises doivent à tout prix rester en phase avec la succession rapide de périodes de croissance soutenue et de brusques ralentissements.

À ces spécificités chinoises est venue s'ajouter la généralisation du numérique, source de bouleversements supplémentaires, contraignant les chefs d'entreprise chinois à redoubler d'agilité et à s'efforcer de s'adapter sans relâche pour survivre.

3. **L'empereur décide, mais l'agilité règne.** En général, les entreprises chinoises privilégient les structures hiérarchiques *top-down* simples : le sommet commande et tous les échelons rendent des comptes au sommet. Les dirigeants ont souvent un lien direct avec autant de subordonnés que nécessaire. Dans un univers économique instable, quand les prises de décision rapides et l'improvisation sont les clés du succès, ce type d'organisations, marquées par l'esprit d'entreprise et dirigées par un patron au pouvoir absolu, tend à se développer horizontalement plutôt que verticalement.

   Dans ces organisations à la fois plates et *top-down*, chaque équipe dispose cependant d'une autonomie de décision et d'action dans son champ d'intervention, de façon à réagir aussi vite que nécessaire. Des procédures claires permettent à l'organisation de rester agile, même si le dirigeant prend les décisions importantes.

   Par ailleurs, se développent autour de l'organisation de base des écosystèmes qui favorisent l'agilité et, mieux encore, assurent une plus grande tolérance au risque et des niveaux d'investissement plus faibles. Les équipes sont formées et dissoutes en fonction des projets, la compétition interne est encouragée et se conclut souvent par la survie du plus fort. De fait, les entreprises privées chinoises utilisent volontiers la concurrence interne entre les équipes pour décider de la voie à suivre.

   Sur un marché qui exige flexibilité, rapidité et innovation permanente, faut-il vraiment se retenir de dépenser deux fois plus de ressources que prévu à court terme, si c'est le moyen de doubler ses chances de battre la concurrence externe ?

   Quand l'avenir est incertain et la compétition féroce, savoir s'adapter à un contexte mouvant et trouver sa voie dans le chaos est souvent la meilleure méthode pour rester à flots.

4. **Les gens ne font que passer. Ceux qui ont les atouts pour s'adapter à l'entreprise restent plus longtemps**. Dans une société régie par la compétition pour les ressources et la concurrence interne, l'emploi à vie n'est pas garanti. D'ailleurs, rares sont ceux qui y aspirent : on se préoccupe plutôt d'améliorer son sort.

   Dans les entreprises dirigées par leur fondateur, la loyauté, l'adhésion aux valeurs de la société et à sa culture interne sont souvent les conditions préalables à un parcours professionnel réussi. Cette conception a largement influencé le fonctionnement des ressources humaines dans les entreprises chinoises.

   Les profils les plus recherchés sont ceux d'entrepreneurs, très investis dans leurs missions, capables de se battre pour atteindre les objectifs définis ou d'en suggérer de meilleurs. Les nouvelles recrues sont d'abord mises à l'épreuve. Il n'est pas rare de mettre les salariés nouvellement embauchés en concurrence afin de décider du meilleur choix pour l'entreprise.

   Le *turnover* n'est pas vu comme un handicap. L'enjeu essentiel est de constituer des équipes partageant un même esprit d'entreprise et soucieuses d'atteindre des objectifs communs dans les meilleurs délais.

   Pour le cercle des proches du patron et les exécutants loyaux, les gratifications peuvent être significatives. L'empereur sait se montrer attentif aux besoins de ses gens. Les émoluments accordés à certains employés peuvent être de nature à changer leur vie. L'objectif est à la portée de beaucoup et justifie les sacrifices.

5. **Tout commence par la data.** La Chine jouit d'un atout majeur : elle collecte plus de données que n'importe quel autre marché, en raison de sa démographie, de la relative homogénéité[1] de son marché intérieur et du rythme soutenu de sa conversion au numérique.

---

1. *Dans le livre, nous faisons référence à plusieurs reprises à la « relative homogénéité » du marché intérieur chinois et de sa population. Nous sommes parfaitement conscients que la Chine est diverse. La Chine est « plus un continent qu'un pays » et, en tant que telle, elle possède un patrimoine culturel varié, une richesse linguistique significative et un climat qui diffère selon les régions du pays.*
Toutefois, nous faisons référence à sa relative homogénéité uniquement dans une perspective commerciale. Le marché intérieur chinois comporte peu de restrictions pour le commerce interprovincial. Le mandarin étant largement répandu dans le pays, il est relativement facile de lancer des campagnes de marketing dans tout le pays et, tout en tenant compte des préférences et des goûts régionaux et de la nécessité éventuelle d'adapter les produits à ces différences, les entreprises n'ont pas de difficulté à lancer leurs produits dans tout le pays dans la plupart des catégories.
Enfin, l'explosion du commerce en ligne, de la communication et des médias sociaux permet aux consommateurs de toute la Chine de partager les mêmes expériences et d'accéder à la même offre de produits, qu'ils se trouvent dans une mégalopole ou dans une petite ville, avec l'avantage supplémentaire que les données sur les utilisateurs sont collectées et analysés à l'échelle nationale.

Parce qu'ils n'ont pas à s'accommoder d'architectures informatiques préexistantes, nombreux entrepreneurs investissent avec appétit dans l'élaboration de systèmes capables de rassembler, intégrer et analyser des flux de données provenant de sources diverses.

Dans le contexte chinois, qui favorise la rapidité et la ténacité et préfère l'expérimentation à l'engagement dans des plans à long terme, les données prouvent chaque jour un peu plus leur utilité et leur efficacité. Par leur biais, chaque test peut être validé ou rejeté. En cas de rejet, la décision de tenter un nouveau test peut être prise dans de courts délais. Si l'expérience est validée, la puissance que confèrent les données permet d'opérer à une échelle jusque-là hors de portée.

La relation intime qu'ils entretiennent avec le marché et leur réactivité au comportement des consommateurs caractérisent depuis longtemps les entrepreneurs chinois. Mais les ressources de la data et l'émergence de l'intelligence artificielle ont des effets jusque sur les *business models* et transforment les consommateurs en utilisateurs.

Les règles que nous exposons ci-dessus ne se conforment pas aux théories du management occidental. Les trois parties qui rythment notre ouvrage traduisent cet effort qu'il est nécessaire d'accomplir pour s'ouvrir à l'exploration de ces tactiques : comprendre, maîtriser et utiliser au mieux les tactiques du dragon.

Dans cette première partie, **comprendre les tactiques du dragon**, nous identifierons les conditions que doivent remplir les grandes entreprises étrangères pour réussir sur le marché chinois en mutation rapide.

Ensuite, dans **maîtriser les tactiques du dragon**, nous analyserons les raisons du succès actuel des entreprises chinoises et de leurs dirigeants, nous verrons lesquels de leurs principes et de leurs techniques de management sont les plus fructueux, pourquoi et comment certains d'entre eux ont toute leur place dans un environnement économique plus occidental.

Enfin, dans la dernière partie, **utiliser au mieux les tactiques du dragon**, nous résumerons notre réflexion et nous la replacerons dans le contexte des développements géopolitiques récents.

Alors que nous rédigions ce livre, les relations entre la Chine et une grande partie du monde se détérioraient. Quand prévalent des valeurs et des visions divergentes, les instances politiques ne sont pas les mieux équipées pour résoudre ou surmonter les différends. Nous défendrons tout au long de notre ouvrage en quoi une coopération plus étroite nous paraît inévitable. À nos yeux, la perspective d'une rupture assumée n'est ni souhaitable ni réaliste.

Nous montrerons à quel point les efforts de compréhension mutuelle servent les intérêts de deux parties. Chacun a beaucoup à apprendre de l'autre s'il veut être mieux armé pour faire face aux réalités rapidement changeantes de notre époque.

COMPRENDRE
LES TACTIQUES DU DRAGON

1.

Pourquoi en Chine certains réussissent et d'autres échouent ?

1.1 Carrefour rate les évolutions très rapides du marché chinois

En juin 2019, Carrefour, géant multinational français de la distribution, annonçait la vente de 80 % de son activité chinoise à Suning, un vaste conglomérat local du secteur. Pour avoir été trop lent à s'adapter aux évolutions très rapides du marché chinois, le groupe reconnaissait qu'il n'était plus compétitif.

Entré tôt en Chine, le groupe avait su d'emblée s'adapter aux réalités locales. Pendant près de deux décennies, Carrefour-Chine a affiché des bénéfices. Bien d'autres entreprises étrangères n'ont jamais réussi leur implantation et ont imputé leur échec – souvent à tort – à des conditions commerciales défavorables. La plupart du temps, en réalité, elles n'ont pas su ajuster assez vite leur modèle international à un marché et à des consommateurs très différents.

Après cette longue période d'expansion, dans une arène où nombre de ses concurrents locaux prospèrent, voir Carrefour trébucher et admettre ses erreurs était à la fois estimable et inquiétant. Comment un groupe européen, présent avec succès dans le monde entier, peut-il perdre pied si brusquement sur un marché qu'il avait pourtant su conquérir ? Que se passe-t-il sur le marché chinois pour qu'un acteur capable de mener à bien ses affaires dans des conditions adverses grâce à un *business model* taillé sur mesure décide de jeter l'éponge ? Pourquoi des recettes, jusque-là fructueuses, sont-elles devenues obsolètes du jour au lendemain ? Comment les concurrents locaux ont-ils vaincu Carrefour aussi rapidement ?

La chute d'une entreprise prospère

Carrefour-Chine a longtemps affiché un bilan honorable. Entrée tôt sur le marché, l'enseigne a ouvert son premier magasin en 1995 par le biais d'une *joint-venture* avec la chaîne de supermarchés Lianhua. D'emblée, le concept d'hypermarché, alors inconnu en Chine, a convaincu les consommateurs.

L'équipe de direction, associant expatriés français et cadres taïwanais, a repris le modèle international, mais en lui apportant des modifications inspirées des réussites de l'exemple taïwanais (dans la localisation de certains produits, la *supply chain*, etc.).

En interne, elle a promu une culture très entrepreneuriale et favorisé une organisation décentralisée. Chaque magasin a eu toute latitude pour optimiser ses références, choisir ses fournisseurs et s'adapter aux besoins des consommateurs de la zone de chalandise du supermarché. Un magasin ayant une clientèle significative d'expatriés, par exemple, tendait à référencer plus d'articles importés. À l'inverse, d'autres magasins de l'enseigne pouvaient aussi bien privilégier des marques et des produits très familiers des consommateurs locaux. Cette optimisation a contribué à l'image de proximité, vite associée par les clients à 家乐福 (pinyin : jiālèfú, qu'on peut traduire par « Bénédiction familiale »), nom de Carrefour en Chine.

L'offre importante de produits frais a beaucoup contribué à installer cette image positive. Jusque-là, légumes, fruits, viandes, poissons et fruits de mer étaient presque exclusivement disponibles aux étals des marchés. La présence de ces produits dans un environnement propre et moderne a renforcé l'attrait de Carrefour en tant qu'enseigne de qualité.

Choix étendu, accès en libre-service à la plupart des produits, souci de la qualité et prix raisonnables répondaient aux attentes des consommateurs. En proposant une expérience satisfaisante d'achat de biens de consommation courante, combinée à une politique de prix serrés, Carrefour a convaincu des millions de Chinois. Et, en mettant l'accent sur les « valeurs appréciées par les Chinois » à tous les niveaux – produits, service, merchandising, prix et ambiance –, l'enseigne s'est fait une place dans l'univers national de la distribution.

Le succès nourrissant le succès, les autorités municipales ont très vite vu l'intérêt qu'elles avaient à soutenir l'enseigne. Désireuses d'annoncer l'ouverture d'une grande surface sur leur territoire, elles n'ont pas hésité à surenchérir sur les contreparties offertes : avantages fiscaux ou facilités foncières. Tirant parti de ce soutien, Carrefour-Chine s'est consacrée, une décennie durant, à gérer sa croissance immédiate et fulgurante, inaugurant certaines années plus de dix nouvelles adresses. Fin 2005, dix ans après son irruption sur le marché chinois, l'enseigne comptait près de 80 hypermarchés et affichait un chiffre d'affaires de près de 2 milliards d'euros.

D'entrée de jeu, Carrefour a pris des initiatives judicieuses qui l'ont rapidement rendu profitable. Les défis que l'encadrement a su relever ressemblent, trait pour trait, aux obstacles présentés comme insurmontables par nombre d'entreprises étrangères quand elles tirent le bilan de leur échec en Chine (voir 1.3, « Réussir en Chine, c'est possible. À condition de créer des circonstances favorables »). Carrefour a su prendre les décisions, parfois difficiles, qui lui ont permis de relever les défis, parvenant même à maintenir une *joint-venture* fonctionnelle avec Lianhua, son partenaire. Malgré les circonstances adverses, l'enseigne a enchaîné les succès. Pourtant, tout s'est mal terminé.

Examen minutieux de la chute de Carrefour

En 2006, une décennie après son entrée sur le marché chinois, Carrefour-Chine était une entreprise florissante. Sa place de numéro 1 parmi les enseignes étrangères de la grande distribution devait beaucoup à la relative apathie de ses concurrents.

L'Américain Walmart, son principal rival à l'échelle mondiale, tout comme l'Allemand Metro Cash and Carry avaient posé un pied en Chine dès 1996, soit un an après Carrefour, sans y moissonner de comparables succès. Tesco, un sérieux concurrent européen, n'était venu tenter sa chance qu'en 2004.

Des concurrents chinois commençaient bien à occuper le terrain, mais, trait caractéristique de la période, ils ne maîtrisaient pas encore les compétences opérationnelles nécessaires à la gestion efficiente d'opérations complexes et de grande échelle, comme les hypermarchés. De fait, la plupart d'entre eux privilégiaient le format des supermarchés à l'empreinte moins importante.

Tablant sur un rythme de croissance annuel des ventes de 25 à 30 % au cours des cinq années suivantes, Carrefour-Chine pouvait se contenter, semblait-il, de s'en tenir aux recettes éprouvées pour conserver sa position de leader. C'est sur cette certitude que se reposait l'équipe dirigeante.

Avec le recul, ils reconnaissent aujourd'hui avoir été frappés de cécité : faute de les avoir vues venir, ils ne se sont pas préparés aux évolutions de fond qui travaillaient le marché. En particulier :

- la conversion au numérique ;
- la désaffection des hypermarchés au bénéfice de formats plus modestes et de magasins de proximité ;
- la montée en puissance de concurrents locaux aux compétences accrues.

De 2005 à 2012, Carrefour n'a pas innové.

Durant cette période, l'expansion du marché prenait deux directions : des surfaces de vente moins gigantesques, dont les libres-services de proximité, et la vente en ligne. Carrefour a repoussé à plus tard ses investissements dans ces deux domaines. Ce n'est qu'en 2014 qu'ouvraient les premiers libres-services de proximité Carrefour Easy et Carrefour Express dans des quartiers résidentiels de Shanghai. L'enseigne ciblait enfin ce segment plus jeune de la classe moyenne qui délaisse les hypermarchés, perçus comme moins qualitatifs, à mesure que le marché gagne en maturité et que les choix s'étoffent. Alors que le commerce de détail, dans tous les secteurs, se convertissait aux programmes de fidélisation, un biais par lequel il commençait à accumuler des données sur les comportements d'achat de ses clients, Carrefour n'a lancé son premier programme de gestion de la relation client qu'en 2012.

Alors que Yihaodian, présent sur Internet depuis 2008, connaissait une croissance rapide nourrie par le véritable décollage du commerce en ligne à partir de 2010, Carrefour-Chine n'allait adopter son premier *business model* numérique qu'en 2014, avec sa formule maison de *click and collect*. D'autres innovations numériques ont suivi, mais trop tard et trop restreintes. Carrefour App, par exemple, fonctionnait lentement, proposait une gamme limitée d'articles et ne présentait aucun intérêt dans les nombreuses régions dépourvues de la logistique nécessaire à la livraison de produits frais.

Ces années ont aussi vu des concurrents, comme la chaîne Yonghui Superstores, créée en 2000, se préoccuper de la rapidité et de la qualité des livraisons, en investissant dans des chaînes d'approvisionnement régionales plus efficaces et plus rentables. Pendant ce temps, Carrefour-Chine conservait son modèle logistique, sans l'améliorer. Même ses rivaux taïwanais, RT-Mart et Walmart, l'ont alors surpassé en matière d'investissements. En 2011, ce dernier prenait une participation dans Yihaodian afin d'accélérer le développement de son propre réseau logistique.

Une série d'autres problèmes ont bridé la compétitivité de Carrefour. La chaîne n'a pas lancé de marques distributeur et, confrontée aux pressions de la concurrence locale, elle a dû se battre davantage sur les prix. Mais, faute d'avoir amélioré l'efficience de son réseau d'approvisionnement, elle s'est trouvée en position de faiblesse pour mener cette guerre. Enfin, elle a tardé à réduire les effectifs d'expatriés au sein de son personnel, alors qu'une équipe de direction locale aurait été plus réceptive aux évolutions rapides du marché.

En 2015, Carrefour-Chine commençait à perdre de l'argent. En 2017, malgré diverses tentatives de redressement, les dirigeants ont compris qu'ils n'étaient plus compétitifs. Pour rester à flots, une alliance s'imposait.

Près d'un an plus tôt, Jack Ma, le fondateur d'Alibaba, présentait sa vision prospective de la distribution. Sous le concept de « New Retail », il envisageait le proche avenir sous les traits d'une interconnexion généralisée entre cyberespace et monde réel par le biais du numérique. Pour vaincre les réticences des sceptiques, rien ne vaut l'exemple. C'est avec la grande consommation que Ma a voulu démontrer la validité son concept. Voilà comment il en est venu à fonder sa chaîne de supermarchés Hema. Mais sa société n'ayant pas de compétences dans la grande distribution, il a sollicité Carrefour.

Selon le projet d'accord initial, Carrefour devait gérer Hema et fusionner avec la chaîne de supermarchés Tmall. Toutefois, le conseil d'administration du groupe rechignait à céder une part aussi importante de contrôle et faisait traîner les procédures. Quand il s'est enfin décidé, Tmall était déjà investi dans d'autres projets et le partenariat est tombé à l'eau. En agissant trop lentement, Carrefour a laissé passer sa chance de prendre la main sur l'opération la plus innovante dans le secteur de la distribution, et ce, à l'échelle mondiale !

En avril 2019, à court d'options, le conseil d'administration de Carrefour acceptait de céder 80 % des parts qu'il détenait dans sa filiale chinoise à Suning, l'un des premiers acteurs privés du pays dans le domaine de la distribution. Ironie du sort, Suning a pour actionnaire principal Alibaba. L'enseigne française intégrait donc le conglomérat qu'elle boudait, mais dans un rapport de force bien plus défavorable que ne l'aurait été le partenariat avec Hema. Les atermoiements se payent au prix fort.

Dans les mois qui ont suivi la conclusion de l'accord, Carrefour-Chine entamait sa conversion au numérique et, avant la fin de l'année 2019, Suning présentait ses perspectives d'expansion sur le marché. Elles se déploient autour de cinq axes stratégiques :

1. Introduction du numérique dans les magasins en dur.
2. Amélioration des formats de magasins existants.
3. Expansion dans les villes de moindre importance, au moyen du concept de magasins franchisés Retail Cloud de Suning.
4. Intégration des libres-services dans la chaîne Suning.
5. Ouverture de nouvelles surfaces (plus petites) sur les marchés déjà existants.

On le voit, en agissant plus tôt, Carrefour aurait pu élaborer et mettre en œuvre un plan stratégique de cette nature. Le verdict est sans appel : l'enseigne s'est laissé dépasser par ses concurrents. Elle a manqué de réactivité, n'a pas su innover dans les temps, a raté le coche de la numérisation, de la gestion des données clients et a trop tardé à prendre des décisions cruciales pour son avenir.

1.2 À la source du double échec d'Amazon, l'inaptitude à s'adapter

En 2019, Carrefour, géant de la distribution, abandonnait ses positions en Chine. La même année, une entreprise d'une tout autre envergure reconnaissait sa défaite et quittait le terrain : Amazon.

Avril 2019 : Amazon annonce l'arrêt de ses activités sur le marché intérieur chinois

Nul ne songerait à contester la prééminence d'Amazon dans le commerce en ligne. Cette position doit tout aux qualités de son fondateur. Doué d'une perspective visionnaire, Jeff Bezos a impulsé une succession ininterrompue d'innovations et a imposé une évolution continue à un rythme effréné. Grâce à ces atouts, Amazon s'est arrogé les premiers rôles presque partout dans le monde. Pourtant, l'entreprise a dû reconnaître qu'elle n'avait pas les qualités requises pour s'imposer en Chine. Et cela, à deux reprises !

En mars 2015, à la surprise quasi-générale, Amazon annonçait le lancement d'une boutique virtuelle sur la plateforme en ligne Tmall.com du groupe Alibaba, son rival le plus dynamique sur le marché chinois[1]. Selon un article publié sur Alizila, qui cite les propos de Niu Yinghua, vice-président d'Amazon-Chine :

> *Amazon.com lance un défi à Tmall pour conquérir les consommateurs chinois en ligne sur le site de vente en ligne même de Tmall et a investi dans des entrepôts et des services logistiques pour assurer les livraisons sur le marché intérieur. En ouvrant un magasin virtuel sur Tmall, premier site de commerce B2C chinois, Amazon entend « développer de nouveaux canaux de vente, offrir aux usagers de Tmall un large éventail de marques étrangères haut de gamme et tous les éléments d'un style de vie dont le label Amazon garantit la qualité », selon Niu Yinghua, vice président d'Amazon-Chine. Par le biais de Tmall et du site C2C d'Alibaba, Taobao Marketplace, Amazon s'insère dans l'écosystème de commerce en ligne d'Alibaba, fréquenté par quelque 334 millions d'acheteurs.*

Pour élargir son assise et doper ses ventes, Amazon choisissait d'ouvrir sa boutique au sein de l'infrastructure de son principal concurrent. Nombre d'observateurs ont vu dans cette démarche inhabituelle un aveu d'impuissance face à la concurrence. Leur diagnostic était juste et les faits allaient leur donner raison.

Quatre ans plus tard, en avril 2019, Amazon annonçait son retrait pur et simple du marché chinois[2] : « Nous informons les vendeurs de la fin des transactions et des services aux vendeurs sur Amazon.cn à compter du 18 juillet. » Alors qu'en 2011 les opérations du géant américain de la tech représentaient 15 % du marché chinois[3], sa part s'était réduite à 1 % en 2019. Il était alors relégué à une peu brillante sixième place sur le plus grand marché du commerce en ligne du monde.

Il est vrai que beaucoup de sociétés occidentales de la tech se heurtent à des difficultés dans l'empire du Milieu, mais cela ne signifie pas que les consommateurs chinois privilégient systématiquement les marques nationales, ni que les entreprises étrangères sont condamnées à l'échec. Quelles sont donc les raisons de la débâcle d'Amazon ?

Des premiers pas prometteurs…

Amazon a mis le pied en Chine dès 2004 en rachetant Joyo.com, une librairie en ligne. À cette époque, peu de barrières restreignaient encore les activités des sociétés étrangères sur Internet. De plus, Amazon bénéficiait alors d'une image positive auprès des consommateurs chinois qui se fiaient à la qualité et à la légitimité de ses produits. Malgré ces conditions de départ qui semblaient favorables, Amazon a rencontré d'emblée des difficultés pour des raisons qui nous sont par trop familières.

Amazon découvrait un milieu différent de la plupart de ses autres marchés, caractérisé par une concurrence plus intense et un cadre réglementaire flou. Jusqu'en 2008, par exemple, année de l'entrée de la Chine à l'OMC, les opérations d'une entreprise étrangère comme Amazon, bien que tolérées, n'avaient pas d'assise légale claire. En outre, une guerre des prix sans fin sapait ses bénéfices et la lutte contre les contrefaçons exigeait une attention de tous les instants.

… mais une adaptation trop lente

Très vite, le géant américain de la tech s'est vu reprocher de ne pas adapter son offre en ligne aux besoins et aux désirs des consommateurs chinois. Grâce à leur compréhension intime du marché, ses rivaux locaux n'ont pas tardé à devancer Amazon.

On estime trop souvent que les acteurs chinois du commerce en ligne se contentent d'imiter les modèles opérationnels de leurs concurrents occidentaux. Le phénomène a pu exister à l'époque pionnière, mais la copie n'est pas la clé de leur succès. Ils n'hésitent pas à déployer des efforts considérables pour proposer produits et services d'une qualité souvent supérieure à l'offre de leurs rivaux venus de l'Ouest. Ils savent aussi s'adapter à une demande en évolution permanente.

Dans un entretien de 2017, Pony Ma, fondateur de Tencent, l'une des toutes premières entreprises mondiales de l'Internet et de la tech, à laquelle on doit notamment la conception de l'appli universelle WeChat, confirmait ce point de vue[4] :

> *Les applications numériques et l'Internet sont nés aux États-Unis. De ce fait, les autres pays n'ont pas eu d'autre choix que de copier. Toutefois, ici, en Chine, le contexte et les consommateurs ont leurs spécificités. Il était donc naturel que nous impulsions notre propre développement. Et, comme nous travaillons beaucoup plus vite que les acteurs occidentaux, nous constatons qu'ils en viennent même à s'approprier nos fonctionnalités.*

Un siège social mondial et un modèle uniforme : deux obstacles au succès

Opérant dans le cadre d'une plateforme mondiale, Amazon avait peu de latitude pour modifier son interface et répondre aux usages locaux, handicap dont ne souffrent pas ses concurrents chinois. Ceux-ci n'hésitent pas, par exemple, à suggérer d'autres articles aux visiteurs de leurs sites, favorisant ainsi des achats par synergie. De même, ils recourent sans retenue aux couleurs, à la différence d'Amazon qui s'en tient aux mêmes codes graphiques minimalistes dans le monde entier.

Autre différence plus significative, les sites chinois accordent une grande place aux informations sur les produits, elles en détaillent les caractéristiques, souvent par l'image. Pouvoir les observer sous toutes les coutures est une incitation précieuse à l'achat. Dans la mesure où ils ne peuvent pas prendre les articles en main, cette présentation détaillée compte beaucoup pour les consommateurs et joue un rôle important dans leur décision finale.

Par ailleurs, Amazon n'a pas su s'adapter à un impératif propre au marché chinois : la livraison express. Dans un premier temps, le géant américain a choisi de garder la main sur l'essentiel des stocks qu'il distribuait et, comme il le fait ailleurs, a voulu se doter de ses propres infrastructures de livraison.

À l'inverse, Alibaba, misant tout sur sa fonction de plateforme, n'hésite pas à héberger quantité de petites boutiques en ligne et fait appel aux services de sociétés de livraison locales, moins chères et plus rapides dans leur rayon d'action familier. À terme, l'approche d'Alibaba s'est révélée payante.

Certains acteurs locaux, comme JD.com, ont adopté un modèle proche de celui d'Amazon et ont investi davantage dans leur logistique qu'Alibaba. Eux aussi ont surpassé la société américaine et su assurer un meilleur service de livraisons. Cette sous-performance ne manque pas d'étonner, dans la mesure où la logistique est le cœur de métier d'Amazon partout ailleurs.

Trop peu d'adéquation aux besoins des consommateurs

Alibaba, c'est un fait bien établi, doit une part considérable de son avantage compétitif à son système de paiement «maison», Alipay. On peut admettre qu'Amazon n'ait pas eu le réflexe de proposer d'entrée de jeu une formule équivalente. Mais il faut bien constater que ses rivaux chinois ont su multiplier les options de paiement. Par exemple, Amazon a longtemps tergiversé avant d'adopter le paiement à la livraison, un argument de vente crucial dans un pays où les consommateurs appréhendent les escroqueries et où l'usage des cartes bancaires est peu répandu.

Dans la même veine, Amazon a négligé une autre option importante pour améliorer l'expérience client: le *chat* en ligne. Plus réactifs, ses concurrents s'efforçaient d'offrir à leurs visiteurs des canaux pour poser des questions, engager le dialogue entre acheteurs et vendeurs, faciliter une assistance quasi instantanée.

Enfin, les acteurs locaux ont pris l'avantage sur Amazon grâce à un marketing événementiel très créatif, proposant de nombreuses opérations spéciales. La Journée des célibataires, chaque 11 novembre, est devenu un rendez-vous incontournable du calendrier commercial, au point d'être désormais adoptée un peu partout dans le monde. En 2020, pour le seul Alibaba, le bilan de la journée dépassait les 65 milliards d'euros de ventes (volume brut de marchandises).

Au total, les acteurs chinois du commerce en ligne ont fait preuve d'une bien plus grande attention envers le client que leur concurrent américain. D'emblée, ils ont compris que le consommateur ne visite pas leur site pour une simple transaction, mais veut vivre une expérience d'achat satisfaisante et sans accroc.

Pour entretenir la confiance et l'intérêt, les sites de commerce chinois continuent à introduire de nouveaux services. Au cours des dernières années, ils ont développé toute une batterie d'outils marketing décisifs, encore quasi inexistants sur Amazon, comme le *live streaming*.

Alors qu'Amazon propose une expérience d'achat sensiblement similaire aujourd'hui à ce qu'elle était il y a dix ans, ses alter ego chinois n'ont cessé d'évoluer pour suivre et souvent impulser les tendances innovantes en matière d'expérience consommateur.

Une réactivité et une adaptation au marché local insuffisantes

Amazon a bien tenté de s'adapter, mais a sous-estimé la rapidité avec laquelle ses concurrents opèrent. C'est le jugement qui affleure dans les propos de ses employés désabusés, tels que les rapporte le *China Business Journal*[5], après l'annonce de la fermeture :

> *Le site chinois d'Amazon a déjà connu une succession de mutations, mais, selon un employé, l'introduction de chacune d'entre elles a été longue et laborieuse. « Ça ne se passe pas comme ça dans les entreprises chinoises d'e-commerce », affirme cet interlocuteur. Chez elles, dès qu'un responsable réclame une nouvelle fonctionnalité, personne ne lève le pied tant qu'elle n'est pas lancée.*

On peut voir là une autre raison de l'échec. Amazon ne s'est probablement pas assez fié aux capacités managériales de son personnel chinois. C'est le point de vue défendu en plusieurs occasions par Richard Liu, le fondateur et alors PDG de JD.com, l'un des principaux concurrents chinois d'Amazon :

> *Pour réussir en Chine, il est indispensable de se doter d'un encadrement doté d'une connaissance intime du pays, de sa population et de sa mentalité. En s'implantant dans le pays au début des années 2000, Amazon a placé aux postes clés des étrangers sans expérience antérieure du contexte local. Ils ont appliqué des méthodes américaines – ou, plus généralement, occidentales – qui se sont révélées moins efficaces que celles de leurs concurrents chinois.*

Modèle d'esprit entrepreneurial, Amazon s'est éloignée de ses principes

Au bout du compte, Amazon a été distancé par les géants du commerce en ligne, tels JD.com ou Alibaba. Leurs atouts ? Un éventail plus vaste d'articles ; une abondance d'informations plus pertinentes sur les produits, souvent par le biais de photos, pour inciter à l'achat ; des livraisons plus rapides et des formules de paiement plus à même de lever les défiances ancrées dans les mentalités.

Amazon, entreprise pourtant conquérante et jamais à court d'initiatives, acteur à l'appétit insatiable et redouté dans le monde entier, n'a pas su trouver les ressources pour faire face à ce que nous appelons les « tactiques du dragon ».

Si les déconvenues d'Amazon et de Carrefour n'étaient pas jouées d'avance, elles n'ont rien d'énigmatique. Ces deux cas d'école rejoignent la longue liste d'entreprises qui ont dû essuyer un échec.

1.3 Réussir en Chine, c'est possible. À condition de créer des circonstances favorables

Depuis l'ouverture du pays, à la fin des années 1980, les incursions en Chine d'entreprises étrangères se sont souvent conclues par des fiascos. Admettons-le, le nombre d'échecs surpasse de beaucoup celui des réussites.

Nous avons recensé les raisons les plus fréquemment citées pour expliquer ces revers. Nous les avons extraites des arguments avancés, tout au long de cette période, par un grand nombre de dirigeants d'entreprise qui, à l'heure des bilans, s'efforcent d'analyser les obstacles rencontrés sur le marché chinois. Ces éléments de diagnostic relèvent de deux catégories :

1. **La « Grande Muraille rouge ».** Qu'on y voit ou non une stratégie concertée, les autorités chinoises et les acteurs économiques locaux tendraient, selon ces dirigeants occidentaux, à user de leur pouvoir et de leur influence pour préserver leur souveraineté ou accaparer des parts de marché. Plus précisément, ce comportement se traduirait par les biais suivants :

    - **Une compétition déloyale et sans principe.** Guerre des prix poussée à l'extrême, copie de produits, débauchage des meilleurs éléments du personnel : entre concurrents, tous les coups seraient permis.
    - **Une faible protection de l'innovation et de la propriété intellectuelle.** Le cadre légal chinois est jugé moins sophistiqué, en particulier dans le domaine de la propriété intellectuelle. Protéger un *business model*, un produit, une marque ou une interface utilisateur relèverait de la gageure.

- **Un environnement légal flou.** La législation chinoise serait souvent ambiguë et peu respectée, ouvrant ainsi la porte à toutes les interprétations et favorisant la concurrence déloyale.
- **Une censure d'état omniprésente.** En Chine, il faut se plier aux règles imposées par un régime autocratique et répressif.

2. **Le «fossé culturel».** Le consensus règne sur cette question: en Chine, «on ne fait pas les choses» comme ailleurs dans le monde. Mais, à écouter les raisons avancées par les dirigeants pour expliquer l'échec de leur entreprise, il est clair qu'ils n'ont pas compris comment gérer cette difficulté, en particulier lorsqu'ils évoquent les aspects suivants:
   - **L'échec des partenariats avec des entreprises chinoises.** Lors de la signature d'un partenariat ou d'une *joint-venture*, les deux parties n'ont pas les mêmes objectifs. La société occidentale veut obtenir une licence et apprendre les bonnes procédures pour opérer sur le marché chinois, le partenaire local est motivé par le transfert de compétences et l'acquisition de technologies étrangères.
   - **La pénurie de compétences chinoises loyales.** Le recrutement relève d'une guerre permanente et ingagnable. Le personnel qualifié a pour seule motivation les conditions offertes. Si elles sont meilleures ailleurs, il bouge.
   - **Le nationalisme.** Les consommateurs chinois préfèrent les produits et les solutions locales.
   - **Des procédures de décision lentes, des structures organisationnelles centralisées.** L'initiative n'est pas déléguée assez vite à l'opération chinoise, les équipes comptent trop d'expatriés et, au siège, le management international ne «sent» pas le terrain chinois.

À première vue, ces arguments ne sont pas infondés. Ils pointent des difficultés qui ont sans doute eu leur part dans l'échec de nombreux projets. Mais, si l'on pousse l'analyse, ces explications apparaissent un peu courtes. D'autres facteurs sont aussi en jeu.

Feng Li, chercheur à la City University of London, est l'auteur d'une étude éclairante sur ce sujet. Publiée en 2019, «Why Have All Western Internet Firms (WIFs) Failed in China?[6]» [Pourquoi toutes les sociétés occidentales de l'Internet ont-elles échoué en Chine?] se fonde sur une série d'entretiens, conduits avec les acteurs de multinationales du numérique, directement impliqués dans diverses tentatives infructueuses d'implantation en Chine. Les entreprises concernées parviennent pourtant à occuper des positions dominantes sur des marchés étrangers éloignés de leurs bases nationales, où prévalent des conditions politiques et culturelles peu familières, comme l'Indonésie, la Thaïlande ou l'Arabie saoudite, par exemple.

Notons aussi que les obstacles recensés plus haut n'ont pas empêché d'autres multinationales occidentales de prospérer en Chine. C'est le cas dans l'automobile, l'électronique grand public, les biens de grande consommation, ou même dans des secteurs où les critères culturels jouent un rôle décisif, comme le *sportswear*, la restauration rapide, les cafés et même le cinéma, pour n'en citer que quelques-uns.

De fait, il suffit d'observer un certain nombre de cas d'école, dans les secteurs les plus divers, pour comprendre que le succès en Chine repose le plus souvent sur le modèle de gestion local adopté par les entreprises étrangères : quelle part de responsabilité assume le management local ? Quelle marge de manœuvre a-t-il pour optimiser le *business model*, l'offre de produit ? Jusqu'où peut-il prendre des décisions autonomes ? Et, questions tout aussi décisives : comment le management international envisage-t-il les opérations chinoises ? Jusqu'où est-il prêt à s'investir pour réussir sur ce marché particulier ?

Nous allons aborder aux pages suivantes trois exemples qui montrent qu'avec la bonne approche, la réussite n'a rien d'élusif pour les sociétés occidentales qui tentent l'aventure dans l'empire du Milieu.

Les entreprises que nous allons évoquer ont très vite admis qu'elles devaient remettre en cause leur stratégie internationale, leur positionnement ou leur process afin de s'adapter au contexte local. Elles se sont dotées des ressources nécessaires pour faire face à des conditions qu'elles n'avaient rencontrées sur aucun autre terrain.

Chacun de ces exemples a ses spécificités, mais pour faciliter la comparaison, nous avons regroupé les raisons du succès en quatre catégories.

1. « **En Chine, pour la Chine** » (oser le pas de côté par rapport à la stratégie internationale).
2. « **S'adapter à la demande locale** » (définir son offre de produit pour satisfaire le marché).
3. « **Échelle, vitesse et flexibilité** » (calibrer ses capacités pour favoriser l'agilité et stimuler l'efficience).
4. « **Conserver et exploiter ses atouts internationaux** » (tirer de ses capacités internationales un avantage compétitif).

Kentucky Fried Chicken : un succès alléchant

Kentucky Fried Chicken (KFC) Chine est souvent cité comme un modèle de réussite d'une société américaine à l'étranger.

Au début des années 1990, après une phase prudente d'apprentissage du terrain, KFC-Chine fait le choix d'une présence à long terme et développe une approche originale, en rupture avec les méthodes qui lui ont valu de réussir aux États-Unis. Cette stratégie lui permet de réussir son implantation et de prospérer en Chine. Mieux encore, elle lui procure un avantage durable face à la filière locale du fast-food et à son principal rival mondial, McDonald's, qui mise, pendant cette période, sur la fidélité à son modèle international, du positionnement au menu.

En Chine, KFC ouvre son premier restaurant en 1987. McDonald's lui emboîte le pas en 1990. Depuis, les deux enseignes suivent des voies divergentes. En 2019, toujours leader du marché, KFC affichait 6 500 points de vente dans 1 300 villes. McDonald's en aligne 3 300 dans toute la Chine.

L'écart se résume-t-il à une préférence des palais chinois pour le poulet frit, qui conférerait un avantage à KFC sur son rival, spécialiste du hamburger ? S'en tenir à ce constat serait faire fi des initiatives entrepreneuriales et visionnaires des managers qui ont fait le succès de KFC.

En choisissant une orientation stratégique et un positionnement propres à la Chine, aux dépens du modèle adopté partout ailleurs par KFC, l'équipe dirigeante s'est conformée aux principes suivants :

Une stratégie « en Chine pour la Chine »

- Délégation du pouvoir au management local, libre de développer sa stratégie de croissance.
- Définition d'une vision locale : « contribuer au progrès de la Chine ».
- Positionnement de la marque comme partie prenante de la collectivité.
- Marketing local et parrainage de célébrités.

S'adapter à la demande locale

- Conception d'une déco accueillante qui incite la clientèle à se donner rendez-vous et à consommer autour d'une table plutôt qu'à commander et emporter.

- Élaboration d'une carte variée, comprenant des plats de traditionnels, au-delà des standards du fast-food occidental.
- Offre d'une gamme de plats étendue (au départ 50, contre 29 aux États-Unis) pour favoriser des visites répétées et tenir compte des préférences alimentaires locales et régionales.
- Innovation continue, avec introduction d'une cinquantaine de recettes originales chaque année, contre deux ou trois aux États-Unis.

Échelle, vitesse et flexibilité

- Occuper le terrain avant la concurrence dans les petites villes :
  - en générant des liquidités, l'initiative procure un rapport de force favorable face à McDonald's dans les centres urbains et nourrit la croissance sur tout le territoire ;
  - le premier arrivé bénéficie de deux atouts : le choix de meilleurs emplacements, la publicité gratuite autour de l'événement ;
  - une présence étoffée confère une position favorable pour négocier avec les promoteurs de centres commerciaux.
- Livrer chaque nouveau restaurant, de la conception à l'inauguration en un temps deux fois moindre que sur le marché américain.
- Un réseau logistique interne entièrement maîtrisé.

Tirer parti de ses atouts internationaux

En Chine, KFC conserve « The System », sa bible opérationnelle qui définit chaque détail des processus : fabrication du produit, normes de service, ouverture et gestion des sites, formation du personnel et de l'encadrement ; ce mode d'emploi préétabli lui confère un avantage significatif sur ses concurrents locaux.

Après plusieurs années de baisse des ventes et un scandale sanitaire en 2015, la direction mondiale de KFC a choisi, dès 2016, de doter sa filiale chinoise d'un statut juridique autonome et de sa propre cotation en Bourse. Depuis, Yum China a renoué avec une dynamique de ventes satisfaisante et entreprit une conversion numérique de son activité, devenue une norme mondiale. Nous examinons le cas Yum China en détail au chapitre 6, « Tout commence par la data ».

Source : Harvard Business Review[7].

Adidas : Impossible *was* Nothing !

Adidas Chine est aujourd'hui l'une des plus importantes filiales mondiales de la marque. Tout a pourtant commencé à une échelle modeste, en 1994, dans le salon d'un appartement de Shanghaï.

Ce succès n'aurait pas été possible sans les décisions stratégiques initiales. Elles impliquaient une prise de distance avec l'identité originelle de la marque afin de favoriser la croissance dans un contexte difficile. Certaines de ces orientations stratégiques ont fini par être intégrées dans la vision mondiale de l'entreprise.

Ces choix initiaux ont aussi permis à Adidas de bâtir un rapport de force favorable dans sa compétition avec Nike, son rival mondial qui occupe, aujourd'hui encore, une position de leader sur de nombreux marchés. Ils ont aussi armé la marque vis-à-vis de ses divers rivaux locaux.

En adoptant cette orientation, au prix, dès le départ, d'un éloignement avec la stratégie et le positionnement mondial de la marque, l'équipe dirigeante de la filiale chinoise répondait aux impératifs suivants :

Une stratégie « En Chine pour la Chine »

- Équipe locale à l'autonomie reconnue, disposant d'une marge de manœuvre significative pour appliquer sa propre stratégie de terrain.
- Distribution intégrée : vente dans le réseau de boutiques de la marque, détenues en propre ou franchisées.
- Positionnement premium pour les prix à l'inverse de la tactique « prix abordables » ailleurs dans le monde.
- Positionnement dans l'univers du sport, mais achats motivés par un usage quotidien.
- Image associée à la « victoire » plutôt que sur la participation, comme ailleurs dans le monde.
- Campagnes de marketing élaborées localement pour les produits *lifestyle*.
- Production intégrée, en opposition à la « sous-traitance systématique » à l'échelle mondiale.

S'adapter à la demande locale

- Matériaux et produits d'une qualité supérieure aux normes internationales, chaque fois que possible.
- Choix du basket-ball comme vecteur principal de la marque et des ventes, et non du football, privilégié ailleurs.
- Choix du running comme moteur du volume de ventes, non en raison d'un engouement des consommateurs pour la course à pied, mais pour la qualité et le confort au quotidien des chaussures de cette catégorie.
- Textile orienté vers un usage quotidien et décontracté, avec, par exemple, une forte proportion de polos.
- Gamme de couleurs beaucoup plus large que sur les autres marchés.
- Création d'Adidas Neo, troisième pilier stratégique de la marque, aux côtés des segments mondiaux préexistants : « Performance » et « Originals ».

Échelle, vitesse et flexibilité

- Magasins monomarques franchisés pour s'implanter rapidement au-delà des villes clés de niveau 1 et 2.
- Investissement limité dans la conception et la construction des points de vente (jusqu'à 50 % de moins qu'au niveau mondial), tout en maintenant l'image de la marque internationale.
- Livraison des points de vente – de la conception à l'ouverture – dans des délais inférieurs aux usages internationaux.
- Logistique intégrée et entièrement maîtrisée.

Tirer parti de ses atouts internationaux

- Image de la marque portée par des sportifs de notoriété mondiale.
- Communication par le biais de campagnes internationales pour la marque et les produits techniques de façon à asseoir la légitimité sportive.

Starbucks : convertir un pays de buveurs de thé à la passion du café

Pendant les douze premières années de sa présence en Chine, Starbucks est restée fidèle à son cadre de référence américain, ce qui lui a valu de se heurter aux difficultés habituelles sur le terrain.

Par conséquent, quand l'enseigne a fêté ses dix ans de présence en Chine en 2009, elle exploitait à peine 300 points de vente, y compris ceux gérés en partenariat avec le groupe taïwanais Unipresident, dans l'est du pays.

L'organisation était alors matricielle, la direction locale rendant compte aux responsables de fonctions internationaux. Comme tous les autres marchés étrangers, l'activité chinoise était gérée et contrôlée depuis le siège. Le management local en ressentait une grande frustration.

En 2012, un nouveau PDG chinois est recruté. Au même moment, Howard Schulz, fondateur de Starbucks, comprend qu'un changement est nécessaire. L'*empowerment* devient alors le nouveau mot d'ordre. Le cordon ombilical est coupé. Plus d'organisation matricielle : à la filiale chinoise de trouver sa voie. Responsabilité locale totale ! Dans l'univers Starbucks, aucun autre pays n'avait encore connu une telle réforme organisationnelle.

La décision ouvre une ère de croissance galopante. En 2020, Starbucks compte plus de 5 000 points de vente et en ouvre de 600 à 700 chaque année. Fin 2017, l'enseigne inaugurait à Shanghai son plus vaste *flagship store* dans le monde, une « brûlerie » où le café est abordé comme une attraction. Trait distinctif des lieux : la queue quasi-permanente à l'entrée.

Mais comment l'enseigne a-t-elle réussi sa mutation ?

Une stratégie « En Chine pour la Chine »

- Délégation du pouvoir au management local, libre de développer sa stratégie de croissance.
- Mise en place d'une cellule locale de R&D et d'innovation produits.
- Autonomie de conception des points de vente, de leur déco et de leurs caractéristiques (par exemple, *community stores*, cafés accueillant les animaux de compagnie).
- Création de points de vente de petite taille, les Starbucks Now, pour le retrait des commandes en ligne.

- Création du format Reserve pour une sélection d'adresses, utilisées comme bar à vin le soir.
- Reconnaissance de la spécificité de l'exemple chinois, utilisé comme un laboratoire de *business model* numérique pour le reste du monde (voir chapitre 5, « Les gens ne font que passer. Qui convient reste plus longtemps »).
- Politique RH généreuse, tenant compte des réalités locales (par exemple, couverture sociale offerte aux parents des employés).

S'adapter à la demande locale

- Approvisionnement local à 100 % pour la nourriture et partiellement pour les boissons, en raison du succès des boissons étrangères.
- Offre de plats chauds.
- Produits innovants introduits à un rythme soutenu à l'occasion, en particulier, d'événements du calendrier (Nouvel An chinois, Fête de la mi-automne, Fête des bateaux-dragons…).
- Articles de merchandising conçus à 90 % dans une démarche « en Chine pour la Chine ».

Échelle, vitesse et flexibilité

- Organisation horizontale et *lean* pour accélérer les prises de décision et déléguer l'initiative aux équipes régionales.
- Mise en place d'une « université Starbucks » pour former le personnel nécessaire à l'ouverture continue de nouvelles boutiques.
- Recrutement de ressources dédiées à la déco des cafés et au développement.
- Développement d'applis internes dédiées à la communication et au partage d'informations.

Tirer parti de ses atouts internationaux

- Le café appréhendé comme une culture.
- Les établissements Starbucks conçus comme des « espaces sociaux ».
- Une approche RH focalisée sur le bien-être du personnel.
- Une responsabilité sociale revendiquée.

De ces trois exemples de réussite, l'un se dessine à la fin des années 1980, un autre dans les années 1990, le dernier remonte à la dernière décennie. Au chapitre 3 « S'adapter ou mourir », nous nous pencherons sur l'exemple de L'Oréal. Dans un contexte bouleversé, marqué par une concurrence accrue et la généralisation du numérique, le groupe français de cosmétiques a su se tailler une place de choix en Chine. Le succès est toujours possible ! Nous irons plus loin dans le chapitre 6 « Tout commence par la data », en observant de près les stratégies numériques fructueuses de KFC et Starbucks.

Bien d'autres cas mériteraient qu'on s'y arrête. Quel que soit le secteur d'activité des entreprises et la phase de développement du marché chinois qui correspond à leur entrée en Chine, elles ont surmonté l'hyperconcurrence, l'inconstance des consommateurs chinois et les différences culturelles grâce à un trait qu'elles partagent toutes : elles ont fait le choix de répondre à la demande du marché chinois, quitte à réviser nombre de leurs habitudes pour y parvenir. Tout comme les entreprises chinoises locales, elles ont réfléchi en profondeur à ce que leurs produits pourraient apporter aux consommateurs chinois, ou à la manière dont leurs produits pourraient résoudre un problème ou une question auxquels les consommateurs chinois sont confrontés. En d'autres termes, elles se sont demandé « ce qu'elles pouvaient apporter à la Chine ».

Qu'il s'agisse de leur offre de produits, des valeurs de la marque ou d'approche marketing, elles ont remis en cause les orientations en vigueur dans le reste du monde et délégué l'initiative à des structures opérationnelles relativement autonomes – lesquelles ne sont pas nécessairement basées en Chine.

La Chine comme moteur n° 2

Sur son blog, James Allen, un associé de Bain & Co, posait en 2018[8] une question intéressante : « Le succès en Chine doit-il transformer l'entreprise dans son ensemble ? » Les arguments qu'il avance plaident tous en faveur d'une réponse affirmative. Mais, remarque-t-il, il ne voit pas beaucoup de multinationales le suivre sur ce terrain : « Lorsqu'il s'agit de gagner en Chine, toutes ne sont pas encore prêtes. » Il expose ensuite une approche avec laquelle nous sommes entièrement d'accord.

Réussir en Chine est possible, mais à une condition : pour prendre pied sur place, il est indispensable de mettre au point un « moteur n° 2 », une entité opérationnelle totalement séparée de l'activité dans le reste du monde.

> *Vous devez envisager la Chine comme votre deuxième moteur de croissance. Votre moteur principal – appelons-le moteur n° 1 –*

fonctionne sur les marchés européen et nord-américain. Ces marchés ont une importance cruciale en matière de liquidités et de profits. Mais ce moteur n° 1 se heurte à des problèmes de fond. Son fonctionnement est trop complexe pour la croissance qu'il fournit. Des organisations de grande envergure ont été construites pour ces marchés. Historiquement, leur complexité se justifiait par la croissance qu'elles généraient. Ce n'est plus le cas aujourd'hui. Votre moteur n° 1 doit subir une révision radicale, il doit être simplifié et redimensionné, à proportion de la croissance envisageable en Europe et aux États-Unis.
Votre moteur n° 2 est la Chine. Son potentiel de croissance est considérable, mais, pour la capter de manière durable, il est indispensable de repenser votre entreprise. [...]
Les chefs d'entreprise ne simplifient jamais assez vite le moteur n° 1. Par conséquent, ils n'investissent jamais suffisamment dans le moteur n° 2. Ils ne lui accordent jamais l'autonomie dont il a besoin face à la concurrence, ils l'alourdissent de composants propres au mode de pensée du moteur n° 1. Les performances du moteur n° 2 doivent aider à repenser le moteur n° 1, à générer la prochaine phase de croissance.
Ce dernier point est essentiel. L'activité en Chine ne doit pas être envisagée comme une exception à la règle. Au contraire : considérez la Chine comme le modèle qui préfigure l'arène à venir de la concurrence mondiale. Si vous parvenez à vous imposer en Chine, face aux « rebelles de l'échelle » – capables de combiner envergure et réactivité – vous serez en mesure de réintégrer ce savoir-faire dans l'ensemble de vos activités.

Une observation nous semble particulièrement pertinente : « Considérez la Chine comme le modèle qui préfigure l'arène à venir de la concurrence mondiale. »

L'allégorie du moteur n° 2 insiste d'abord sur l'autonomie dont doit bénéficier l'équipe en charge de la Chine. Mais, en retour, le siège doit se réapproprier l'activité en Chine. Non pour la soumettre aux règles en vigueur ailleurs dans le monde, mais pour diffuser le modèle du moteur n° 2 dans toute l'entreprise et s'assurer que les compétences requises pour réussir en Chine équipent aussi le moteur n° 1.

Nike, L'Oréal ou encore Starbucks, à travers l'engagement personnel d'Howard Schulz, son fondateur, déterminé à s'imposer en Chine, esquissent la marche à suivre. Ces trois sociétés qui enchaînent les succès dans l'empire du Milieu affichent aussi de brillantes performances dans le monde entier. On ne s'en étonnera pas.

MAÎTRISER
LES TACTIQUES DU DRAGON

2.

La culture du loup : la faim enseigne des leçons vitales

Dans leurs combats contre les lions, les loups montrent des capacités terrifiantes. Acharnés à l'emporter, ignorant la peur de la défaite, ils se concentrent sur leur objectif, épuisant les lions de toutes les manières possibles.

Ren Zhengfei
Fondateur de Huawei Technologies

2.1 Acquérir les compétences pour survivre

Ren Zhengfei, le fondateur de Huawei, est considéré comme le protagoniste de la « culture du loup » qu'il définit dans les termes suivants[1] :

> *Si Huawei devait un jour interrompre sa croissance rapide, l'entreprise serait en danger de mort. Aussi longtemps que le cœur de notre activité gardera sa grande vitalité, notre équipe dirigeante maintiendra sa cohésion, le personnel s'impliquera sans réserve et y trouvera des satisfactions. […] Huawei doit s'appuyer sur un esprit, une vision pour unir l'équipe et entretenir le dynamisme de l'entreprise. Cette cohésion, Huawei l'a trouvée dans l'esprit de meute propre au loup. […] Être une entreprise, c'est parvenir à former une meute de loups. Parce que les loups survivent grâce à trois traits de caractère : un odorat aiguisé, une volonté offensive indomptable et inlassable, la lutte en meute. C'est cette culture d'entreprise forte qui fait de Huawei un « loup » et qui empêche les multinationales géantes de dormir.*

Depuis sa fondation en 1987, Huawei Technologies, fournisseur d'équipements dans les télécommunications, affiche des résultats impressionnants.

En 2020, après un peu plus de trente ans d'activité, son chiffre d'affaires à 137 milliards de dollars avait plus que quintuplé sur les dix années écoulées. Alors que le marché chinois représente 35 % de ses ventes, l'entreprise est présente aujourd'hui dans plus de 170 pays[2].

D'autres sociétés chinoises connaissent un essor rapide. Mais, même dans ce groupe de tête, Huawei se distingue par ses performances. Après des accusations de pratiques concurrentielles déloyales, c'est son approche de la cybersécurité et ses liens, jugés trop étroits, avec les autorités chinoises qui ont fait l'objet de suspicions ou d'enquêtes à l'international. Toutefois, avant même de s'aventurer hors des frontières, la société avait déjà accompli un incroyable parcours en Chine. Son succès puise dans une vision clairement définie et une culture d'entreprise forte, toutes deux inspirées par son dirigeant, Ren Zhengfei.

Le fondateur de Huawei est né en 1944, dans le comté de Zhenning, province du Guizhou, l'une des régions les plus pauvres du pays. Ren Zhengfei est le fils aîné d'une famille de sept enfants. Bien qu'instituteurs, ses parents avaient du mal à subvenir aux besoins de neuf personnes. Après avoir terminé ses études secondaires, Ren intègre l'institut de génie civil et d'architecture de Chongqing (aujourd'hui l'université de Chongqing) dont il sort diplômé en 1968, avec une spécialisation en chauffage, approvisionnement en gaz et ventilation. Comme il était courant à l'époque dans le pays alors géré de manière centralisée, on lui attribue son premier emploi une fois son diplôme obtenu.

Puis, lors de la Révolution culturelle chinoise, les diplômés de l'université sont envoyés en rééducation dans les valeurs de la classe ouvrière. L'armée contrôlant et gérant une grande partie des activités commerciales, Ren est affecté à la deuxième compagnie de la Commission d'État pour la construction, où il travaille comme cuisinier pendant deux ans puis comme plombier pendant plusieurs années avant d'être envoyé en division technologique. Alors qu'il travaillait pour cette unité, Ren n'était en fait pas un soldat.

En 1974, il rejoint le corps des ingénieurs de l'armée et est affecté au développement de l'usine de fibres chimiques de Liao Yang, dans l'extrême nord-est de la Chine, un projet industriel stratégique qui nécessitait l'utilisation d'une technologie française de pointe de traitement du pétrole brut et de produits chimiques dérivés. Les capacités d'ingénierie de l'armée n'étant pas très développées, Ren a été choisi en raison de ses antécédents et de son expérience en matière de technologie et de construction.

Avec la poursuite de Révolution culturelle, la Chine traverse alors une période de désordres. Ren Zhengfei et ses collègues vivent dans des conditions rigoureuses. Ils doivent s'accommoder de pénuries, de logements sommaires, d'une alimentation insuffisante. Employé entre-temps comme directeur adjoint d'un institut de recherche en construction, Ren a pris sa retraite de l'armée en 1982, lorsque les effectifs de l'APL ont été considérablement réduits.

Les épreuves trempent le caractère et aiguisent l'instinct de survie

Une enfance dans un milieu défavorisé et plus de quatorze ans dans un environnement militaire où il affronte des conditions de vie adverses ont forgé la mentalité rigoureuse de Ren Zhengfei. Dur à la tâche, énergique, économe, il assume la mission dont il est investi et s'impose une discipline intransigeante. C'est un esprit pragmatique, direct, simple, mais extrêmement déterminé.

Sa vie lui a également inculqué une croyance à toute épreuve dans le collectif et l'humilité personnelle. Dans les premiers temps de Huawei, ses vêtements bon marché ne le distinguaient en rien de ses subordonnés, y compris des ouvriers de la chaîne de production. Même les premiers succès n'ont guère influé sur son apparence. D'une mise sobre et sans prétention, il serait alors aisément passé pour un vieux paysan.

Son statut de milliardaire et de président d'une entreprise bien classée dans le palmarès Fortune 500 ne l'a pas incité à changer. Encore aujourd'hui, ses tenues sont discrètes, il voyage souvent en classe économique, se déplace en taxi et passe encore parfois du temps sur les sites de production. Aujourd'hui septuagénaire, il continue à travailler intensément et ne donne aucune raison à ses subordonnés de «cesser de lutter».

Il n'est pas rare qu'une expérience militaire antérieure influence les méthodes de management des entrepreneurs. Reng Zhengfei ne fait pas exception. Son style est celui d'un cadre de l'armée, rigide, ferme, obstiné. Il consacre son énergie à la bonne marche de Huawei et exécute sa mission en chantant des refrains militaires.

Âgé de 44 ans lors de la fondation de Huawei, et tirant la plus grande partie de son expérience professionnelle de ses années dans l'armée, il a observé le marché qu'il allait conquérir avec une grille d'analyse typiquement militaire. La Chine venait juste d'adopter sa politique de réformes et d'ouverture. Le marché n'était pas structuré, la planification était médiocre, les appétits et l'opportunisme insatiables et les ressources manquaient… Toutes les conditions d'une concurrence effrénée étaient réunies.

Dans l'esprit de Ren Zhengfei, cette effervescence incontrôlée exigeait qu'il se donne tous les moyens pour survivre, y compris en «éliminant» ses concurrents. Il a approché le marché comme un champ de bataille, où survit le plus apte. Le marché chinois de l'équipement en télécommunications était alors très étroit. La demande se limitait à quelques milliers de bureaux de postes et télécommunications au niveau des comtés, utilisant tous du matériel d'importation. Pour mobiliser les esprits et donner le maximum de chance de survie à l'entreprise et à ses employés, Huawei s'est dotée d'une série de concepts de management et de mots d'ordre[3] : «Survivre est l'injonction ultime», «Rien de ce que nous tentons pour augmenter les ventes n'est condamnable.». Dans cette liste figure le slogan le plus connu : «L'entreprise doit devenir une meute de loups.»

> *Trois traits caractérisent les loups : un odorat aiguisé, une volonté offensive indomptable et inlassable, la lutte en meute.*

Une conviction anime Ren Zhengfei : même si toutes les ressources étaient épuisées, la culture, elle, pourrait survivre. Pour Huawei, la priorité consiste donc à promouvoir la cohésion pour unir le personnel et insuffler une dynamique à l'entreprise. Avec la culture du loup, Huawei a trouvé son paradigme, le modèle dont l'entreprise pouvait tirer des enseignements. Car les loups ne craignent pas de tout sacrifier à la survie du groupe.

Ren Zhengfei, le patron de Huawei n'est pas le seul loup équipé pour la survie

Tout au long de son histoire, mais plus encore depuis la période initiée par les premières manifestations du Grand Bond en avant, à la fin des années 1950, suivie par la Révolution culturelle et prolongée au-delà de la mort de Mao Zedong en 1976, la Chine a traversé des crises profondes, marquée par des famines et une instabilité sociale aiguë, provoquée par des rivalités de factions ou des tensions entre groupes sociaux.

Comme Ren Zhengfei, toute la génération des premiers entrepreneurs a grandi dans le contexte instable des années 1960 et 1970 et a enduré de multiples épreuves. Chacun devait se débrouiller pour suivre et protéger sa famille, endurer les relégations en zone rurale où d'autres épreuves bien pires les attendaient, se frayer un chemin en jouant des coudes jusqu'au premier rang des files d'attente pour manger.

De telles expériences laissent une forte empreinte. Elles ont façonné les traits de caractère – réflexes de survie, mentalité ultra-compétitive, acceptation du risque – propres aux pionniers de l'entreprise, qui ont posé les fondements de la culture économique chinoise dès l'ouverture du pays au commerce, décrétée par le treizième congrès national, en 1987.

Dans la sphère économique, comme dans la vie courante, un même instinct de survie a prévalu : toutes les relations doivent être utilisées pour avancer, tous les raccourcis méritent d'être empruntés. Après un revers, il faut se relever et poursuivre. Toutes les occasions de gagner de l'argent, même quelques sous, doivent être saisies. Tous les coups sont permis pour rester dans l'arène et surpasser l'adversaire le plus proche. En quoi ce comportement diffère-t-il de celui d'un loup dans la forêt ?

Si tous les dirigeants n'ont pas élaboré un code aussi explicite que Ren Zhengfei et sa « culture du loup », la majorité des sociétés chinoises prospères, à l'instar de Huawei, ont développé une culture d'entreprise fondée sur un impératif de survie. C'est une leçon qu'ils ont tirée de leur propre expérience.

2.2 Comprendre les caractéristiques du loup

À la faveur de nos diverses expériences professionnelles, au sein de plusieurs firmes internationales ou en partenariat avec elles, nous avons tous les deux eu affaire, en de nombreuses occasions, à des dirigeants réticents ou impuissants à remettre en cause les systèmes ou les processus en vigueur à l'international pour réussir leur implantation en Chine.

Au vu de l'importance des enjeux, cette frilosité nous a toujours paru incompréhensible. D'autant plus qu'elle est rarissime du côté chinois. Là-bas, l'impératif de survie et la volonté de réussir qui animent dirigeants et entreprises, même dans des conditions défavorables, prennent le pas sur les obstacles et les inefficiences envisagés à court terme.

Savoir saisir les occasions n'est pas le fort des dirigeants occidentaux. Ils se montrent plus prudents que leurs pairs chinois ou ils ne mesurent pas les risques à la même aune. De plus, ils n'appréhendent pas de la même manière ce qui se fait et ce qui ne se fait pas. À nos yeux, ces différences mettent en lumière les principes de la culture du loup. Tous les paris peuvent être gagnés ! *Mes* règles ne doivent pas nécessairement s'aligner sur celles des autres !

Nos recherches et nos entretiens avec des entrepreneurs chinois de premier plan[II] nous ont permis de définir l'essence de la culture du loup et de comprendre comment cette approche contribue aux succès de nombreuses entreprises chinoises. En ajoutant un trait à la description originelle de Ren Zhengfei, nous définissons le loup par les qualités suivantes :

- un flair exceptionnel pour sentir les opportunités ;
- une propension irrépressible et inlassable à l'offensive ;
- un dévouement au groupe ;
- une loyauté sans faille envers le meneur.

2.2.1 Qualité du loup : un flair exceptionnel

Le loup est toujours à l'affût d'une aubaine. On attend de lui qu'il apporte des idées, des partenariats, de nouvelles perspectives. La quête est sans répit. Comme le loup dans la forêt, il reste en alerte, il n'erre pas, il sait localiser le fruit mûr à portée de ses dents, identifier la faille. Le plus souvent, les moutons ne comprennent pas qu'ils sont épiés.

Nous l'avons souvent observé : face à une même situation, un entrepreneur ou une entrepreneuse chinois et leur alter ego occidental vont l'interpréter différemment. La longue nécrologie des *joint-ventures* en est la preuve patente. Mais cette différence d'attitude montre aussi en quoi consiste l'aptitude à saisir les occasions.

Du nez pour les opportunités

La stratégie déployée par Huawei pour accéder au statut d'acteur reconnu à l'international illustre cet art de l'à-propos. Pour prendre pied à l'étranger, d'autres entreprises chinoises ont adopté une démarche similaire. Elle a pour modèle la conquête de la Chine par Mao Zedong et ses troupes communistes, stratégie elle-même inspirée d'un précepte militaire ancestral : « Conquérir les campagnes pour s'emparer des villes. »

Sur les marchés internationaux, Huawei s'est fiée à la stratégie d'encerclement qui lui avait déjà réussi pour conquérir le marché chinois. À la fin des

---

II. Dans le livre, nous faisons souvent référence aux entrepreneurs, aux fondateurs des entreprises, mais il faut bien comprendre que dans de nombreuses entreprises, en particulier celles qui ont été fondées dans les premiers temps de l'ouverture de la Chine, le leadership dépasse le seul fondateur, ou alors le fondateur a passé le relais (par exemple Daniel Zhang qui a pris la relève du fondateur Jack Ma chez Alibaba). À notre avis, cela n'a toutefois pas modifié l'approche. Même une génération plus jeune utilise encore les tactiques du dragon et la culture du loup fait toujours partie de ces entreprises.

années 1990, plutôt que d'attaquer les marchés les plus importants – en particulier les États-Unis ou l'Europe – avec leurs droits d'entrée élevés, la firme s'est déployée dans les zones les plus isolées de la planète, là où prévalent environnement hostile, conditions difficiles et forte instabilité politique… Bref, les régions négligées par les grands équipementiers des télécoms.

Les cadres – non seulement les ingénieurs, mais aussi les représentants des forces de vente et du marketing – ont été fortement incités à s'expatrier. C'était même la condition d'une progression de carrière rapide. Voilà comment Huawei s'est implantée en Asie centrale et du Sud-Est dès 1999, puis en Afrique, en Amérique latine, en Russie et en Europe de l'Est. La marque était inconnue, mais son offre a convaincu. Outre ses équipements télécoms à prix imbattables, elle proposait un service client prêt à satisfaire les exigences les plus ambitieuses et les plus complexes.

Quand tout le monde ne flaire pas la même piste

Renifler une bonne occasion, l'apprécier mieux que quiconque ou l'approcher d'un point de vue original peut aussi conduire à des incompréhensions insurmontables voire à de graves litiges, comme le montre toute une série de *joint-ventures* conclues par des échecs. À défaut d'être le plus récent du genre, l'exemple de la rupture entre Danone et Wahaha reste emblématique…

En 2009, le groupe français Danone a résolu un long différend avec son partenaire chinois en vendant sa participation de 51 % dans le groupe Wahaha, l'un des premiers acteurs chinois du secteur des boissons. La querelle a éclaté en 2007 quand Danone a accusé Wahaha de gérer en sous-main une série de sociétés parallèles qui répliquaient, à quelques détails près, les opérations et les produits de la *joint-venture*, siphonnant, par ce biais, quelque 100 millions de dollars qui auraient dû revenir à la coentreprise.

De son côté, Zong Qinghou, président de Wahaha et président de toutes les *joint-ventures* avec Danone, affirme que la marque commerciale Wahaha n'a jamais été officiellement transmise à la coentreprise et déplore le peu d'implication de Danone dans le partenariat depuis la signature de celui-ci, malgré les bénéfices considérables qu'il en tire. S'il admet que le contrat de *joint-venture* comprend des clauses non concurrentielles, Wahaha affirme que Danone a investi dans des entreprises chinoises concurrentes, en violation de ces mêmes clauses.

Les tensions ont pris des proportions telles que, fin 2007, Nicolas Sarkozy, président de la République française, a évoqué le sujet lors d'un entretien avec son homologue chinois, Hu Jintao, dans l'espoir de trouver une issue.

Dans cet exemple, comme dans bien d'autres, chaque partie a sa version de l'histoire. Ici, une confiance excessive dans l'autorité du droit se conjugue à une sous-estimation de l'attrait du loup pour les opportunités ou de sa compréhension de la loyauté.

Pour Danone, semble-t-il, il allait de soi que Wahaha comprenait les implications de l'accord de *joint-venture* et les règles juridiques purement techniques qui l'encadraient, en particulier celles concernant l'attribution d'une participation majoritaire à Danone. De son côté, Wahaha s'estimant floué par ce contrat qui limitait ses droits, jugeait légitimes les initiatives destinées à corriger la situation.

Autre raison de la discorde, Danone s'estimait autorisé à s'investir dans d'autres *joint-ventures*, indépendamment de son partenariat avec Wahaha. Bien que juridiquement inattaquable, cette attitude a joué un rôle clé dans la rupture. Wahaha avait accepté une clause de non-concurrence. Comment l'entreprise chinoise pouvait-elle faire confiance à Danone pour construire ensemble un business, quand celui-ci s'engageait avec d'autres acteurs et ne se sentait tenu par aucune obligation de loyauté ou d'exclusivité ? Wahaha s'est sentie trahie et la relation affective a été rompue. La *joint-venture* s'est alors trouvée confrontée à la différence irréductible entre la vision légale et contractuelle des Occidentaux et la vision de meute unie des Chinois.

Nous sommes convaincus que bien d'autres *joint-ventures* se sont délitées par ignorance ou sous-estimation de la culture du loup. Dans la deuxième partie du premier chapitre, nous avons passé en revue les raisons le plus souvent citées pour expliquer l'échec des implantations étrangères en Chine. Parmi celles-ci, la divergence d'objectifs entre partenaires figure en bonne place.

Quand on examine ces cas, on constate que les entorses au contrat sont souvent évoquées comme source du différend entre partenaires. De là naissent les accusations de tricherie lancées par une partie contre l'autre.

Si nous sommes convaincus que certains de ces litiges se réduisent bel et bien à des affaires de fraude, nous pensons que, dans leur grande majorité, l'explication de l'échec des *joint-ventures* ou d'autres accords par les seules violations du cadre juridique est un peu courte. D'autres considérations entrent en jeu, les deux parties ont créé les conditions des problèmes qu'elles rencontrent.

Reniflez-vous la même réalité que le loup ?

Bon nombre des tensions que nous avons évoquées résultent d'erreurs d'appréciation. D'un problème de terminologie. D'une interprétation différente de la même réalité. Les Chinois ont une expression formidable pour décrire cette situation : 同床异梦 (pinyin, tóngchuángyìmèng) ou « dormir à deux dans le même lit avec des rêves différents ». Bien des problèmes pourraient être évités si les partenaires partageaient les mêmes rêves.

Lorsqu'un accord conclu entre deux parties échoue, quelle en est la cause ? Est-ce le contenu de l'accord lui-même ou bien faut-il admettre qu'en dépit des apparences, il n'y avait pas d'accord ? Que penser d'un accord signé par deux parties qui n'ont pas d'objectif commun ? Qui est à blâmer ? Le partenaire qui n'a pas fourni toutes les informations pertinentes ou celui qui n'a pas mené une enquête rigoureuse, qui n'a pas posé les bonnes questions, qui n'a pas établi un diagnostic suffisamment approfondi ? Parfois, ne faut-il pas chercher la cause dans une interprétation culturelle différente ? Dans ce cas, qui a la bonne lecture ? À quel système de valeurs faut-il se référer pour trancher le litige ?

Pour un loup, par exemple, s'investir dans des partenariats concurrents de la *joint-venture* initiale ne relève pas de la tricherie. Surtout si l'accord initial laisse subsister la moindre marge d'interprétation sur cette question. Si le contrat ne stipule pas en toutes lettres que le loup s'interdit de lancer sa propre unité de production de l'autre côté de la rue en exploitant les technologies acquises au titre de la *joint-venture*, il ne trahit personne en prenant une telle initiative.

La partie chinoise du partenariat peut tout bonnement arguer qu'elle a saisi une opportunité. Mieux encore, fera-t-elle valoir, un concurrent chinois n'aurait pas laissé passer l'occasion si elle s'était abstenue. Et, puisque le contrat de *joint-venture* ne couvrait pas ce cas de figure, l'initiative relève du simple bon sens. De son côté, le partenaire étranger de la *joint-venture* va conclure que son pair chinois est malhonnête ou qu'il s'affranchit des règles fixées en commun.

Ici, nous avons affaire à deux interprétations contradictoires d'un problème potentiel. À deux versions cohérentes fondées sur des valeurs différentes. Décréter que nos références culturelles font nécessairement autorité serait réducteur, nous semble-t-il. Quant au loup, il répond à cet argument par un simple haussement d'épaules, avant de sauter sur sa prochaine proie.

Une meilleure stratégie s'impose pour repousser, ou, mieux encore, s'entendre avec un loup. Les deux parties doivent y trouver leur compte. Cette nouvelle donne suppose de comprendre le comportement du loup. De ne pas agir comme un mouton, mais d'intégrer la meute. À ses propres conditions.

Renifler le loup

Comment réagir face à un loup ? En premier lieu, il est nécessaire de sentir sa présence derrière la porte. De rester en éveil. De ne rien tenir pour acquis. Combien de chefs d'entreprise, ayant noué des relations vouées à l'échec, avaient-ils réellement respecté leur obligation de vigilance ? Et cette obligation va bien au-delà de l'analyse des états financiers !

Mener sa barque dans un milieu où ses interlocuteurs – partenaires ou concurrents – ont leur propre système de valeurs exige une perspicacité bien exercée afin de comprendre le cadre de référence dans lequel ils agissent.

Il faut des années pour acquérir un odorat vraiment fiable, surtout si on évolue dans un milieu culturel autre que le sien. Quand, dans le récit de l'échec d'une *joint-venture*, la malhonnêteté est incriminée, un examen attentif des faits montre souvent qu'une série de signes avant-coureurs et d'alarmes ont été ignorés ou sous-estimés. Des renseignements critiques auraient pu être obtenus et correctement interprétés dès le départ grâce à une investigation plus rigoureuse.

En outre, il est important d'admettre que son propre cadre de référence culturel n'est pas, par définition, le système de valeurs adéquat. Dans nos échanges avec d'autres dirigeants, il s'agit toujours d'une question délicate à aborder, mais qui peut réellement penser en envisageant un projet d'entreprise à l'étranger que ses règles et ses procédures habituelles auront nécessairement la préséance ?

Le loup testera les limites, verra jusqu'où il peut aller. C'est sa seconde nature. Ce n'est qu'en développant un odorat suraigu qu'on peut battre le loup à son propre jeu.

Sentir le consommateur

L'odorat du loup intervient dans un autre aspect crucial du jeu concurrentiel. Selon nous, c'est un de ses traits constitutifs. Il s'agit de sa compréhension des consommateurs et de leurs besoins, de sa faculté de se mettre à leur place. La façon dont WeChat s'est imposée, presque du jour au lendemain, comme norme de paiement sur les mobiles en Chine illustre parfaitement cette aptitude.

Problème classique de la poule et de l'œuf : comment inciter les vendeurs à accepter un service de transactions sur mobile en l'absence d'utilisateurs ? Et comment attirer des utilisateurs en l'absence de vendeurs ? La brillante solution élaborée par l'équipe de WeChat s'inspire de l'observation scrupuleuse du comportement des consommateurs.

Parmi les célébrations du Nouvel An lunaire chinois, une ancienne coutume consiste à distribuer des enveloppes rouges (en chinois 红包, pinyin : hóngbāo) contenant une somme d'argent, importante ou modeste. En lançant WeChat Pay, début 2014, Tencent a considérablement augmenté le trafic de la plateforme de paiement sur mobile WeChat, grâce à des enveloppes rouges numériques. D'un clic sur une icône représentant une enveloppe rouge, il devenait possible d'envoyer de l'argent aux amis ou à la famille. L'idée a révolutionné le marché du mobile en Chine en attirant plus de 8 millions d'utilisateurs de la plateforme WeChat Payment de Tencent dans les huit jours suivant le Nouvel An chinois[4].

Dans le chapitre suivant, « S'adapter ou mourir », nous verrons plus en détail comment l'attention minutieuse que les entreprises chinoises portent au comportement des consommateurs est la source d'avantages compétitifs. Acquérir de tels atouts exige un souci constant des besoins du marché et des moyens à mettre en œuvre pour en tirer parti.

2.2.2 Qualité du loup : une propension irrépressible et inlassable à l'attaque

Les loups sont programmés pour attaquer, mais ils ne peuvent pas se permettre d'échouer. Ils observent leurs proies, attendant le moment propice pour frapper. Quand ils bondissent, l'assaut est rapide et sans pitié. Cette persévérance est exactement le trait indispensable au succès d'une entreprise ou d'une carrière.

Dans son livre, *Un succès nommé Huawei*[5], Vincent Ducrey relate l'âpre bataille entre Cisco et Huawei quand Huawei a voulu pénétrer le marché américain. L'épisode est un exemple parlant de la détermination inébranlable de Huawei et de la culture du loup en action :

> *Au début de l'année 2003, Huawei voit son travail de longue haleine pour s'implanter à l'étranger porter ses fruits – notamment en Europe, en Russie en Afrique et au Moyen-Orient. Même s'il est encore loin de concourir parmi le top 3 mondial des télécoms, comme il l'a toujours ambitionné, Ren Zhengfei voit sa marque s'implanter petit à petit, et se faire remarquer en dehors de la Chine. Au printemps 2002, la firme passe le cap et s'installe aux États-Unis pour explorer cet immense marché d'où ses principaux concurrents sont originaires.*
>
> *À commencer par l'entreprise américaine Cisco, leader incontesté sur les réseaux d'entreprise, que Huawei attaque frontalement avec cette publicité publiée dans la presse professionnelle*

où l'on voit un routeur de la marque chinoise et cette affirmation : « La seule différence, c'est le prix ! », une façon de rappeler que ses produits coûtent deux fois moins cher que ceux de Cisco. Cisco riposte et passe à l'offensive sur le terrain judiciaire. Après plusieurs mises en garde, l'Américain porte plainte le 23 juin 2003 contre le Chinois. L'acte d'accusation porte sur la violation de la propriété intellectuelle concernant les logiciels et les manuels d'utilisation de ses routeurs.
Ren Zhengfei réagit en constituant une équipe de collaborateurs, choisis parmi les meilleurs, dans les services juridiques, R&D et marketing, [...] et en faisant appel aux services de [...] l'un des meilleurs cabinets sur les sujets de propriété intellectuelle.
Pour Huawei, c'est clair : Cisco a l'intention de conserver son monopole, et cherche à éliminer son concurrent par voie légale.
Coup de théâtre au mois de mars : Huawei annonce une alliance avec 3Com, le concurrent historique de Cisco aux États-Unis. Cet évènement permet d'inverser doucement la tendance en faveur de la firme chinoise. Surtout lorsque le patron de 3Com argumente au procès : « Nous avons passé huit mois à authentifier les technologies de Huawei. Ils travaillent avec des ingénieurs de talent sur des logiciels et des technologies ultrasophistiqués. Nous n'aurions jamais pris l'énorme risque de nous allier à Huawei si nous n'étions pas certains qu'ils n'ont pas violé de propriété intellectuelle.
Finalement, un accord à l'amiable est trouvé avant l'issue de la procédure, et l'affaire est définitivement close par la signature d'une conciliation à l'été 2004.

Malgré le coût et l'impact sur sa réputation, Ren Zhengfei a continué à aller de l'avant. Parce qu'en fin de compte, malgré les défis, il était maintenant officiellement entré sur le marché américain et avait montré à la concurrence qu'il pouvait rivaliser avec son plus grand concurrent. Ce cas met en évidence un trait de caractère que nous avons observé chez nombre de chefs d'entreprise chinois, une obstination qu'on pourrait résumer par la maxime « N'abandonne jamais ! ». Leur acharnement à réussir contre vents et marées se manifeste également à travers trois comportements, auxquels on reconnaît le « loup indomptable ».

Une recherche systématique des opportunités, préférées aux efficiences

Dans les entreprises occidentales, la «recherche des efficiences» est un mot d'ordre obsessionnel, un Graal convoité, l'objectif qui dicte les décisions du management et les plans stratégiques. C'est même le critère sur lequel se décident les fusions.

On entend peu parler d'efficiences dans les sociétés chinoises. Pour tout dire, on constate même souvent une attitude opposée à la recherche d'efficience. Pour le loup indomptable, la fin est plus importante que les moyens. Cela ne signifie pas qu'il gaspille sans compter, au contraire : les entreprises chinoises fonctionnent avec des fonds de roulement notoirement restreints et, de plus, elles exercent un contrôle étroit sur les coûts. Elles sont malgré tout beaucoup plus enclines à affecter leurs ressources limitées à la poursuite d'un objectif jugé important, quoi qu'il leur en coûte.

Un exemple parlant illustre cette attitude : il s'agit de la démarche d'Anta Sports – entreprise basée à Jinjiang, dans la province du Fujian, et aujourd'hui troisième nom mondial dans le secteur du sportswear – pour redresser la marque italienne Fila (dont Anta détient les droits pour la Chine) et, par ce biais, poser les fondations des futurs succès du groupe. Anta a acquis les droits de Fila pour le marché chinois en 2009. Jusque-là, la marque italienne de vêtements de sport n'avait guère réussi sa pénétration sur le marché chinois. Sa licence était détenue par Belle International, le plus grand distributeur intégré du secteur de la chaussure en Chine.

Gérée par Anta, Fila a bénéficié d'un regain d'intérêt spectaculaire. Celui-ci se traduit aujourd'hui par l'existence de plus de 2000 points de vente en Chine et par une part du chiffre d'affaires dans le groupe supérieure à celle générée par la marque mère, Anta. En profitant de la mode pour le streetwear inspiré du sport, Fila a conquis la génération Z et les milléniaux.

Pour en arriver là, Anta a dû relever une série de défis face auxquels nombre d'autres firmes auraient baissé les bras. Pendant plusieurs années, les tâtonnements pour trouver un positionnement produit convaincant pour le marché se sont traduits par un bilan déficitaire. Plusieurs équipes de management se sont succédé à la tête des opérations, plusieurs voies explorées dans le positionnement produit ont mené à des impasses.

Au sein des multinationales de l'habillement, la réduction du nombre de modèles au nom de la fameuse «efficacité SKU» suscite souvent des débats intenses. Prenant le contrepied de cette attitude, Fila a multiplié les nouveaux produits, testé inlassablement le marché, appris de ses erreurs, et fini par susciter l'adhésion d'un public plus jeune et plus sensible aux modes. Même quand le bilan était déficitaire, la recherche d'efficiences *via* la réduction du nombre de modèles n'est pas entrée en ligne de compte. Installer Fila sur le marché servait un objectif plus ambitieux: l'avenir du groupe Anta lui-même.

Consciente des limites à la croissance de la marque Anta en Chine, la firme s'est investie dans une stratégie multimarques. Mettre au point le *business model* adéquat pour Fila et imposer la marque sur le marché avait valeur de test pour de futurs lancements de marques. Mais réussir l'opération impliquait de ne jamais dévier de l'objectif, quoi qu'il en coûte. De fait, l'expérience s'est révélée fructueuse puisqu'elle a servi de modèle au développement chinois réussi d'autres marques par la firme: Descente, Kolon et Arc'teryx.

Dans le chapitre suivant, «S'adapter ou mourir», nous examinerons plus en détail l'aptitude des entrepreneurs chinois à être flexibles et à explorer plusieurs directions jusqu'à trouver celle qui fonctionne, une faculté qui ne se limite pas, loin de là, à multiplier la création de nouveaux produits. Un autre trait les sert également dans leur recherche inlassable du succès: la perception et l'approche du risque, propres au loup.

Une quête inlassable de la récompense, en dépit des risques

La volonté sans faille de réussir encourage une culture de la prise de risques. Toutefois, compte tenu de la rapidité des changements sur le marché chinois, le loup appréhende le risque d'une manière étonnamment différente de ce qu'on pourrait supposer.

Dans un environnement où tout est sacrifié à la réussite, où prévaut une compétition acharnée, l'échec se paye au prix fort. De ce fait, pour le loup, le véritable risque serait d'attendre et de se retrouver à la traîne du marché. Il est indispensable d'être au plus près des évolutions. De ne pas se laisser distancer. L'expectative, l'esquive peuvent avoir des conséquences sévères. C'est la peur du risque qui justifie la prise de risque.

La perception du risque propre au loup est souvent sous-tendue par sa confiance en l'avenir. Après trois décennies d'expansion économique, de progrès du niveau de vie et de la richesse individuelle – et même de la place de la Chine dans divers classements – le loup est une créature portée à l'optimisme. À de multiples reprises, les épreuves endurées ont fini par payer, la prise de risques par être récompensée. Face à une situation perçue comme trop difficile ou trop périlleuse par un étranger ou un adversaire, le loup jugera qu'elle mérite qu'il s'y investisse.

Luckin Coffee, une start-up de chaîne de cafés très ambitieuse, offre un exemple extrême de cette démarche guidée par la perception d'une possible rétribution là ou d'autres verraient un risque. Dans ce cas particulier, la prise de risque était telle qu'elle a valu à l'entreprise d'être poursuivie pour fraude, accusée d'avoir surévalué son chiffre d'affaires de près 300 millions de dollars en 2019. Toutefois, avant ce revers, Luckin Coffee a suivi une trajectoire de croissance remarquable grâce à une stratégie qui dénote une volonté d'assumer des risques démesurés, en vue de battre la concurrence et de croître à tout prix.

Ouvrons 3000 cafés en deux ans !

Fondée en 2017, Luckin avait ouvert 3000 points de vente au moment de son entrée en bourse, deux ans plus tard. La plupart de ces adresses se résumaient à de petits kiosques, proposant peu ou pas de places assises, l'approche de Luckin reposant sur une combinaison originale de vente *online* et *offline*. Par le biais de son application mobile, la chaîne exploite l'acquisition de clients en ligne pour stimuler ses ventes offline.

Les commandes ne peuvent être passées et payées qu'avec l'appli Luckin. La stratégie est optimisée pour maintenir des coûts serrés : Luckin doit rester abordable, c'est son avantage concurrentiel principal. Son appli met constamment en avant des offres gratuites et des remises, au point de rendre abscons le calcul du montant de la facture, mais l'enseigne est clairement bien meilleur marché que Starbucks.

La marque poursuit sa croissance par l'occupation du terrain, une stratégie qui rappelle le temps des premières dot.com. Les liquidités avant les bénéfices. L'expansion d'abord, les profits suivront. Le précepte est répandu parmi les entreprises chinoises pour lesquelles l'acquisition de clients a la priorité sur les autres fondamentaux. Comme le soulignait le responsable du marketing de Luckin, Yang Fei, au cours de cette phase de croissance galopante : « Ce n'est pas le moment de parler de bénéfices. » Priorité à l'échelle et à la rapidité[6].

Cette stratégie a eu l'effet d'un signal d'alarme pour le leader du marché, Starbucks. Pour doper sa croissance, celui-ci s'est empressé de resserrer ses liens avec Alibaba. Un partenariat de grande envergure a été signé. Il délègue les commandes en ligne à la plateforme de livraison Ele.me, tandis qu'une appli et un magasin virtuel ont été lancés dans la galaxie des sites d'e-commerce d'Alibaba. En outre, l'enseigne américaine a accéléré le déploiement de « Starbucks Now », un nouveau format de points de vente de taille réduite, optimisé pour la distribution des commandes en ligne.

Bagarre pour la première place à coups de millions de dollars

La bataille pour conquérir la première place dans le transport à la demande en Chine offre un autre exemple éclairant des différences de points de vue dans l'appréciation du risque. Leader des services de covoiturage en Chine, Didi Chuxing est né en 2015 de la fusion de deux anciens rivaux, jusque-là à couteaux tirés, Kuaidi Dache et Didi Dache.

Deux ans plus tôt, en 2013, leur concurrent mondial, Uber, était entré sur le marché chinois. Décidé à conquérir au plus vite des parts de marché, le challenger américain n'a pas hésité à adopter les usages locaux et en mobilisant des sommes considérables pour prendre en charge une part du prix des courses et des revenus des chauffeurs.

Dès la fusion réalisée, Didi a riposté en engageant une guerre des prix. Les deux adversaires y ont brûlé force munitions – 2 milliards de dollars pour Uber, sans doute plus pour Didi –, chacun levant des milliards au fur et à mesure pour reconstituer ses forces. Tandis que la guerre faisait rage, Didi Chuxing, dans sa quête d'alliances, obtenait des fonds d'Alibaba et de Tencent, les deux plus gros acteurs de la tech chinoise, déjà familiers du terrain : antérieurement à la fusion, Alibaba avait investi dans Kuaidi Dache ; Tencent, dans Didi Dache. En mai 2016, Didi dévoilait même un accord avec Apple, portant sur 1 milliard de dollars[7].

Peu de temps après cette annonce, sous la pression de ses investisseurs résolus à stopper l'hémorragie, Uber jetait l'éponge. Ayant besoin d'une stratégie de sortie, la firme américaine acceptait le rachat de ses activités locales par Didi, en échange d'une participation de 18 % dans la société chinoise. L'accord installait Didi à la première place de son secteur – les applications de transport à la demande – avec 80 % du marché chinois et plus de 550 millions d'utilisateurs.

Le loup de la Silicon Valley a dû reculer. Le loup chinois, plus agressif, a conduit la guerre des prix sans jamais vaciller, fort du soutien de ses alliés, pour lesquels l'hypothèse d'une défaite était exclue. « Je n'ai jamais envisagé une victoire d'Uber », commente Yanbo Wang, un universitaire chinois spécialiste des start-up de la tech. « Pour Uber, perdre 2 milliards de dollars en Chine, c'était considérable. Mais pour Didi, Tencent ou Alibaba, dépenser 2 milliards de dollars pour gagner sur le marché local ? C'était une peccadille[8]. »

La quête inlassable d'un avenir meilleur, par l'éducation et par un travail acharné

Au cours de nombreuses années d'entretiens d'embauche, pour une multitude de fonctions, nous avons noté la récurrence d'une question des candidats: «Quelles possibilités de formation offre l'entreprise?». Si elle ne propose pas un programme étoffé, elle ne répond pas aux critères du postulant.

Ce respect de l'apprentissage est inhérent à la culture chinoise. Il transparaît dans les résultats qu'obtiennent les étudiants chinois un peu partout dans le monde et se manifeste aussi dans le comportement de très nombreux dirigeants qui – tout en veillant à la conduite de leur entreprise – parviennent à trouver le temps de décrocher un MBA.

L'exigence d'aller de l'avant, de gravir les échelons est profondément ancrée. Elle ne se résume pas à une soif de savoir, mais s'exprime par une quête permanente de la bonne occasion, d'une meilleure situation. Les années d'épreuves l'ont inculquée à chacun. Elle est aussi constitutive de la morale sociale, pour laquelle le principe accepté de la survie du plus apte se combine à l'exigence d'améliorer son sort, à des fins personnelles et pour le bien général.

Accepter les sacrifices dans la perspective d'un avenir meilleur est devenu la norme. Motivés par une soif de promotion sociale, beaucoup de Chinois – entrepreneurs ou salariés – acceptent de renoncer à leur vie personnelle au profit d'une future prospérité. Les longues journées de travail sont devenues un mode de vie pour tous ceux qui acceptent l'idée que travailler jusque tard dans la nuit, au nom d'un objectif commun, fait partie de leurs responsabilités.

Le phénomène a même reçu un nom. On parle de «996», en référence au temps consacré au travail: de 9 heures du matin à 9 heures du soir, 6 jours par semaine. L'usage s'est répandu dans de nombreuses entreprises. Jack Ma, le fondateur d'Alibaba, en est l'un des promoteurs les connus. L'homme d'affaires, sans doute le plus admiré du pays, est l'exemple vivant que la dévotion au travail obtient sa juste rétribution. Il exerce ainsi une influence considérable sur l'éthique professionnelle de nombreux Chinois.

En relatant la chute d'Amazon en Chine, dans la première partie du premier chapitre «Aux sources de l'échec, l'inaptitude à s'adapter», nous avons cité les propos d'un ancien employé. Il exprimait ses frustrations au constat de l'incapacité du géant de la tech à introduire, en temps voulu, les adaptations et les évolutions nécessaires. Observant, avec une pointe de jalousie, que les concurrents chinois d'Amazon, adeptes du 996, n'étaient pas entravés par ces pesanteurs, que la culture d'entreprise y permettait des réactions instantanées, il ajoutait: «Dans ces sociétés 996, dès que le patron réclame un nouveau dispositif, le personnel s'attelle à la tâche jusqu'à ce que ça fonctionne.»

L'esprit du loup indomptable nourrit un dynamisme entrepreneurial qui favorise la recherche inlassable d'avantages concurrentiels. Depuis le sommet jusqu'à la base, une attention permanente aux évolutions du marché, aux besoins des consommateurs se diffuse à toutes les équipes. Elle garantit une réaction rapide, quoi qu'il en coûte!

2.2.3 Qualité du loup: la dévotion à la meute

Les loups sont rarement solitaires, ils chassent en meute. De là vient le proverbe selon lequel «le tigre a toujours peur du loup». Dans un monde économique de plus en plus concurrentiel, on accorde une grande valeur au travail d'équipe et à la coopération. L'individualisme n'existe pas dans la culture du loup.

Paradoxalement, dans la société chinoise qui privilégie le collectif à l'individuel, le travail d'équipe cohérent n'a pas toujours été la norme. Notons d'ailleurs qu'il n'aboutit pas toujours aux résultats désirés. On le constate dans le sport ou la musique, où l'excellence individuelle peut être contrecarrée par les performances moins remarquables de l'équipe ou de l'orchestre.

Dans le propos liminaire à l'étude éclairante qu'il consacre à cette question, *Teamwork in Chinese Organizations: A New Concept and Framework*[9], Ying Liu, l'auteur, affirme:

> *Selon un proverbe chinois, «un Chinois est aussi fort qu'un dragon; un groupe de Chinois, aussi faible que des insectes». Ce dicton laisse supposer que le travail d'équipe a toujours été problématique en Chine. D'un côté, les Chinois peuvent sacrifier leurs intérêts personnels au profit de l'équipe, sous l'influence du collectivisme et pour maintenir l'harmonie. D'un autre côté, certaines valeurs culturelles, telle le* guanxi *(un mode particulier de relation d'échanges), entre membres d'un groupe, font obstacle au travail d'équipe. Le respect de la hiérarchie et le maintien de l'harmonie peuvent être importants pour la cohésion, mais ils peuvent aussi affecter la poursuite efficace des objectifs du groupe.*

On peut lire un jugement similaire, sous la plume des auteurs d'une autre publication[10], « Teamwork in China: Where Reality Challenges Theory and Practice » :

> *Il se pourrait que la hiérarchie sociale rigide, sur laquelle insistent les principes confucéens, nuise à un travail d'équipe véritablement autonome et flexible. Ces mêmes éléments de la culture chinoise qui créent et entretiennent l'attachement au groupe et la conformité sociale, favorisent aussi le contrôle hiérarchique depuis le sommet et vont à l'encontre des principes et des pratiques d'un réel travail de groupe. [...] Les caractéristiques culturelles chinoises traditionnelles, telles que la piété filiale, le paternalisme et la hiérarchie, les pressions au conformisme, le maintien de « la face » et le contrôle social ont certainement promu les comportements collectifs, mais pas nécessairement le véritable travail d'équipe. Plus encore dans un environnement où le factionnalisme parmi les employés, la méfiance à l'égard des collègues et le favoritisme individuel étaient souvent la norme.*

Mais, pour les premiers chefs d'entreprise qui s'affrontaient sur des marchés sans règles, il était clair que la cohésion et la coopération au sein des équipes seraient des armes décisives pour devenir et rester compétitifs. Leur réflexion était aussi nourrie par les théories occidentales du management qui préconisaient le travail d'équipe.

Si l'esprit d'équipe n'émerge pas spontanément, comment les entreprises animées par l'esprit du loup s'assurent-elles que leurs employés coopèrent, qu'ils joignent leurs forces pour résoudre les problèmes et élaborer des solutions ? Elles y parviennent en mettant l'accent sur le collectif, en instaurant un système de récompenses qui rétribue la meute. Elles développent une culture qui exige un haut niveau d'unité et de coopération, qui attend des équipes qu'elles agissent avec l'« intensité d'une meute de loups », dans un cadre décrit parfois comme un « travail d'équipe hyperintense » et en fournissant à ces équipes des « capacités de combat ».

Le travail d'équipe avec des caractéristiques chinoises

C'est ainsi que, dans la culture du loup, la primauté accordée au travail d'équipe est devenue la norme. Mais, nuance de taille, il s'agit du travail d'équipe à la mode chinoise. Ici, l'accent est mis sur le résultat obtenu par le collectif, plus que sur le fonctionnement de l'équipe au sens occidental. C'est le clan qui est pris en considération, ainsi que sa cohésion de meute. Nous verrons plus loin les mêmes caractéristiques en jeu dans la création des écosystèmes.

Les entreprises chinoises se décrivent souvent elles-mêmes comme des armées de fourmis. Elles entendent par là un groupe d'individus s'activant dans un but commun et mutualisant leurs moyens, sous la supervision d'une direction centrale. Ou encore une unité militaire poursuivant un objectif et entretenant un lien émotionnel fort avec le chef de meute. Ces descriptions de la culture d'entreprise nous ramènent chez Huawei[11].

> *Partagez les bonheurs et les peines. Partagez la prospérité et l'humiliation. L'unité, la coopération et le combat collectif sont l'âme de la culture maison chez Huawei. Le succès résulte des efforts collectifs. L'échec est la responsabilité de la collectivité. Nous n'attribuons pas nos réussites aux individus, nous ne voyons pas les défaites comme des responsabilités personnelles ; nous sommes tous semblables. À l'exception des différences dans les tâches qu'ils effectuent, les employés de Huawei sont égaux au travail et dans la vie.*

La profession de foi est ambitieuse, mais si l'on se souvient que l'esprit militaire sous-tend la culture d'entreprise de Huawei, on la replace mieux dans son contexte.

Quand le travail d'équipe néglige l'individu, mais promeut le talent individuel

D'une manière générale, la société chinoise privilégie l'harmonie et le respect de la tradition ; elle tend à désapprouver l'individualisme, pour peu qu'il se manifeste avec un soupçon d'agressivité ou de forfanterie. Le même système de valeurs a été adopté sans altération par la culture du loup parce qu'il correspond à sa conception de la pensée de groupe.

Une dynamique particulière limite presque automatiquement les manifestations d'individualisme au sein d'un groupe chinois. Elle tient au rôle que joue la compétition entre les individus dudit groupe.

Alors que la coopération et la compétition sont vues comme antagoniques dans la pensée occidentale, pour la société chinoise, plus harmonieuse, ces deux notions ne s'excluent pas nécessairement, selon les conclusions d'une équipe de chercheurs de l'université de Washington et de l'université de Pékin[12].

Les bénéfices de la compétition au sein d'un groupe sont eux aussi perçus différemment. Selon cette même étude, les Chinois, aux inclinations plus volontiers collectives, obtiennent des résultats significativement supérieurs quand est pris en compte l'individualisme vertical – soit la volonté de se montrer meilleur que les autres – et significativement inférieurs pour l'individualisme horizontal – soit la tendance à maximiser son intérêt individuel – par comparaison avec les populations d'autres pays.

En Chine, à l'opposé des résultats mis en évidence pour les Occidentaux, la compétition interne au groupe suscite la coopération, tandis que l'absence de l'une entraîne l'absence de l'autre. Autrement dit, s'efforcer de mieux faire que les autres membres du groupe n'est pas vu comme une attitude négative, pour autant que cette attitude n'est pas adoptée aux dépens du groupe. La compétition entre individus rend le groupe plus fort. La véritable compétition tend à se manifester entre groupes ou équipes, plutôt qu'au sein de chacun. Nous verrons dans les chapitres suivants comment les chefs d'entreprise, conscients de cette réalité, en tirent parti.

Ainsi, si l'individualisme au sens strict n'est pas acceptable, la culture du loup n'est pas, pour autant, indifférente au talent et aux performances individuels. Au contraire : tout est fait pour encourager la créativité et les entreprises donnent à chacun les moyens de développer ses aptitudes, dans le respect de la norme : respecter les individualités, mais partager les efforts et les succès. L'individu est au service de la collectivité.

Cela ne signifie pas non plus que les comportements individualistes n'existent pas dans les entreprises chinoises. Mais, du fait de l'organisation très hiérarchisée des entreprises chinoises (voir le chapitre 4, « L'empereur décide, mais l'agilité règne »), on les rencontre principalement au sommet. Aux niveaux inférieurs, la collectivité domine. L'armée de fourmis laisse peu de place aux manifestations d'individualisme.

Le travail d'équipe dans des limites clairement définies pour la meute

Si la cohésion d'équipe dont on attend un résultat collectif n'est pas spontanée, il est alors indispensable de recourir à des indicateurs clés de performances ou à d'autres processus de gestion de la collaboration. On s'assure ainsi que les individus sont bien en phase avec les objectifs fixés et on tend à optimiser les résultats de l'équipe. On veille aussi à ce que chacun comprenne ses responsabilités vis-à-vis du collectif et adapte son attitude à un contexte mouvant et aux changements brusques de priorités (voir le chapitre suivant « S'adapter ou mourir ».)

Les entreprises occidentales tendent à abandonner l'évaluation annuelle des performances. En revanche, elle reste un outil essentiel de management en Chine et prend des formes plus poussées que l'alternance annuelle : définition d'objectifs / bilan de performances.

D'une part, un fort accent est mis sur la communication : elle donne à chaque employé une vue d'ensemble des objectifs du groupe et de la contribution qu'il y apporte, à la place qu'il occupe. D'autre part, des procédures claires sont mises en place pour s'assurer que tout le monde connaît les objectifs, les comprend et travaille à les atteindre.

Lorsqu'il a rejoint le groupe Fosun, l'un des plus gros conglomérats privés du pays, Aldo a été particulièrement impressionné par le fonctionnement du système. Si chaque entreprise fonctionne selon ses propres règles, la démarche d'ensemble relève partout de la même approche. Elle se traduit par une méthodologie clairement définie et ciblée, fondée sur trois éléments essentiels. Chez Fosun, par exemple, le processus était le suivant : une définition rigoureuse de l'objectif et du plan de travail, le combat collectif, l'(auto)évaluation.

Première phase : une définition rigoureuse de l'objectif et du plan de travail

Au moins deux fois par an, des sessions d'alignement stratégique sont organisées en présence d'un large éventail de dirigeants (seniors). À cette occasion, une orientation stratégique très ambitieuse est adoptée, actualisée ou affinée. Dans le chapitre suivant, nous aborderons le rôle de la vision et l'utilisation de la stratégie au sein des entreprises chinoises, mais nous tenons à insister ici sur un point : quand nous parlons d'orientation stratégique dans les grandes lignes, il s'agit, véritablement, de « grandes lignes ».

Ces buts et ces objectifs ambitieux sont ensuite convertis en objectifs individuels clairs et réalisables pour chaque membre du personnel. Ils font alors l'objet d'une actualisation quasi permanente. Ils sont revus, mis à jour et traduits en plans de travail et en ordre de priorités à chaque trimestre. Ces plans doivent être définis en concertation étroite avec la hiérarchie, afin de s'accorder aussi bien avec les perspectives les plus ambitieuses qu'avec les plus récentes réorientations, puisqu'au sein des organisations chinoises, les priorités sont susceptibles de changer rapidement.

Deuxième phase : le combat collectif

Les rapports quotidiens, hebdomadaires, mensuels et trimestriels, tout comme les évaluations qui leur correspondent, garantissent la poursuite continue des objectifs et la croissance de l'entreprise. Ce suivi a aussi d'autres fonctions : il entretient un sentiment d'urgence et vise à susciter une demande d'évaluation périodique des résultats chez les employés.

Cette gestion rigoureuse des performances a pour effet l'adoption par chacun de mécanismes de contrôle individuel concernant la motivation, la gestion de ses tâches, l'autodiscipline. La définition en continu des objectifs, le coaching, l'évaluation et les retours d'expérience entre managers et employés permettent d'optimiser performances et capacités et d'atteindre les objectifs.

La notion de combat collectif comprend un autre aspect essentiel : l'importance donnée à la recherche collective de solutions. Les entreprises chinoises accordent une grande place aux séances de brainstorming. Elles se déroulent souvent quotidiennement et visent à trouver une solution immédiate, dès qu'un problème apparaît. On note donc qu'elles n'ont pas la même fonction que dans les entreprises occidentales où l'on y recourt, le plus souvent, lors de la définition d'un projet. Là, elles visent à encourager la créativité ; ici, à surmonter l'obstacle de l'heure. Précisons que les séances auxquelles nous avons participé laissaient une grande marge à l'expression d'idées ou d'opinions personnelles, sans considération d'ancienneté, et étaient axées sur la recherche de solutions.

Troisième phase : (auto)évaluation

Le processus d'évaluation est lui aussi systématique, à tous les niveaux. Il conjugue points d'étape trimestriels et évaluation d'ensemble annuelle. L'attitude au travail, la qualité d'exécution et le respect des objectifs sont estimés selon des processus et des critères d'évaluation normalisés.

Dans l'entreprise, comme dans d'autres secteurs de la société chinoise, ces évaluations mettent fortement l'accent sur l'autoévaluation et l'autocritique. Chaque employé est ainsi incité à se dépasser, à réfléchir aux moyens d'améliorer sa performance ou de procéder différemment et à estimer le plus honnêtement possible sa contribution aux objectifs communs.

Le travail d'équipe stimulé par des récompenses pour les succès et les accomplissements

La politique des gratifications – avantages particuliers, augmentations au mérite ou primes – est, semble-t-il, beaucoup moins normalisée que les méthodologies adoptées pour orienter l'ensemble des forces dans une direction et vers des objectifs définis. D'une entreprise à l'autre, on identifie moins de similitudes entre les meilleures pratiques. Toutefois, dans les firmes adeptes de la culture du loup, le système de rémunérations a aussi pour fonction de redistribuer une part significative des bénéfices.

Dans le chapitre 5, «Les gens ne font que passer», nous explorerons plus avant le système des rémunérations et nous verrons, au gré d'exemples, quels peuvent être ses avantages et son impact à tous les niveaux de l'organisation. En Chine, on attend des chefs d'entreprise qu'ils se préoccupent du bien-être de leurs employés et nombre d'entre eux prennent ce rôle très au sérieux. La mission ne se limite pas aux incitations monétaires, qu'il s'agisse de primes de fin d'année ou de parts dans la société.

Une chose est claire cependant : le bien-être d'une meute de loups dépend de l'abondance de la viande. Une rémunération ou une incitation d'un niveau assez élevé pour changer la vie d'une personne est fréquente dans les entreprises adeptes de la culture du loup et cela fait que le jeu en vaut vraiment la chandelle pour les meilleurs contributeurs. Établir un lien visible entre la création de valeur à long terme et ceux qui s'engagent pour obtenir ces résultats est un modèle gagnant-gagnant. Pour cette raison, de nombreux chefs d'entreprise y adhèrent.

2.2.4 Qualité du loup : une loyauté sans faille, plus précieuse encore que la compétence

La force exceptionnelle des loups, au-delà de la stricte discipline organisationnelle et de l'engagement collectif, tient à leur loyauté au chef de meute. Une fois que celui-ci est choisi, tous les membres lui sont entièrement dévoués, jusqu'à sa mort. Ren Zhengfei met en exergue trois traits du loup : un odorat suraigu, une volonté offensive indomptable et inlassable et le dévouement à la collectivité. Néanmoins, une description exhaustive du caractère du loup nécessite d'introduire une autre qualité : la loyauté sans faille au chef de la meute.

L'adhésion à la cause est la précondition essentielle pour gagner la confiance des dirigeants et des pairs. Le développement et la croissance de nombreuses entreprises chinoises doivent beaucoup à la fidélité de leurs employés. De fait, cette loyauté et ses implications sont si prononcées que dans le chapitre 4, «Les gens ne font que passer», nous examinerons son rôle plus en détail.

2.3 La culture du loup face à ses défis

Une présentation de la culture du loup ne serait pas complète sans en évoquer les limites. En Chine même, beaucoup s'interrogent aujourd'hui sur le bien-fondé de l'adoption ou du maintien de cette forme de culture d'entreprise.

À l'évidence, elle a contribué à plusieurs caractéristiques des entreprises chinoises : cohésion interne quant aux objectifs poursuivis, dynamique prodigieuse des ventes, développement à un rythme accéléré. Pourtant, on discerne de plus en plus clairement les limites de cette approche, en particulier là où elle s'accompagne d'une totale insensibilité à l'égard des sentiments du personnel.

Par nature, un loup et cruel et sans pitié. Quand les dirigeants refusent de regarder la situation en face, quand la culture maison tourne à la « compétition cruelle », que les comportements sont régis par l'alternative « vivre ou mourir », alors la culture du loup a fait son temps.

Avec l'entrée de la « génération Z » sur le marché du travail chinois, voire de plus jeunes encore, de certains aspects de la culture du loup font l'objet de critiques de plus en plus audibles. Les nouvelles générations n'ont pas traversé les mêmes épreuves que leurs parents et grands-parents et sont moins disposées à tout sacrifier au travail. Elles ont grandi dans un environnement plus prospère et ont une mentalité plus individualiste.

Une étude de 2017 menée auprès des utilisateurs d'Internet Grand Canton[13] (大粤网), un portail à forte fréquentation spécialisé sur la province du Guangdong, mettait en évidence les limites de la culture du loup et les fortes réticences qu'elle suscite chez certains. Entre autres conclusions, l'étude soulignait que la tolérance envers les comportements cruels, tels que les sanctions infligées pour performances insuffisantes, est une cause de stress, voire de dégoût chez les employés.

996 : un mode de vie de plus en plus contesté

De plus en plus, la règle du 996 suscite, elle aussi, des critiques ouvertes. En mai 2019, en louant publiquement cette pratique présentée comme une condition de la réussite personnelle et professionnelle, Jack Ma a provoqué une avalanche de réactions en ligne et initié un vif débat : pour certains, le 996 est le prix à payer pour se faire une place dans un univers économique en plein essor ; pour d'autres, c'est le symptôme d'une culture incontrôlée de la réussite à tout prix.

Les innombrables commentaires de salariés, postés sur des sites Web comme 996.ICU («travaillez 996 et finissez aux urgences»), affirmant, par exemple, «nous sommes des êtres humains» et «nous ne voulons pas tous finir chauves», montrent que cette pratique est loin de faire l'unanimité.

Le débat est même à l'origine d'un jeu gratuit en ligne: *My Office 996*. Au-delà de la dérision, le jeu participe de la remise en cause d'exigences longtemps jugées normales: les journées de travail interminables et les sacrifices personnels.

Endossant le rôle d'employés d'une société de la tech, les joueurs sont confrontés à des dilemmes insurmontables et doivent prendre des décisions impossibles pour progresser dans l'entreprise : est-ce que j'accepte des horaires interminables pour plaire au patron? Est-ce que je protège un collègue sur le point d'être viré? Est-ce que je passe du temps sur Internet? Est-ce que je prends le temps de manger? Est-ce que j'exprime ou non mon désaccord avec quelqu'un dans la firme qui ne comprend rien à rien mais peut être utile à ma promotion? Une succession de décisions qui, toutes, peuvent avoir des conséquences. Elles influent sur le niveau de stress du joueur, son salaire, sa santé et ses relations de travail. Le bureau décide de sa vie.

En Chine, malgré une législation du travail stricte, les salariés ont longtemps accepté de longues journées de labeur et un environnement professionnel parfois éprouvant. Pour l'un des créateurs de *My Office 996*, Fang Hang de Evil Wind Studio, «le jeu doit encourager ses pratiquants à réfléchir à leur condition et, en dernière analyse, à parvenir à un meilleur équilibre entre travail et vie privée»[14].

L'alternative opportunités/efficiences dans un contexte de croissance lente

Bien que la Chine affiche encore un taux de croissance impressionnant, son rythme n'est plus exponentiel. Le pays et son économie entrent en phase de maturité, l'expansion à tout prix n'est plus la priorité. Les opportunités se raréfient et sont potentiellement moins fructueuses, surtout hors du secteur de la tech.

Dans ce nouveau contexte, les entreprises chinoises seront amenées à réviser l'équation en vigueur opportunités/efficiences. Ancrée dans la culture de nombreuses entreprises et de leurs dirigeants, la quête de nouveaux filons prometteurs restera une motivation dominante. Mais, malgré leur propension à se jeter sur les occasions prometteuses, une nouvelle période s'ouvre, marquée par la recherche de gains d'efficiences. Le numérique en sera le moteur.

Risque d'image susceptible de compromettre l'expansion hors de Chine

Dans l'ensemble, certaines conséquences néfastes – pour les individus, les retours sur investissement, la réputation – attribuables à la culture du loup lorsqu'elle est hors de contrôle, sont aujourd'hui soumises à examen et sont plus difficilement acceptées, en particulier pour les entreprises chinoises dont l'expansion se poursuit à l'international.

Huawei, notamment, a été accusée dans le passé de comportement non éthique. Malgré différentes mesures pour changer la donne, les habitudes bien installées paraissent difficiles à corriger. Un article du *New York Times* publié en 2018[15] pointait un certain nombre de violations réglementaires perpétrées par Huawei. À cette occasion, le quotidien donnait la parole à Ren Zhengfei, le fondateur. Contrairement à une série de précédentes déclarations, dans lesquelles il avait évoqué le renforcement des mesures pour éviter les entorses à la loi, il reconnaissait, cette fois, que de nombreux employés ne respectent pas le règlement interne et les procédures de contrôle. Peut-être, suggérait-il « parce que Huawei a longtemps évalué le personnel sur le seul critère des affaires gagnées ».

Il va de soi que nous ne prônons pas une adhésion aveugle à la culture du loup. Néanmoins, enrichir l'ethos d'une entreprise des caractéristiques du loup peut être bénéfique s'il s'agit de raffermir son sens de la compétitivité et un sentiment d'appartenance partagée. Encore faut-il s'en approprier les composantes utiles.

2.4 Maîtriser le pouvoir du loup

Dans un contexte occidental, bien des aspects de la culture du loup apparaîtront trop militaristes ou susceptibles d'encourager des conduites indésirables. Cependant, les entreprises occidentales peuvent y trouver une source d'inspiration.

En premier lieu, elles y puiseront des ressources pour affronter leurs concurrents locaux dans l'arène chinoise : face à un loup, se comporter en loup est souvent le seul moyen de survivre. Une entreprise étrangère qui s'implante en Chine a intérêt à penser ou à agir comme un loup.

Elle offre aussi des avantages dans un environnement économique international de plus en plus volatil et de plus en plus numérique. La culture du loup a fait ses preuves sur les marchés instables, dans les temps de compétition intense et de mutations continues.

La pugnacité et l'obstination propres à la culture du loup favorisent l'énergie entrepreneuriale et la quête sans relâche d'avantages compétitifs. L'esprit du loup peut insuffler un élan positif, un climat d'émulation qui galvanise et unifie le personnel. S'il est invoqué à bon escient, alors les employés saisissent les motivations de l'entreprise, perçoivent et comprennent les objectifs, aussi ambitieux soient-ils, et la démarche suivie pour les atteindre. Ils y trouvent une stimulation et adhèrent aux buts de la société.

Pour être fructueux, l'esprit du loup doit s'intégrer à une culture d'entreprise solide. Afficher les objectifs de la société, rappeler sans cesse les performances à atteindre, imposer un calendrier rigide, avec réunions d'évaluation matin et soir à heure fixe, et, à l'occasion, scander un mot d'ordre ou deux ne saurait faire l'affaire. Pour décider quelles caractéristiques du loup sont compatibles avec la bonne marche d'une société, il faut avant tout se rappeler que *toutes* les cultures d'entreprise sont définies au sommet. Elles ne résultent pas d'une série de procédures.

Par essence, une culture cohérente doit refléter le style et la personnalité du chef d'entreprise. Si celui-ci n'est pas un loup, sa culture ne le sera jamais. De même, si l'encadrement intermédiaire n'en a pas les traits de caractère, l'esprit du loup ne se diffusera pas jusqu'à la base, tous les efforts en ce sens auront été vains.

Un dirigeant doit d'abord s'interroger sur le type de culture qu'il souhaite façonner, en tenant compte des besoins réels de sa société et des objectifs qu'il lui fixe. Il doit aussi veiller à sa diffusion, du sommet à la base.

C'est au dirigeant d'estimer jusqu'où il convient d'aller. De savoir quelles limites ne seront jamais franchies. Selon un proverbe chinois, « le poisson pourrit par la tête ». En poussant trop loin ses exigences, au risque d'encourager des comportements qu'il sera difficile de corriger, un chef d'entreprise s'expose à créer une situation incontrôlable.

La culture du loup comme source d'énergie. Mais pas pour tout le monde

Voici l'approche que nous estimons fructueuse pour intégrer les éléments utiles de la culture du loup dans une organisation moderne. Elle s'appuie sur trois données importantes :

La première est bien définie par Zang Longsong, un expert en éducation, partie prenante de l'étude menée par le site Internet du Grand Canton, mentionnée précédemment. Il expose les critères qui devraient guider le choix des éléments à adopter[16] : « La culture du loup devrait favoriser la discipline, la progression de carrière et le travail en équipe. Elle devrait être un point d'appui dans l'exercice des responsabilités. »

Ainsi conçue, la culture du loup est un catalyseur d'énergie positive. Elle doit servir à revitaliser quelques valeurs fondamentales dans la culture d'une entreprise, trop souvent passées à l'arrière-plan, estimons-nous, dans nombre de firmes occidentales :

- une implication sans réserve dans son travail ;
- une obstination à atteindre l'objectif, à ne jamais abandonner ;
- la perception de la concurrence comme l'« ennemi » à vaincre ;
- la priorité donnée à l'équipe sur l'individu ;
- et un système de rémunérations qui reflète les efforts partagés.

La deuxième consiste en une gestion appropriée de la culture du loup : où a-t-elle sa place dans l'organisation ? Quels avantages peut-elle procurer ? La culture du loup n'est pas adaptée à tous les secteurs d'une entreprise, mais elle a des mérites évidents pour certains. Les ventes, le développement clients ont beaucoup à y gagner, à condition que les bons profils soient recrutés.

Les procédures de recrutement et de sélection des compétences doivent garantir l'affectation des bonnes personnes aux bons postes : tout le monde n'est pas fait pour intégrer la tanière du loup. Dans le chapitre 5, « Les gens ne font que passer », nous reviendrons en détail sur la méthode consistant à tester les nouvelles recrues, à évaluer leur capacité à s'intégrer, à les encourager à quitter l'entreprise si elles ne sont pas à leur place.

Enfin, et c'est la troisième donnée, il doit être clair que le loup a besoin de se repaître. La promotion de la mentalité du loup doit s'accompagner d'un système d'appréciation indexé sur la valeur, de façon que tous les participants puissent en tirer les bénéfices. Pour le dire comme Ren Zhengfei : dans une entreprise guidée par l'esprit du loup, il doit y avoir suffisamment de viande, c'est la condition pour avoir une vraie meute.

Adopter des éléments de la culture du loup n'est évidemment pas recommandable partout. Bien des milléniaux occidentaux n'y trouveraient pas leur compte et certains dirigeants d'entreprise rejettent ces méthodes. Nous sommes cependant convaincus de l'intérêt qu'auraient bien des firmes handicapées par des pesanteurs bureaucratiques à se réapproprier l'essence de la culture du loup, par le biais d'une attitude et d'un style de management plus entrepreneurial.

Dans l'environnement économique de demain – plus numérique, plus complexe et plus rapide –, quand prévaudront partout les conditions que la Chine expérimente aujourd'hui, ces valeurs seront les critères du succès et de l'échec, elles décideront de l'orientation d'une carrière vers la réussite ou l'impasse.

3.

S'adapter ou mourir

« Deviens aussi fluide que l'eau
qui trouve toujours sa voie en s'adaptant au terrain. »

Lao Tseu
Philosophe antique et auteur

3.1 Le changement est aussi ancien que l'histoire de la Chine

L'idée qui est profondément enracinée dans la culture chinoise est que le monde qui nous entoure n'est jamais immobile. La question n'est pas de savoir si le globe tourne autour de son axe, mais d'admettre que tout ce qui advient à sa surface change constamment.

À la différence des sociétés occidentales – de traditions gréco-latine et judéo-chrétienne – la tradition culturelle chinoise ignore les dieux transcendants, les idées éternelles et le concept d'essence inaltérable. Le monde est, au contraire, appréhendé dans sa fluidité permanente. Cette notion est centrale dans le mode de pensée chinois, hier comme aujourd'hui.

Trois traditions millénaires modèlent les attitudes chinoises : le taoïsme, le confucianisme et le bouddhisme. Au fil de cette très longue histoire, une forme spécifique d'appréhension du monde s'est imposée, elle n'est pas linéaire et conséquentialiste, mais circulaire et dialectique. La pensée chinoise se fonde sur l'idée que la réalité est faite d'entités entremêlées, comme les fils d'un tapis.

Dans le Yi Jing (易经, appelé aussi le Livre des transformations), l'un des plus anciens textes chinois composé entre 1 000 et 750 avant notre ère, le caractère 易 (Yi) signifie « transformation », lorsqu'il s'agit d'un nom, et « facile » si c'est un adjectif. La combinaison des deux sens suggère que rien n'est plus naturel que le changement.

Confucius (孔夫子, nom qui signifie Maître Kong, 551-479 avant notre ère), l'un des penseurs les plus vénérés et influents en Chine, a joué un rôle crucial dans l'élaboration de cette philosophie. Il rejette les idées préconçues, les affirmations catégoriques et l'entêtement. Ses enseignements ne visent pas à définir des notions, mais à favoriser la fluidité dans et entre les choses : à quoi bon s'attacher à des idées si tout se transforme continuellement ?

Cette conception est aussi promue par Bouddha : « Il n'existe rien de constant si ce n'est le changement. » En d'autres termes, une seule loi ne change pas : celle qui établit que tout change. Rejeter cet axiome ontologique est faire preuve d'étroitesse d'esprit.

Un esprit en éveil sait s'accommoder du changement

La connaissance est la voie pour accepter le changement. Selon toutes les sagesses chinoises, la connaissance s'acquiert par la vision, non par la spéculation. Mais l'étude ne se limite pas à l'accumulation d'un savoir livresque, elle consiste à aiguiser son esprit de façon à formuler la réponse adéquate, quelle que soit la situation.

Lao Tseu (老子, nom qui signifie le Vieux Maître, probablement VIe siècle avant notre ère), autre grande figure de la pensée chinoise et fondateur du taoïsme, est le principal promoteur de la notion selon laquelle l'apprentissage est indispensable pour faire face à toute situation. Pour Lao Tseu, l'ignorant ne voit que des forces en opposition, alors que le sage distingue la complémentarité intrinsèque des aspects contradictoires.

C'est dans ce même esprit que Confucius prône l'étude. Il restitue toujours ses enseignements dans un cadre concret : « Savoir n'est rien, savoir comment vivre est tout. » Comme nous l'avons vu au chapitre 2, ce respect pour l'étude reste prégnant dans la société chinoise actuelle, comme cela transparaît dans les résultats des étudiants chinois à l'étranger.

Si, pour la philosophie occidentale, l'essentiel est de bien penser, pour les Chinois, l'impératif est de bien observer, et cela d'autant plus que la bonne fortune ne tombe pas du ciel, elle n'est pas un bienfait octroyé par le hasard ou la providence, mais le fruit potentiel que recèle telle ou telle situation pour qui sait la lire et en tirer parti.

Le temps s'arrête et recommence

Pour la sagesse chinoise, le temps relève, lui aussi, d'une interprétation différente. Dans les écrits chinois, le temps est vu comme une spirale. C'est un éternel recommencement, mais dont le point de départ diffère avec chaque nouveau cycle, à l'égal des quatre saisons qui se succèdent immanquablement, chacune avec ses spécificités. Il n'y a ni début ni fin dans cette conception du temps, seulement des transformations. Et ce recommencement éternel a des conséquences majeures, au-delà de la seule notion de temps.

Cette attitude intellectuelle souffrirait, entend-on parfois, d'une « absence de vision, d'objectif défini ». C'est oublier que cette absence est la condition d'une flexibilité absolue. La poursuite d'un objectif spécifique, telle que la conçoit la pensée occidentale, présente deux inconvénients majeurs pour la sagesse traditionnelle chinoise.

1. C'est une source de tension qui consume l'énergie vitale.
2. C'est une cause d'aveuglement qui empêche de distinguer ce qui se passe sous ses yeux et, donc, de saisir les occasions qui se présentent. Rester en adéquation avec la réalité est la préoccupation dominante de la pensée chinoise, on obéit d'autant mieux à cet impératif qu'on oublie l'objet de sa quête[17].

La notion de génie illustre le fossé entre nos deux modes de pensée : la philosophie occidentale désigne sous ce nom un individu doué d'une créativité intellectuelle exceptionnelle ; la sagesse chinoise réserve l'appellation à qui sait saisir le moment propice, hors de tout plan préconçu.

L'absence de but n'est certainement pas une stupidité

Parce qu'il répond à cet impératif d'adéquation avec la réalité du moment, l'opportunisme est une vertu. En général, nous désapprouvons la conduite de l'opportuniste qui n'hésite pas à tirer parti des circonstances, quitte à enfreindre les règles et les principes établis. Mais l'infraction n'existe pas aux yeux de qui ne postule pas l'inviolabilité de ces règles et de ces principes.

Pour Lao Tseu, une conduite inflexible – fidèle aux principes ou aux accords préétablis – est « une stupidité ». Dans un monde toujours fluctuant, changer de comportement traduit l'aptitude à s'adapter. C'est une marque d'intelligence. Puisque la réalité change continuellement, le sage n'élabore pas sa stratégie en vue d'un but.

Et absence de but ne signifie pas absence de vision

Par but, on entend ici un objectif spécifique qui doit être atteint dans les meilleurs délais selon un plan stratégique prédéfini. La vision, quant à elle, a une plus longue portée, s'inscrit dans le long terme et anticipe l'avenir, à partir du potentiel estimé de la situation du moment.

En Occident, l'exécution d'une stratégie est jugée décisive. En Chine, au contraire, où tant de variables sont susceptibles de modifier une situation donnée, on considère qu'il est difficile de se plier à une stratégie prédéfinie. Par stratégie, on n'entend rien de plus qu'un entre-deux entre vision et tactique. C'est une notion vague et ambiguë. Un concept particulièrement dépourvu d'importance. En Chine, on a seulement besoin de vision et de tactique.

Si l'on cherche à atteindre un objectif à long terme, alors on peut se permettre, à court terme, toute la flexibilité qu'exigent les conditions de l'heure. Fort d'une vision claire, on peut commencer à agir. Mais il n'est nul besoin d'une feuille de route pour arriver à destination.

Pensons à la calligraphie chinoise, ou, mieux encore, à la technique de l'aquarelle. Un maître chinois va exécuter sa peinture sans l'appui d'une esquisse. Il a à l'esprit le paysage sous la brume qu'il veut représenter, il pose un premier trait de son pinceau et voit ensuite où ce geste initial le mène. Son alter ego occidental, travaillant à l'huile, commencera le plus souvent par un dessin qui fixera les contours de l'image qu'il entend créer, avant d'utiliser sa palette de couleurs et ses brosses pour poser les teintes souhaitées jusqu'à obtenir le résultat le plus fidèle possible à la représentation qu'il avait envisagée.

Ne rien faire ne signifie pas que rien ne se passe

Cela nous amène à une troisième différence essentielle. La pensée traditionnelle chinoise ne croit pas au pouvoir de changer le cours des événements, l'être humain ne peut que suivre le mouvement.

Constitutive du taoïsme, cette conviction s'appelle 无为 (pinyin : wúwéi) qu'on traduit par «inaction». Mais cette interprétation n'est pas totalement fidèle, dans la mesure où elle évoque la passivité, la soumission aux événements. Parler de non-interférence paraît plus approprié. Wuwei signifie littéralement «vide» (wú) «action» (wéi), soit la retenue dans l'action. Précisément, ce principe enjoint de ne pas en faire plus que le strict nécessaire pour que les choses adviennent par elles-mêmes.

Toute situation peut évoluer en faveur de qui sait exploiter les facteurs bénéfiques, présents à un instant donné. Une bonne évaluation de la situation est donc plus décisive que l'élaboration et l'exécution d'un plan. Si rien ne réussit, il faut attendre que la situation évolue favorablement. Quand une initiative est prise, ce doit être en amont, à la source du changement.

En amont, la situation est plus fluide, une intervention n'attirera pas l'attention, ne suscitera pas de résistance. Une fois qu'une direction a été prise, qu'elle apparaît clairement à tous, la situation en aval se solidifie, résistances et oppositions peuvent se manifester. Quand rien n'est encore figé, tout reste possible.

Pour un protagoniste chinois, l'efficacité ne peut être qu'indirecte, invisible et graduelle. Son attentisme n'est pas de la passivité : il intervient discrètement sur les conditions en amont, de façon à ce que les effets se propagent d'eux-mêmes vers l'aval, en sa faveur. Une situation ne peut pas être changée, mais les conditions qui l'ont façonnée peuvent être altérées.

Réarrangements en amont

Un exemple éclaire ce phénomène. Il s'agit de la suspension de l'introduction en Bourse de la première fintech chinoise, le groupe Ant. La décision du retrait a été prise par le régulateur bancaire chinois peu avant le 5 novembre 2020, date prévue pour l'introduction. Quelques jours après cette décision, Jack Ma, fondateur d'Alibaba et d'Ant disparaissait de la circulation sans qu'aucune nouvelle de son sort ne filtre pendant près de deux mois.

Les déboires de Jack Ma ont commencé peu après qu'il eut critiqué les autorités à l'occasion d'une intervention, prononcée lors d'une conférence financière, le Bund Summit à Shanghai, en présence de dirigeants de premier plan, tels Wang Qishan, vice-président de la République populaire de Chine, et Yi Gang, gouverneur de la Banque centrale. Bien que nous n'ayons pas d'informations sur le sort réservé à Jack Ma lors de son absence, nous croyons y déceler l'exemple patent d'un réarrangement « en amont ».

Alors qu'aux yeux de tous l'introduction en Bourse restait suspendue et qu'aucune information sur une possible révision du calendrier n'avait été communiquée, Jack Ma est soudainement réapparu en public, dans une vidéo diffusée en janvier 2021[18], où il échangeait par visioconférence avec cent instituteurs ruraux. L'empressement mis à manifester son intérêt pour le sort de la Chine rurale signalait un changement de situation. « Mes collègues et moi-même avons appris et réfléchi. Nous sommes plus déterminés à nous consacrer à l'éducation et au bien public », lançait-il à son auditoire d'instituteurs.

Jack Ma s'investit depuis longtemps dans l'aide au monde rural, mais la différence de ton entre sa critique des autorités financières, à la tribune de leur propre conférence et son apparition suivante, deux mois plus tard, pour une déclaration publique à la forte coloration autocritique, porte à conclure que à l'insu de tous, la situation a été réarrangée.

Au moment où nous rédigeons ce livre, aucune nouvelle information ne permet de statuer sur l'éventuelle introduction en Bourse du groupe Ant, mais nous serions surpris que l'affaire ne reprenne pas son cours, autour de nouvelles échéances. La procédure se déroulera probablement dans des conditions différentes. Les règles encadrant les prêts en ligne auront sans doute été modifiées. Il se peut aussi que les banques d'État mettent à profit ce délai pour se doter de stratégies numériques plus performantes, de façon à ce que la croissance de leur chiffre d'affaires dépende moins de l'écosystème créé par Ant. La structure de l'actionnariat du groupe elle-même pourrait avoir changé. Aujourd'hui, le groupe Ant peut paraître en mauvaise posture. Mais il ne fait aucun doute que des initiatives sont prises pour jouer sur les facteurs, en amont, et modifier l'orientation.

De même que le temps est un éternel recommencement, que la flexibilité est vue comme une vertu et que la retenue dans l'action permet d'obtenir un résultat, l'adaptation au changement permanent est au cœur de la philosophie chinoise. Il va de soi que ce mode de pensée imprègne aussi l'approche du marché. C'est pourquoi les firmes chinoises sont passées maîtres dans l'art de s'adapter à des réalités changeantes.

Turbulences et hyperconcurrence

Les turbulences économiques des trente dernières années ont, elles aussi, accentué le penchant des entreprises chinoises à une gestion flexible. Opérant sur un marché national vaste, divers et en évolution accélérée, elles sont contraintes de suivre le rythme d'une croissance effrénée, ponctuée de ralentissements spectaculaires, tout en tenant compte d'une urbanisation galopante couplée à des marchés ruraux aux dimensions considérables. Tirer son épingle du jeu dans un environnement aussi complexe et mouvant exige un haut degré d'agilité et une aptitude à s'adapter en permanence[19].

Parce que leur survie est sans cesse menacée par l'hyperconcurrence, l'érosion des prix, la corruption endémique, peu d'entreprises peuvent tabler sur des sources fiables de profits à long terme. L'agilité est une nécessité impérieuse : elles doivent être prêtes à se transformer, à saisir chaque opportunité, même au-delà de leur champ d'expertise.

En général, les entrepreneurs chinois ont une attitude positive, leur optimisme se traduit souvent par l'idée qu'ils « peuvent y arriver », comme le prouvent leurs précédentes réussites. Évoluer dans un contexte aussi instable nourrit néanmoins un sentiment d'anxiété et une soif de résultats rapides. Dans un tel environnement économique, les chefs d'entreprise subissent une pression énorme pour récolter les fruits de leurs efforts dans les plus brefs délais, puisque nul ne sait de quoi sera fait demain. Les règles du jeu évoluent sans cesse, ce qui a fonctionné une première fois peut aussi bien échouer à la prochaine tentative.

• • •

Hyper-concurrence : la fièvre du vélo en libre-service

Les fruits, les fleurs, les vêtements… La Chine semble particulièrement sensible aux effets de mode. L'engouement pour telle ou telle catégorie d'articles se traduit par une progression exponentielle des courbes de vente, et ce, jusqu'à l'emballement suivant.

Le vélo en libre-service est l'exemple le plus récent du phénomène. L'émergence d'une idée forte suscite une hyperconcurrence qui anéantit les profits de chacun des acteurs du marché.

Une idée géniale

Tout a commencé par la naissance d'Ofo, une société fondée par cinq membres du club cycliste de l'université de Pékin en 2014. Le système du vélo en libre-service existait déjà, mais la nouveauté consiste en la mise à disposition de vélos à tout moment et quasiment partout *via* une appli. Une idée géniale, au départ.

Le service, d'abord mis en place dans les grandes universités de Pékin, est très vite étendu à l'échelle de la capitale. Fin 2016, Ofo s'est implantée dans plusieurs villes, gère une flotte de 85 000 vélos et commence à attirer l'attention. Dès 2017, de nouvelles sociétés apparaissent sur le marché, la course est lancée.

Appréciée et vantée de tout côté…

Des vélos accessibles hors de stations d'accueil, la possibilité de se déplacer à prix modique et sans polluer : la formule suscite un véritable enjouement. Même les pouvoirs publics sont gagnés par l'enthousiasme. Puisque le phénomène contribue à réduire les émissions de CO_2, son expansion est favorisé par un cadre réglementaire extrêmement léger.

… elle est généreusement financée…

Dans un laps de temps relativement court, plus de trente concurrents d'Ofo se déclarent. Mobike et Bluegogo prennent la tête de la cohorte des imitateurs. Chacun concocte un logo à ses couleurs, jusqu'à ce que toutes les nuances de l'arc-en-ciel n'y suffisent plus.

Tous fonctionnent sur un *business model* qui exige un fort apport en capital et une occupation du terrain à tout prix, afin de s'emparer de la position de leader dans ce nouveau secteur prometteur. Les levées de fonds se calculent en milliards apportés par des investisseurs convaincus que l'exploitation systématique des données des utilisateurs, bientôt disponibles, sera la source de juteux bénéfices. Constatant le succès de la formule et tablant sur ses perspectives d'expansion, l'agence de presse Xinhua distingue le vélo en libre-service sans station d'accueil comme l'une des quatre grandes innovations de l'année 2017.

... jusqu'à sa mort par excès de concurrence

Pourtant, dès le début de l'année 2017, les premiers symptômes inquiétants se manifestent. À en juger par les flottes colorées de vélo sous-utilisés qui jonchent les trottoirs des grandes villes, tout ne va pas pour le mieux au royaume du vélopartage. La conquête de parts de marché est l'objet d'une lutte féroce avec, en première ligne, Ofo et Mobike, son principal rival. Tout comme dans le transport à la demande, on attire les utilisateurs avec des prix cassés, massivement subventionnés par les deux concurrents qui puisent dans les fonds fournis par les investisseurs, eux-mêmes convaincus par la promesse des profits à venir.

Première victime du conflit, Bluegogo se déclare en faillite fin 2017. En 2018, quatre ans après sa naissance, Ofo frôle le dépôt de bilan et Mobike est racheté par Meituan-Dianping, géant chinois à l'origine d'une « super-appli » qui combine cotation de restaurants, achats en ligne, réservations de chambres d'hôtels, appels de taxis et, dès lors, vélos en libre-service. En 2020, Ofo continue à vivoter par le biais d'une offre étendue au commerce en ligne.

Pour gagner, il faut être le plus rapide ou le plus gros

« Ofo est une bonne métaphore du marché chinois, affirme Michael Pettis, professeur de finance à l'université de Pékin. Les investisseurs ont le goût du risque et les modèles d'investissement rationnels sont encore peu nombreux. » D'autres observateurs voient là une forme de jeu de hasard à mises élevées.

La trajectoire d'Ofo n'a rien d'exceptionnel dans le milieu économique chinois. Dans les secteurs de l'Internet et du B2C, en particulier, les investisseurs se précipitent sur les deux ou trois sociétés prometteuses dans des activités innovantes et les arment de liquidité à des niveaux invraisemblables afin d'accélérer l'acquisition client et la conquête d'une part de marché. « Si vous n'êtes pas le numéro un ou deux dans votre domaine, la mort viendra vite », déclare Jeffrey Towson, professeur en investissements et collègue de Michael Pettis. « On observe aussi ce type d'"investissement VC2C" (*Venture Capital To Consumer*), consistant à financer l'acquisition client de sociétés fonctionnant à pertes, dans la Silicon Valley ou ailleurs, mais la Chine se distingue par la "férocité" de la compétition. »

« Ces sociétés chinoises sont prêtes à s'entretuer. Dépenser sans compter est une nécessité. Si votre concurrent lève un milliard de dollars et que vous ne suivez pas, vous perdez la course », conclut-il.

Source : Roland Berger, 1421 consulting[20].

L'innovation, rien de plus qu'un nouveau truc

Les consommateurs sont souvent le moteur des évolutions du marché. En Chine, ils sont notoirement sensibles aux modes et inconstants. Une mentalité consumériste s'est très vite généralisée après l'ouverture économique du pays, si bien que plusieurs générations successives ont grandi avec une série sans fin de «nouveautés». Pour celles-ci, l'amélioration des produits existants et l'introduction de nouveautés sont un mouvement naturel destiné à se poursuivre. Dans ce cadre, estimons-nous, le rôle de l'innovation revêt une signification particulière.

À partir de la fin des années 1980, une culture inédite de la consommation a pris racine. Elle a donné naissance à une série continue de catégories de produits jusque-là inexistantes ou très marginales, chacune luttant pour se tailler une notoriété et une place dans le cœur de consommateurs disposant d'un budget minimum.

L'expérience avait de quoi déconcerter les Chinois ayant grandi dans la période troublée antérieure à 1987. Les voilà, pour la première fois de leur vie, utilisant du shampooing, achetant une paire de chaussures de sport confortables, dînant dans un fast-food ou découvrant le goût du café, si différent du thé quotidien. En une quinzaine d'années, leur monde passe du vélo à la voiture individuelle, du boulier-compteur au smartphone, sans même franchir l'étape de l'ordinateur individuel. Lors de notre arrivée en Chine, au début des années 1990, l'unique moyen de paiement était l'argent liquide, sous forme, le plus souvent, de billets hors d'âge presque en morceaux. Aujourd'hui, la Chine bat tous les records mondiaux de taux de paiements numériques par le biais d'applications mobiles. Ils représentent plus de 80 % du total des transactions!

À bien des égards, le modèle de consommation de la Chine est passé du XIXe au XXIe siècle en trente ans, et parfois moins pour certains secteurs. Au cours de cette période, les consommateurs chinois ont été continuellement confrontés à des catégories de produits entièrement nouveaux, à une suite ininterrompue de sollicitations et d'expériences inédites, ayant pour enjeu la concurrence entre nouveautés. Une telle frénésie a nécessairement un impact considérable sur leurs attentes.

Alors que le marché poursuit son expansion rapide, ces facteurs ont nourri un sentiment de confiance, chez des consommateurs au pouvoir d'achat de plus en plus élevé, aux goûts de plus en plus sophistiqués, à la curiosité de plus en plus éveillée. Le phénomène est d'autant plus accentué que le pouvoir et l'argent sont du côté des jeunes générations. Selon une étude récente de Tencent et du Boston Consulting Group[21], en 2020, les moins de trente ans étaient responsables de 47 % des dépenses dans le commerce de luxe, soit une proportion beaucoup plus importante que sur les marchés occidentaux, et la part de cette tranche d'âge continue à augmenter. Le pouvoir d'achat est du côté des jeunes générations qui n'ont pas encore d'habitudes de consommation arrêtées.

Inconstance et obsession du dernier cri, ennemies de la fidélité aux marques

Là se situe le prochain défi pour les firmes opérant dans ce contexte. Historiquement, la fidélité aux marques a peu de place en Chine. Même si la situation tend à évoluer et diffère selon les secteurs, les consommateurs chinois, très pragmatiques, se préoccupent dans leur grande majorité de caractéristiques avant tout fonctionnelles. L'attachement émotionnel à une marque n'est pas inconnu, mais il est souvent superficiel et sujet aux modes du moment.

Par conséquent, les marques doivent s'adapter au plus vite à des besoins et à des inclinations variables pour conserver leur capital de sympathie. Ou, mieux encore, démontrer aux consommateurs qu'elles méritent leur attention et leur argent en générant un flux ininterrompu d'offres inédites et désirables.

Cet appétit inextinguible pour tout ce qui est «nouveau» induit une approche inédite de l'innovation et du développement de produit. Son sens diffère de ce qu'on entend par innovation sur les marchés de l'Ouest, qui évoluent plus lentement et où les marques sont plus résilientes.

La nécessité de l'innovation est souvent incomprise voire exclue par les sièges mondiaux

Lors de nos échanges avec des collègues installés au siège central ou, dans nos fonctions de consultants, à l'occasion d'interactions avec les équipes de direction de diverses sociétés, le peu de compréhension que rencontre ce phénomène ne cesse de nous surprendre. Nos interlocuteurs ne parvenaient pas à comprendre que les Chinois ont une plus grande soif d'innovations. Qu'elles doivent être plus fréquentes. Qu'ils réclament un choix plus étendu de couleurs ou de déclinaisons que les consommateurs dans marchés nationaux, aux usages mieux établis. L'incapacité à proposer un niveau suffisant d'innovations et de nouveautés est une cause fréquente de difficultés ou, pire, d'échec sur le marché chinois.

Adidas Neo : l'activité à 200 millions d'euros qui n'avait pas le droit d'exister

Aujourd'hui, la croissance d'Adidas en Chine repose sur trois piliers :

1. Adidas Performance : le sport.
2. Adidas Originals : le sport et la mode.
3. Adidas Neo : le sport dit « *casual* ».

Avant 2006, Adidas Neo n'existait pas. Voici les raisons pour lesquelles la sous-marque a été créée et comment elle l'a été.

Un besoin bien défini du marché est identifié

Sur le marché *casual*, l'offre est notoirement insuffisante. Nombre de marques de mode grand public (chinoises ou étrangères) n'ont pas encore été lancées ou ont une envergure modeste. La demande pour ce type de produits d'usage quotidien, au-delà des produits de sport, est forte et les canaux disponibles pour leur distribution sont nombreux.

L'offre de produits Adidas et son réseau de distribution ne sont pas en mesure de satisfaire cette demande

La ligne Sport Performance d'Adidas comprend déjà une proportion notable de produits *casual*. L'étoffer risquerait de compromettre son positionnement « sports ».

Adidas Originals (ou Sports Héritage selon la désignation d'alors), a un positionnement prix plus élevé, hors de portée de nombreuses bourses. De plus, la marque à une image plus mode et vise une cible plus branchée. Élargir la gamme avec des produits *casual* et baisser les prix nuirait à l'attrait « iconique » de cette marque.

La solution initiale

Des points de vente dédiés aux produits Adidas Casual, arborant la marque générique Adidas et le logo aux trois bandes sont d'abord prévus. Dans un premier temps, ils distribuent à la fois certain produits Sports Performance (textile casual ou quotidien et chaussures basiques d'entrée de gamme) et Sports Heritage (textile et chaussures basiques d'entrée de gamme)

Le périple : ténacité et conviction

- Été 2006, cinq points de vente-tests sont ouverts par la direction locale. Ils rencontrent un succès considérable.
- Septembre 2006, le projet est présenté pour la première fois à la direction internationale. Elle le rejette.
- En réaction au refus, l'expérience pilote est étendue à cinquante points de vente, principalement dans des villes de moindre importance de façon à poursuivre le test dans une relative discrétion.
- Mars 2007, nouvelle présentation du projet devant le conseil d'administration mondial. Nouveau refus !
- Le nombre de points de vente « tests » est porté à cent.
- Juin 2007, un plan de développement pluriannuel est présenté au conseil d'administration mondial. Les deux scénarios qu'il décrit – avec ou sans la ligne *casual* – montrent une différence de 200 millions d'euros (20 %) en faveur du premier.
- Le conseil donne finalement son feu vert.

Fin 2020, le segment *casual* compte presque 3 000 points de vente en Chine. Rebaptisé Adidas Neo en 2008, il cible les adolescents et les jeunes adultes, avec des produits jusqu'à 50 % moins chers que la gamme Adidas Originals.

Dotée de créations et de chaînes d'approvisionnement propres, Neo continue à contribuer à la pénétration des villes secondaires et procure à Adidas un avantage compétitif décisif.

L'innovation ne va pas disparaître

À mesure que son économie gagne en maturité, la Chine enregistre un rythme de croissance moins soutenu et une redistribution des activités. Plus la croissance est indexée sur la qualité et plus la consommation et les services prennent le pas sur la production manufacturière. Ce réagencement ne relativise en rien l'importance des produits innovants et l'impératif d'adaptation. Bien au contraire, avec une croissance plus lente, l'enjeu principal consiste à gagner des parts de marché, ce qui exige l'introduction toujours plus constante de nouveautés et d'innovations.

Cette conversion économique attire une part croissante des investissements vers l'innovation et la technologie, si bien que le marché poursuit son développement rapide, ouvrant une nouvelle phase de turbulences et renforçant l'impératif d'adaptation. De plus en plus, cette mutation numérique se propage au-delà des frontières de la Chine.

S'adapter ou mourir. Que choisir ?

Quand les conditions évoluent aussi vite et aussi fondamentalement qu'aujourd'hui sous l'empire du numérique, l'alternative s'adapter ou mourir devient plus pressante et plus immédiate que jamais pour un nombre croissant d'entreprises dans le monde entier. Chaque marque n'a d'autre choix que de suivre le mouvement, au risque de tout perdre face à des rivaux plus agiles ou plus habiles avec les outils numériques. Carrefour peut en témoigner !

D'aucuns estiment que les marchés occidentaux jouissent d'un environnement plus stable, de conditions plus prévisibles, que les évolutions y surviennent à un rythme plus lent. Nous vivons cependant une période de mutation sans précédent. Les interconnexions entre les individus, les entreprises et les marchés n'ont jamais été aussi fortes et systématiques. Une succession de ruptures technologiques transforme nos façons de vivre, de travailler, de consommer. Sous l'impulsion de la pandémie de Covid-19, l'accélération sans précédent de tendances numériques émergentes nous donne un aperçu de ce que l'avenir nous réserve.

Partout dans le monde, la fidélité aux marques est sapée. Dans un environnement toujours plus numérique, cette tendance est démultipliée par la puissance des médias sociaux qui amplifient engouements et rejets instantanés, comme par l'emprise croissante des plateformes numériques et des influenceurs. Eux-mêmes n'existent qu'autant qu'ils assurent avec enthousiasme la promotion d'un flux ininterrompu de nouveaux produits. De ce point de vue, la situation chinoise préfigure celle des marchés dits développés, en particulier pour tout ce qui concerne le comportement de la génération Z et des milléniaux, appelés à décider du destin et des performances de chaque marque au cours des prochaines décennies.

En outre, de nouvelles chaînes de valeur sont en voie de constitution à l'échelle de la planète. Tandis que l'accès au public occidental restait compliqué pour les firmes chinoises voilà encore quelques années, les solutions numériques – l'envergure internationale prise par Alibaba en est un exemple – facilitent les transactions.

En sens inverse, les marques et les firmes occidentales ciblent plus aisément le public chinois par le biais du commerce en ligne transfrontalier ou *cross-border*[III] et accèdent ainsi à ce grand marché de consommation, à prix et à risques moindres.

Même si, ces dernières années, on constate un relatif ralentissement, le haut niveau des investissements chinois à l'étranger va continuer à favoriser la diffusion des capacités et des méthodologies propres au pays, puisqu'il va de soi que les dirigeants de ces entreprises inculqueront à leurs filiales les usages qu'ils privilégient et leurs conceptions de la lutte concurrentielle.

3.2 Acquérir les techniques d'adaptation

S'adapter avec succès au contexte mouvant du moment ou disparaître corps et biens dépend de la maîtrise de savoir-faire que de nombreuses sociétés chinoises ont déjà acquis :

- une attention extrême aux besoins des consommateurs ;
- l'innovation par l'expérimentation ;
- l'adhésion à la règle 80/20 ;
- l'aptitude à prospérer dans le chaos.

III. Le *cross-border e-commerce* est régi par une règlementation douanière spécifique et ne nécessite pas d'établir une entité légale en Chine.

3.2.1 Qui n'observe pas le consommateur de près est hors-jeu

Comme nous l'avons vu au début de ce chapitre, la philosophie occidentale exige de bien penser, tandis que, pour les Chinois, l'important est de bien observer. En conséquence, ils font preuve d'une étonnante sensibilité pour déceler des tendances encore souterraines. Ils ont l'art de saisir les signes. Pour un chef d'entreprise chinois et pour son équipe, comprendre le marché et les consommateurs qu'ils ciblent, grâce à leurs antennes toujours en alerte, est une seconde nature.

Dans le chapitre 6, nous explorerons plus en profondeur les avantages stratégiques acquis par les entreprises chinoises grâce à une puissance numérique toujours croissante et à l'expansion continue de la connexion des données. Mais, en dehors de ce champ, les quelques exemples exposés ci-dessous montrent comment plusieurs firmes ont développé leur sensibilité au consommateur et comment elles utilisent Internet pour le cerner par une approche rigoureuse.

Tencent est l'un des tout premiers acteurs numériques chinois. Si de nombreuses entreprises tendent aujourd'hui à substituer le terme d'« utilisateur » à celui de « consommateur », c'est bien l'utilisateur que Pony Ma, le fondateur de Tencent, l'une des plus spectaculaires réussites chinoises, a toujours eu en tête. Sa règle « 10/100/1 000 » est révélatrice de la priorité accordée à l'utilisateur. Chaque mois, les chefs de produits de Tencent doivent entretenir leur relation avec les utilisateurs finaux, à travers dix sondages, la lecture de cent blogs et l'analyse de mille commentaires.

Xiaomi Corporation, multinationale de l'électronique qui se décrit comme une société de l'Internet proposant smartphones et matériels connectés par l'Internet des objets (*Internet of Things*, IoT), fait preuve d'un même souci du consommateur. Liu De, l'un de ses fondateurs aujourd'hui vice-président, le formule dans les termes suivants[22] :

> *L'ère de l'Internet est un bienfait pour les sociétés qui assument une totale transparence sur leurs activités et les produits qu'elles vendent. Internet ne doit pas être vu comme un simple outil, c'est une nouvelle façon de penser, qui implique le respect du client. Quand il rencontre un problème, c'est à nous de le régler immédiatement, en ligne.*

Xiaomi a plus de 110 millions d'utilisateurs enregistrés. Environ 90 millions d'entre eux sont très actifs en ligne. En majorité, ce sont des hommes, âgés de 20 à 30 ans, étudiants ou diplômés en sciences ou en ingénierie.

Leur profil est particulier, continue Liu. *Ils comprennent les produits, ont un haut niveau d'études et peuvent discerner les avantages des produits. En général, leurs avis sont représentatifs d'un échantillon plus large. Si quelques-uns d'entre eux émettent une opinion positive, tout porte à penser que nos utilisateurs seront satisfaits. Avec nos produits en ligne, des dizaines de milliers de personnes participent à la conversation. On peut ainsi identifier les points positifs et les divergences de vues.*

Au sein de Xiaomi, une équipe de quarante personnes recueillent chaque jour les commentaires sur les smartphones de la marque. En outre, chacun des plus de 15 000 employés de Xiaomi est considéré comme un représentant du service clients, exerçant une veille sur les médias sociaux, comme Weibo et WeChat, et rendant compte des commentaires du moment.

Autre particularité, tout le personnel, y compris le fondateur, est contractuellement responsable du suivi d'un quota de requêtes provenant de nos clients. Pour ce faire, Xiaomi a mis au point un algorithme sophistiqué qui répartit les questions entre tous les employés, en fonction des compétences de chacun.

Haier Corporation, un des leaders mondiaux de l'électronique grand public connu pour son management innovant, a adopté depuis des années une approche encore plus avancée : le développement de ses produits met en jeu une coopération directe avec leurs futurs utilisateurs, dans une démarche qui n'a pas toujours été comprise ou acceptée par l'ensemble du personnel. Mais, sous l'impulsion d'un PDG visionnaire, Zhang Ruimin, et guidé par son dynamisme entrepreneurial et sa quête permanente de nouvelles procédures, ils ont été convaincus par les résultats. Voici comment Zhang Ruimin relate l'expérience[23] :

Nous avons élaboré plusieurs nouveaux concepts. Pour certains appareils, nous avons créé toute une série de modules que nous avons soumis au choix des utilisateurs. C'était à eux, par exemple, de sélectionner les couleurs et le design. En une seule journée, nous avons vendu plus de 10 000 téléviseurs en ligne. L'expérience nous a démontré que nos vieilles façons de faire avaient besoin d'une sérieuse révision.
Cette approche a suscité beaucoup de réticences internes, au sein de la direction en particulier. Quand nous avons décidé que les produits seraient développés avec une participation des utilisateurs, qu'ils seraient en première ligne pour le design, certains y ont vu une remise en cause de leurs compétences. Quelques-uns ont tout bonnement refusé de se prêter au jeu,

d'autres ont résisté par l'inertie.[...] Nous avons dit à tout le personnel qu'un échec serait sans conséquence, qu'il s'agissait d'essayer et d'évaluer les résultats. Tout s'est passé au mieux avec les employés concernés. En conséquence, tout le développement de produits suit désormais cette règle, nos utilisateurs sont devenus des partenaires interactifs.

Perfect Diary, véritable phénomène dans le secteur des cosmétiques en ligne, est né dans l'écosystème numérique chinois. Ciblant les femmes de 20 à 35 ans, dotées d'un pouvoir d'achat relativement élevé, la société fondée en 2016 a acquis une célébrité soudaine lors de la Journée des célibataires 2018, en se hissant au premier rang des marques chinoises de maquillage.

Un an plus tard, le 11 novembre 2019, avec des ventes passant le plafond des 100 millions de renminbi (environ 13 millions d'euros) en 33 minutes sur TMall[24], Perfect Diary prenait l'avantage sur les marques mondiales comme L'Oréal et Maybelline dans la catégorie « maquillage ». À nouveau, en 2020, la marque décrochait la première place, avec 600 millions de renminbi (79 millions d'euros, en volume brut de marchandises).

Tirant le meilleur parti du style de vie numérique de ses cibles – la génération Z et les milléniaux chinois – Perfect Diary a mis au point une approche cohérente qui conjugue compréhension intime du milieu, interactions avec les utilisatrices et ventes (voir l'encadré ci-après pour une présentation détaillée de la stratégie numérique de la marque et, plus loin, au chapitre 6, notre analyse de l'exploitation de l'intelligence artificielle par Perfect Diary).

Voici un exemple significatif de succès commercial instantané, obtenu, en temps de Covid-19, grâce à une forte proximité avec ses consommateurs[25]. David Huang, le fondateur de Perfect Diary, cite un exemple de données recueillies pendant la pandémie de Covid-19 qui a abouti à la création d'une nouvelle poudre compressée pour le visage : « Le port du masque, par les frottements qu'il occasionne, contraint nos consommatrices à retoucher leur maquillage plus fréquemment. Dès que nous l'avons appris de nos utilisatrices, nous avons lancé une recherche pour répondre à leur demande. »

Perfect Diary : un phénomène du marketing numérique

Sortie de nulle part, ou presque, Perfect Diary doit sa célébrité à la Journée des célibataires 2018, quand elle se propulse à la première place des marques de maquillage chinoises. L'année suivante, le 11 novembre 2019, 33 minutes lui ont suffi pour atteindre les 100 millions de renminbi de ventes sur Tmall et prendre l'avantage sur L'Oréal et Maybelline dans la catégorie « maquillage ». À nouveau, en 2020, la marque s'arroge la première marche du podium, avec un score de 600 millions de renminbi (volume brut de marchandises).

Perfect Diary cible les femmes de 20 à 35 ans dotées d'un pouvoir d'achat relativement élevé. Avec son concept de « beauté sans limites », la marque encourage ses utilisatrices à explorer les possibilités offertes par la vie, notion qui trouve une résonance auprès du segment visé.

Ses produits de qualité sont proposés à des prix attractifs, mais, au-delà de cet argument, c'est son marketing numérique innovant, fondé sur les interactions avec les utilisatrices, qui est à l'origine de sa notoriété.

Un marketing fondé sur la connaissance de la consommatrice

Par sa connaissance fine du style de vie numérique de ses cibles clés, les jeunes adultes milléniaux et de la génération Z, Perfect Diary combine compréhension des utilisatrices, interactions avec celles-ci et ventes, au sein d'une même approche cohérente.

En prenant pied sur les plateformes les plus récentes, telles que Xiaohongshu (plateforme de vidéos courtes), Bilibili et Douyin (toutes deux plateformes de vidéos courtes) et une exploitation optimisée des possibilités offertes par WeChat, Perfect Diary côtoie en permanence son marché cible sur les espaces numériques. La marque impulse la formation de communautés qu'elle utilise à la fois comme source d'inspiration et comme place de marché.

Le « trafic privé » pour créer des interactions en dehors des grandes plateformes

En Chine, les grandes plateformes de commerce en ligne (Tmall et JD, par exemple) contrôlent le dernier chaînon entre la marque et le consommateur. Elles acquièrent une quantité illimitée de données consommateurs auxquelles les marques n'ont qu'un accès limité. Autre inconvénient : les marques ne peuvent pas interagir régulièrement avec leurs clients, de façon à mieux les connaître.

Perfect Diary a réussi à contourner intelligemment l'obstacle. Elle associe des cartes de promotion aux articles vendus sur les places de marché et offre des coupons par tirage au sort et des invitations personnelles, de façon à encourager les consommatrices à rejoindre ses propres canaux en ligne. Par ces biais, Perfect Diary constitue son propre fichier et son propre réseau de « trafic privé », équivalent d'une *mailing list* de clientes VIP.

Sur la plateforme Wechat, Perfect Diary a constitué des centaines de groupes, gérés directement par le biais de son trafic privé. La marque parvient ainsi à interagir avec plus d'un million d'utilisatrices.

L'intelligence artificielle pour créer des communautés affinitaires

Présente sur Wechat, « Xiao Wanxi », une jeune femme qui partage toutes les caractéristiques du public cible de Perfect Diary, est un avatar fictif, piloté par intelligence artificielle. Elle donne accès à l'argent des coupons loterie et distribue des invitations personnelles, adaptées aux caractéristiques propres des divers groupes. Au sein de ceux-ci, les clientes peuvent interagir avec d'autres jeunes femmes partageant un profil similaire au leur.

Dans cette multitude de groupes, Xiao Wanxi se comporte en amie fiable, assume un rôle de coach beauté et propose des services exclusifs aux membres du groupe.

Des collaborations avec des *key opinion consumers* et des micro-influenceuses

Outre des partenariats classiques avec des célébrités chinoises (Zhu Zhengting, par exemple) ou KOL (*Key Opinion Leaders*) spécialisé dans la cosmétique, Li Jiaqi sur les places de marché comme Tmall, la marque s'associe, sur des plateformes comme Xiaohongshu, avec des influenceuses KOC (*Key Opinion Consumers*) moins connues mais souvent plus authentiques.

Lors du lancement de Daydream, par exemple, à l'occasion de la Saint-Valentin chinoise 2020, un partenariat a été mis en place avec 150 micro-influenceuses (KOC) dont la majorité a moins de 10 000 followers.

Innover sur les réseaux sociaux, sans négliger les fondamentaux du marketing…

Perfect Diary noue aussi des partenariats ou collabore pour ses campagnes avec des marques peu familières du genre : Discovery Channel, National Geographic, le British Museum, le Metropolitan Museum de New York, le tout sur un ton léger et ludique. La démarche est pertinente : l'art et la nature comptent parmi les premiers centres d'intérêt de la génération Z.

… et exploiter tout le potentiel du « new retail »

D'abord pure player, Perfect Diary poursuit en douceur son expansion par une présence offline, au moyen de boutiques éphémères et d'un réseau de points de vente hautement numérisés, en croissance rapide. Aucun effort n'est épargné pour inciter les clientes *offline* à rejoindre le vivier du trafic privé *online*.

Source : Beijing Review, Daxue Consulting[26].

Neiwai, marque de lingerie, entretient des liens forts avec les consommatrices chinoises. Ce pure player, fondé en 2012, s'est doté depuis d'un réseau de distribution en dur, comptant plus de 70 points de vente. Pour une bonne part, son succès tient à ses interactions constantes avec les utilisatrices qui lui permettent d'assimiler et d'accompagner en temps réel l'évolution des attitudes.

Afin d'associer la marque à l'*empowerment* – la prise en main de leur vie par les femmes – Neiwai, dans ses publicités et ses autres supports de communication comme des documentaires, n'hésite pas à mettre en avant sa connaissance client et joue sur les envies de ses utilisatrices d'exprimer leurs désirs secrets et leurs aspirations.

Une récente campagne publicitaire de Neiwai, en 2020, a suscité de nombreux commentaires. Elle mettait en scène des femmes anonymes évoquant les préjugés dépréciatifs associés à leur apparence physique. Chacune d'entre elles représentait un stéréotype : « Des gros seins mais rien dans la tête », « La Maman », « La Vieille », « Les Bourrelets » et « Les Cicatrices ». Cet hommage à la diversité des corps est l'un des exemples les plus audacieux, en Chine, d'affirmation de la diversité et de l'*empowerment* féminin. Selon Liu Xiaolu, la fondatrice de Neiwai[27] :

> *Rien n'est plus beau que la liberté du corps. Quand les femmes portent des vêtements qui célèbrent cette liberté, elles célèbrent leur propre droit de décider pour elles-mêmes. Voilà comment nous associons la philosophie de la marque et la conception de produits.*

Neiwai utilise au mieux la connaissance client, dans le contexte d'une société en mutation, où les femmes sont de plus en plus conscientes de leur corps et elle sait en jouer avec un féminisme subtil et une bonne dose de sensualité.

Le « trafic privé », source de la connaissance client

Point commun à toutes ces marques : elles « écoutent et observent » avec attention et en permanence. La compréhension du consommateur, de l'utilisateur, est une composante essentielle de l'organisation à tous les niveaux. Pas seulement pour le département marketing ou la R&D, mais au gré d'un cycle continu de vérifications et de contre-vérifications, auprès de tous ceux qui utilisent leurs produits et attendent un renouvellement continu de l'offre.

Ces marques poursuivent même l'exercice en franchissant une étape supplémentaire. Pour contourner la communication sur les grandes places de marché, où la fidélisation des utilisateurs coûte de plus en plus cher, elles créent leurs propres viviers de «trafic privé». Elles s'émancipent ainsi des algorithmes en fonction sur les plateformes, reprennent le contrôle et observent en direct comment les consommateurs perçoivent leurs produits. Elles fusionnent les études consommateurs et les ventes. En créant des communautés, par le biais de centaines de groupes sur WeChat, elles affinent leur segmentation et recueillent des données en continu. Sur ces bases, elles développent de nouveaux produits qu'elles proposent aux groupes qui en ont inspiré la conception.

Un autre constat mérite d'être souligné : pour ces marques, la segmentation ne s'apparente pas à un cloisonnement rigide. C'est l'observation suivie des comportements qui désigne des cibles, elles ne correspondent pas à des catégories prédéfinies et fixées dans le temps. L'exemple de Perfect Diary, exposé ci-dessus, illustre cette approche.

Au premier chapitre, nous avons évoqué le succès de L'Oréal en Chine qui a su mettre en place son moteur n° 2 en Chine. L'un des traits du dragon que L'Oréal s'est approprié pour rester compétitif, y compris face à des acteurs aussi agiles que Perfect Diary, est l'art de percevoir ses cibles dans leur fluidité.

Plutôt que d'indexer sa segmentation sur le revenu ou l'âge, L'Oréal s'efforce de suivre le cycle de vie des femmes. Ainsi, les besoins d'une étudiante partageront un certain nombre de caractéristiques avec ceux d'une jeune femme qui entre dans la vie professionnelle, tout en étant partiellement distincts. Pour être subtile, cette différence fait, justement, toute la différence quant au chiffre d'affaires.

Dans l'encadré ci-dessous, nous allons voir en détail comment L'Oréal parvient à s'imposer en Chine et comment les leçons de l'expérience sont intégrées à sa stratégie mondiale.

• • •

L'Oréal : La beauté en première ligne

Entré en Chine en 1997, L'Oréal est aujourd'hui le numéro 1 sur le marché national des produits de beauté. Avec un taux de croissance annuel à deux chiffres, la marque est l'une des plus belles réussites occidentales dans l'empire du Milieu.

Son succès montre combien les capacités d'adaptation à un environnement mouvant sont décisives dans une stratégie d'implantation, même pour une très grande entreprise. Sur ce marché aux évolutions rapides, la firme a su rester agile et a développé une extrême sensibilité au consommateur.

L'adaptation à un contexte inédit a commencé tôt, avec pour première initiative le transfert des opérations de Hong Kong à la Chine continentale en 1997. C'était reconnaître avant bien d'autres où se trouvait désormais le cœur des activités. Depuis lors, l'organisation n'a cessé de s'adapter. Elle reste pertinente et compétitive, même dans l'environnement largement numérique du jour où prospèrent ses concurrents.

Une stratégie pour la Chine, des produits conçus pour la Chine

- Dès 2005, L'Oréal s'est dotée d'un centre de R&D pour la Chine, basé à Shanghai. Sa première mission a été de mener et de financer des travaux scientifiques destinés à comprendre la structure et le comportement des cheveux et des peaux chinois.
- Très vite, la marque a été en mesure de développer des produits spécifiques pour la région : sérums anti-âge, crèmes éclaircissantes, démaquillants antipollution.
- La technologie de reconstruction de la peau, développée par le laboratoire de Shanghai, aide aujourd'hui L'Oréal à créer des produits de maquillage et de soins adaptés à ses consommatrices chinoises.
- Une organisation plus horizontale et plus jeune facilite l'agilité et la rapidité dans les prises de décision.
- Son atout supplémentaire est une équipe de direction stable assure la continuité des savoir-faire et de la stratégie.

Une organisation mondiale conçue pour travailler pour la Chine et comme la Chine, en tirant des leçons de l'expérience chinoise

- « Tout L'Oréal travaille pour la Chine » (voir au chapitre 1, « la Chine comme moteur numéro 2 ») plutôt que de s'efforcer de faire entrer la Chine dans les cadres conçus pour les autres marchés.
- « Le reste du monde L'Oréal apprend de la Chine », à mesure que l'organisation s'adresse à des consommateurs plus jeunes et plus numériques, s'ouvrant ainsi de nouvelles perspectives sur les marchés de l'Ouest.

Suivre le consommateur numérique, au plus près et le plus tôt

- Pour être véritablement centré sur le consommateur, L'Oréal a créé la fonction de responsable de la consommation (« *Chief Consumer Officer* »), spécifique au marché chinois.
- Pour réagir rapidement aux évolutions du marché chinois, elle a adopté une stratégie de segmentation, prenant en compte des groupes plus fins, définis par leur style de vie (ils couvrent des tranches de trois ou quatre ans, à la différence des cycles d'âge plus longs, pris en considération sur les autres marchés).
- Pour suivre au plus près les performances de marques et identifier de nouvelles opportunités, elle s'est convertie intégralement au numérique et a développé ses capacités d'écoute sur les réseaux sociaux.

La consommatrice placée au centre des activités et la numérisation sont les deux moteurs principaux du succès continu de L'Oréal en Chine. La définition de ces priorités n'aurait pas été possible sans l'aptitude à s'adapter : savoir observer, apprendre et saisir les opportunités sans hésitation.

Forts d'une stratégie et d'une organisation voués à mettre en œuvre la maxime de la marque – « Offrir à chaque personne dans le monde le meilleur de la beauté » – et à satisfaire toutes les demandes et les désirs de l'univers de la beauté, dans leur diversité infinie, L'Oréal-Chine est bien armée pour engranger les succès.

3.2.2 Innover par l'expérimentation

Une autre méthode à laquelle recourent les entreprises chinoises consiste à innover par étapes. Dès les premiers stades de son développement, un nouveau produit est testé sur le marché. De cette façon, il est possible d'estimer son succès potentiel, de tirer des enseignements des réactions des consommateurs afin de l'améliorer et de déterminer s'il doit être produit à grande échelle. Mettre en circulation des nouveautés et, dans le même temps, bénéficier des éventuelles réactions de ses utilisateurs permet de mieux appréhender leur comportement et améliore la compétitivité à un plus haut niveau d'efficacité.

Dans la partie 1.3 de ce livre, nous avons évoqué une étude de Feng Li de la City University of London. Conduite en 2019 auprès d'employés de firmes Internet, elle visait à comprendre les raisons des échecs des entreprises occidentales en Chine. L'auteur conclut de ces recherches que les firmes chinoises innovent à un rythme beaucoup plus soutenu :

> *À la différence des sociétés occidentales de l'Internet, qui ont mis au point des procédures pour développer et introduire des innovations, leurs homologues chinoises sont plus préoccupées par les résultats, mieux préparées à innover par l'expérimentation. Si une nouvelle idée fonctionne, elle est développée à grande échelle rapidement. Dans le cas contraire, on passe à d'autres idées.*
> *En général, ce type de développement de produits est mieux accepté par les consommateurs chinois que par leurs équivalents occidentaux, ce qui permet aux acteurs du Net de tester et d'affiner un grand nombre d'idées nouvelles, très vite et à faibles coûts, avec des effets cumulatifs significatifs.*

La méthode n'est pas réservée aux seules firmes d'Internet. Diffuser des produits « suffisamment acceptables » est une approche en vigueur depuis fort longtemps chez les fabricants chinois. En voici un exemple éloquent.

Développé par le fabricant d'électroménager TCL, en collaboration avec ses futurs utilisateurs, le téléviseur à deux écrans superposés n'est sans doute pas destiné à satisfaire la majorité des consommateurs, mais il répond à un besoin des ménages au budget limité[28]. Son unique argument de vente – permettre à deux personnes de regarder des programmes différents sans avoir à partager l'écran – correspond aux usages de nombreux téléspectateurs chinois.

Le téléviseur capte et émet deux signaux, provenant de sources différentes. Un utilisateur peut regarder son blockbuster, diffusé depuis un lecteur Blu-ray, tandis qu'un autre se régalera avec son jeu favori, lu par sa PlayStation 3, les deux chaussant leurs lunettes 3-D, équipées de deux lentilles côté gauche, pour l'un, côté droit, pour l'autre.

Cette approche innovante a exigé un programme intensif en recherche et développement de la part de TCL, qui a dû procéder par essais et erreurs, jusqu'à l'aboutissement du projet.

Xiaomi suit une démarche similaire. La priorité est de mettre en circulation les nouveaux produits au stade de prototype, dès qu'ils sont estimés « suffisamment bons », soit très tôt dans leur cycle de développement. Impliquer la communauté pour affiner technologie et design accroît l'efficacité du processus de R&D, aboutit à des produits plus proches de la demande du marché, qui enregistrent un taux de réussite plus élevé.

L'exemple du vidéoprojecteur Mi Laser illustre cette approche. L'équipe, autour du cofondateur Liu De, s'est longtemps interrogée sur l'intérêt de mettre en circulation un home cinéma à prix abordable, mais innovant et offrant une reproduction d'image de haute qualité. Le développement en a même été reporté pendant un temps, rien ne garantissant que l'écosystème Xiaomi ait besoin d'un appareil de ce type, relativement cher et encombrant. Mais l'équipe a persisté et est allée de l'avant avec une véritable mentalité de « laisser le client décider », comme l'a expliqué Liu De[29] :

> *Après deux ans d'expérimentations et de tests utilisateurs, un vidéoprojecteur à moins de 1 000 dollars était mis au point. Xiaomi décide alors de tester le marché avec une première série de 2 000 unités.*

Le Mi Laser a fait un tabac : en 24 heures, le stock a été épuisé ! La production est passée à la vitesse supérieure et l'équipement reste aujourd'hui un des best-sellers de sa gamme d'appareils domestiques intelligents.

Développer de nouveaux produits, et vite !

Dans de nombreux secteurs, la vitesse à laquelle un certain nombre de sociétés chinoises développent de nouveaux produits, en exploitant des technologies existantes, et passent sans attendre à une production de masse, est impressionnante. Quantité d'exemples le montrent. C'est, entre autres, une des raisons essentielles pour lesquelles les Chinois dominent aujourd'hui le secteur de pointe des panneaux solaires à l'échelle mondiale, contraignant leurs concurrents américains et japonais à se spécialiser dans la technologie, encore marginale, des panneaux à couche mince.

Autre exemple intéressant, celui de Goodbaby International, leader du marché chinois des poussettes et des sièges-autos pour enfants. L'entreprise étouffe la concurrence en mettant en circulation une centaine de nouveaux produits chaque trimestre. Et, comme nous l'avons vu dans le premier chapitre, KFC-Chine introduit plus de nouveaux produits chaque année que la maison mère américaine pour répondre aux exigences locales en matière de goût[30].

En réalité, les compétences fondamentales requises pour franchir les étapes d'un cycle d'innovation rapide ne sont pas propres à la Chine. Pour l'essentiel, la réflexion qui guide cette démarche pourrait sortir tout droit des annales d'ideo, une firme de San Francisco, leader mondial en matière d'innovation. Leur concept de *« design thinking »*, souvent traduit par « démarche design », recouvre « un ensemble d'approches théoriques et d'activités liées au design qui favorisent la collaboration nécessaire à la résolution de problèmes dans une perspective utile et humaine[31] ».

De nombreuses firmes internationales recourent déjà à ce type de méthodes, issues du design. Elles utilisent ces techniques « centrées sur l'humain » – par extraction, transmission, apprentissage et application – afin d'élaborer des solutions et de créer des produits dans une perspective créative et innovante.

Pour le *design thinking*, tout commence par l'identification d'un problème ou d'un besoin. On élabore alors de premières solutions intermédiaires ou des prototypes. S'ensuit une série de cycles destinés à les tester et à les améliorer, jusqu'à la mise au point d'une version qui réponde aux exigences de départ, le tout sans brûler les étapes ni s'investir d'emblée dans la recherche d'une solution satisfaisante.

Si ce savoir-faire est universel, notre expérience nous amène à constater que les entreprises chinoises ont mieux assimilé le processus, et cela pour trois raisons :

1. **Une pression concurrentielle extrême** les pousse à lancer les nouveautés aussi vite et aussi tôt que possible, pour les améliorer ensuite. Pour survivre, mieux vaut occuper le terrain le premier, capter l'attention des consommateurs et conserver sa position de leader en perfectionnant le produit, à mesure du *feedback*.
2. **L'évitement du risque :** dans le chapitre précédent, nous avons vu que les entrepreneurs chinois adeptes de la culture du loup ont une perception particulière du risque. Lancer un produit, pas encore « prêt » mais encore inédit sur son marché, comporte moins de risques que l'attentisme qui offre aux concurrents la possibilité d'occuper le même créneau. Le retard se paye au prix fort !
3. **La ténacité :** les entrepreneurs chinois font preuve d'une incroyable résilience. Essayer. Échouer. Essayer à nouveau, échouer une deuxième fois,

essayer encore jusqu'à obtenir un résultat. La survie dépend tout entière du nombre de difficultés surmontées. De l'aptitude à se rétablir après un échec. Dans un environnement où l'alternative se réduit à s'adapter ou à mourir, seule une volonté inébranlable de réussir et une attitude de trompe-la-mort permettent de rester à flot. L'obstination, une forte éthique du travail, l'acharnement à exécuter et à obtenir des résultats sont des armes de premier choix dans l'arsenal des entrepreneurs chinois.

Pour de nombreuses entreprises, nous en sommes conscients, l'innovation est une activité complexe et dévoreuse de ressources. Mais il est évident que dans le contexte de conversion généralisée au numérique, le coût associé au retard pris dans l'innovation ne cesse d'augmenter. De ce point de vue, bien des entreprises devraient réviser leur approche de l'innovation, bien des dirigeants devraient se demander s'ils ne peuvent pas faire mieux dans ce domaine.

James Andrew et Harold Sirkin, les auteurs de *Payback : Reaping the Rewards of Innovation*, le disent précisément[32] :

> *L'innovation ne relève pas de l'occultisme, des aléas d'un jet de dés ou du libre jeu d'une créativité débridée. C'est une action, pas une idée. Elle exige une adaptation continue, un processus prédéfini et une part de risque assumé.*
> *Le manque d'idées est rarement le problème. Des milliers de bonnes idées circulent dans toutes les organisations, même parmi celles qui ne se voient pas comme innovantes. Le vrai problème que rencontrent ces sociétés est ailleurs : comment convertir les idées en profits. Il leur manque le processus nécessaire pour recueillir les idées, les passer au crible, les développer et, en fin de parcours, les commercialiser.*

Soumis à une accélération croissante du rythme de l'innovation, les entrepreneurs chinois n'hésitent pas à prendre des risques en s'appuyant sur la pensée créative au sein de leurs organisations.

Dans le chapitre suivant, « L'empereur décide, mais l'agilité règne », nous verrons comment les firmes chinoises perfectionnent le processus d'innovation par le biais de la compétition interne. En encourageant les rivalités au sein de l'équipe pour l'accès aux ressources et en organisant l'émulation par un système de récompenses destinées au « premier qui atteint la ligne d'arrivée », elles parviennent à accroître le rythme des innovations et leur nombre. Elles amortissent ensuite les coûts engagés dans ces opérations grâce à leurs procédures de mise sur le marché précoce qui leur procure très vite de premiers retours sur investissement.

Améliorer son moteur pendant qu'il tourne

Une autre méthode adoptée par les entrepreneurs chinois consiste à simplement lancer un projet et voir comment il progresse. Comme nous l'avons vu plus haut dans ce chapitre, l'encadrement chinois se distingue des usages en vigueur ailleurs par son peu d'attrait pour la planification détaillée sur le long terme.

Il faut vraiment qu'une entreprise soit sur le point d'entrer en Bourse ou de négocier son rachat par une firme occidentale pour qu'elle se soucie d'élaborer un plan à cinq ans. Le marché évolue trop vite pour que quiconque s'illusionne sur la validité de projections des ventes à cinq ans.

Cela ne signifie pas que les dirigeants chinois n'anticipent pas, au contraire. Plutôt que de passer des heures à débattre d'un plan à cinq ans, ils réfléchissent régulièrement aux possibles évolutions du marché sur une période de dix ans. Et ils envisagent alors à ce qu'ils peuvent entreprendre, de suite, pour s'imposer à cette échéance distante[33].

En conséquence, beaucoup d'entreprises prospères évoluent dans deux cadres temporels simultanés. Elles se consacrent aux activités de l'heure, tout en se préparant à doubler de taille dans les trois à cinq années à venir. Pour y parvenir, elles n'envisagent pas seulement d'augmenter leurs ressources, mais elles élaborent de nouveaux *business models* et préparent le lancement de nouvelles marques.

Aux États-Unis et en Europe, le responsable de telle ou telle division a souvent la main sur les deux calendriers. En revanche, les dirigeants chinois préfèrent confier à un manager les tâches de l'échéance, à un autre, la prospective. Chacun est autonome et les deux sont en concurrence pour l'allocation des ressources[34].

Dans l'univers numérique, WeChat et son expansion continue en fournissent un exemple parlant et même une métaphore. Lors de son lancement, WeChat 1.0 fonctionnait sur un modèle élémentaire. Pour l'essentiel, il s'agissait d'une copie de services déjà existants et offrant les fonctionnalités d'une appli de messageries, proches de celles de WhatsApp.

Observons WeChat aujourd'hui. C'est un écosystème à part entière, autrement sophistiqué que la simple appli originelle. Il s'agit quasiment un système d'exploitation amélioré au fil du temps, étape après étape, pour devenir un outil unique et multifonctionnel. Le cas des enveloppes rouges, détaillé au chapitre 2, conçues pour inciter à l'utilisation de WeChatPay n'était qu'un premier pas. Depuis, le service de messagerie s'est transmué en portail, connectant tout détenteur d'un smartphone à une myriade de services : jeux, réseaux sociaux, réservation de VTC, paiements en ligne et, avec les mini-programmes WeChat, offre illimitée d'achats en ligne.

Il est évidemment plus facile d'appréhender l'avenir et d'améliorer le software lorsqu'on est déjà présent sur le marché par le biais de ses produits. Et pourtant, l'un des exemples les plus célèbres de l'efficacité de cette démarche, exemple qui a même changé la face d'un pays tout entier, nous est fourni par Deng Xiao Ping, le « Grand Transformateur silencieux »[35], comme il est décrit par Hesna Cailliau dans son livre *Le Paradoxe du poisson rouge*.

> *En 1978, Deng a lancé son grand mouvement de réformes et d'ouverture, sans objectif spécifique, sans présenter un plan quinquennal mais en adoptant un simple slogan : « Traversons la rivière en tâtonnant pierre à pierre ».*
> *Avec Deng, cette vieille expression populaire, connue de tous, accédait au statut de devise politique. Elle traduisait la réalité du moment : aucune voie n'est tracée à l'avance pour guider la Chine vers l'avenir. Deux pas en avant, un pas en arrière. Nous verrons ce qu'il faut faire à mesure que les opportunités se présenteront.*
> *La reconfiguration intégrale du pays commençait en ouvrant « simplement » une zone économique spéciale à Shenzhen, avec l'idée que, si ça marchait, d'autres suivraient et le changement irait son chemin.*
> *En présentant un plan prédéfini et irréversible, Deng se serait heurté à l'opposition violente des soutiens de Mao, encore nombreux à cette époque.*

Deng a tâtonné, pierre après pierre, pour traverser la rivière, jusqu'à atteindre la berge opposée à pied sec et impulser la plus grande transformation de l'histoire du continent chinois. Accomplissement remarquable, atteint en suivant un modèle « rudimentaire », à l'aune de la pensée occidentale ! Mais hautement prometteur, selon l'approche confucéenne : « Agir sans idée préconçue, sans plan arrêté, si besoin, sans répondre à une nécessité. »

3.2.3 80 %, c'est largement suffisant !

Bien qu'elle soit en relation étroite avec la vitesse de l'innovation, la règle dite des « 80/20 » mérite qu'on lui consacre une sous-partie. Leçon essentielle de notre double expérience chinoise : nous avons appris à tirer parti du principe 80/20, à préférer la promptitude à la perfection. Si un projet a vu le jour à 80 %, s'acharner sur les 20 % restants s'avère souvent inutile.

La quête de la perfection se traduit, en général, par une perte de temps ou d'opportunités. Ces ultimes 20 % sont susceptibles de mobiliser autant de ressources que les 80 % déjà acquis et de retarder un lancement, sans avoir, pour autant, d'incidence significative sur le taux de réussite.

Dans nos fonctions au sein de multinationales, nous avons souvent constaté le même phénomène : une ultime recherche s'impose pour verrouiller toutes les réponses aux questions qui pourraient surgir, une révision des présentations PowerPoint doit assurer qu'elles sont assez claires et convaincantes pour obtenir un consensus sans faille. Tout doit garantir la convergence sans faille des intérêts, l'adhésion de chaque décideur, la solidité de la démonstration.

En collaborant avec des firmes chinoises, en revanche, nous avons été constamment mis sur le gril pour progresser plus vite. On nous enjoignait de partager nos vues sans attendre : l'intérêt de PowerPoint était clairement relativisé. L'exigence était de s'asseoir autour d'une table avec les dirigeants les plus hauts placés, de partager avec eux nos premières impressions ou l'état de notre réflexion. Recueillir tous les avis, toutes les suggestions et, plus important encore, prendre contact « sur-le-champ », par le biais de WeChat, avec quiconque, dans ou hors de l'entreprise, serait susceptible d'échanger, de partager une expérience ou de fournir ses lumières pour faire avancer la tâche en cours.

Chacune de ces conversations avec le haut encadrement se concluait sur un encouragement non seulement à poursuivre, mais aussi à trouver les moyens d'accélérer le mouvement et de commencer à songer à l'exécution. Plutôt qu'une interminable planification, il fallait avancer avec une esquisse cohérente et mobiliser les ressources, dès que leur destination apparaissait clairement.

C'est un fait peu connu, mais WeChat n'a pas été la première messagerie instantanée chinoise. MiUI, lancée par Xiaomi technologies, l'a précédée. Comme l'a reconnu Lei Jun, le fondateur et PDG de Xiaomi, WeChat a éclipsé son produit, parce que Tencent s'est montré capable de lancer une ou deux nouvelles versions chaque semaine[36]. « Nous ne parvenions à sortir qu'une version par mois. Même avec un software aussi complexe, ils ont maintenu le rythme de deux à trois versions par mois. Le consommateur a suivi ! »

Selon Pony Ma, le fondateur de Tencent, il s'agit simplement de l'application de la pensée 80/20 : « Un service ou un produit commence par les besoins des utilisateurs et leur satisfaction. Il est seulement défini par ces deux données », écrivait-il sur la plateforme interne de WeChat en avril 2017. Il poursuivait en soulignant que les développeurs pèchent souvent par excès de complication : ils nuisent à leurs propres produits, dont la fonction première n'apparaît plus : « Dépenser des ressources précieuses et du temps pour revenir sans fin sur l'optimisation de caractéristiques évidentes est une véritable manie chez les entrepreneurs novices. » Un nouveau produit n'est jamais parfait. Il faut revenir rapidement sur l'ouvrage et même alors, selon Tony Ma, la perfection reste hors de portée.

• • •

Les réponses de la tech au Covid-19 : mieux vaut être réactif qu'impeccable

Ce n'est pas une surprise : la réponse de la Chine au Covid-19 a été résolument high-tech. La pandémie pourrait bien être le catalyseur qui portera le pays en tête des innovations technologiques au niveau mondial. Nous sommes conscients que l'environnement juridique chinois offre un cadre de référence plus large que dans d'autres parties du monde, mais cet exemple mérite d'être partagé. En raison, précisément, parce que cette réponse exploite les tactiques du dragon que nous explorons dans ce livre. Elle s'appuie, en particulier, sur le principe 80/20.

Le secteur public a travaillé main dans la main avec les géants chinois du numérique – les BAT (Baidu, Alibaba, Tencent) – et les étoiles montantes de l'I.A. – SenseTime et Megvii – pour développer en un temps record des solutions répondant aux différents aspects de la crise sanitaire.

- D'abord est arrivé le QR code Santé, apparu dès les premières semaines de la crise. Développé initialement par Alipay, à la demande de la ville de Hangzhou et en collaboration avec les autorités locales, il utilise les données des opérateurs de téléphonie, des applis de paiement sur mobile et d'autres fournisseurs de service pour attribuer aux personnes un code-santé (vert, orange ou rouge), montré à l'entrée des bâtiments publics ou des transports en commun. Le système a été généralisé à tout le pays.
- Bientôt ont suivi une série de déclinaisons d'applis préexistantes, dédiées aux activités quotidiennes en temps de pandémie et de confinement.

La plupart de ces innovations résultent d'une démarche pragmatique. Mises au point dans des délais étonnamment courts, elles exploitent des technologies préexistantes. Plutôt que de consacrer des mois à développer l'« appli parfaite » destinée au grand public, les sociétés de la tech ont introduit, étape après étape, de nouvelles couches et de nouvelles fonctionnalités dans leurs applis multifonctionnelles, déjà utilisées par de larges fractions de la population.

Outils de messagerie, options paiement ou plateformes vidéo… La multitude de données collectées sur la quasi-totalité de la population a permis de d'offrir un large éventail de services autour de deux questions sensibles dans le contexte de la pandémie : sécurité sanitaire et réassurance, d'une part ; services à distance, de l'autre.

Voici quelques exemples :

- AMap, une application de géolocalisation de l'écosystème d'Alibaba, parmi les premières en Chine, a développé un service d'informations détaillées indiquant les foyers de contamination en temps réel.

- L'écosystème Tencent (WeChat, Qihoo 360 et Sogou), a mis en ligne les cartes de 170 villes chinoises, montrant la position des résidents porteurs du virus. Les cas confirmés sont aussi localisés.

- Sans dévoiler l'identité ou d'autres informations personnelles des malades, les cartes exploitent des données du ministère de la Santé et indiquent la distance entre les personnes infectées et l'utilisateur.

- Progressivement de nouveaux services ont été intégrés à des appli « tout en un » : recommandations médicales et hygiéniques, localisation des hôpitaux, points de vente (en ligne et hors-ligne) des masques et du gel hydro-alcoolique, vidéothèque pour aider à supporter le confinement.

Dans le même temps, le contexte de la pandémie a favorisé d'autres avancées numériques significatives qui devraient engendrer de nombreuses innovations dans les années à venir.

- L'intelligence artificielle et la data ont été largement intégrées à l'établissement des diagnostics, aux traitements et la recherche sur les vaccins.

- La 5G, encore en phase de test avant la pandémie, a été déployée à grande échelle pour la géolocalisation des cas et les transferts de données et de dossiers médicaux.

- Le recours aux drones, aux véhicules autonomes et aux robots s'est largement diffusé, aussi bien pour la distribution de ravitaillement ou d'autres biens aux populations confinées, que pour l'exécution de tâches hospitalières, comme le nettoyage ou la distribution de médicaments aux patients.

Ces exemples, qui se démarquent de l'approche privilégiée dans la plupart des pays occidentaux, illustrent le pragmatisme des entreprises chinoises, leur usage de la règle 80/20 et le penchant à lancer la version initiale et encore imparfaite d'un nouveau produit, quitte à l'améliorer une fois qu'elle est en service.

Grâce à cette ligne de conduite, Tencent maintient une vitesse d'exécution qui lui confère son aptitude à enchaîner les nouveaux lancements, ce qui rend ses rivaux si envieux.

Pour observer le fonctionnement de la pensée 80/20, il suffit de comparer le *live streaming* en Chine au téléshopping dans le reste du monde. Le *live streaming* est le téléshopping de l'ère numérique, le téléshopping 2.0. Les animateurs de *live streaming* s'appuient sur des productions de plus en plus conséquentes et, de leur côté, les grandes plateformes comme Alibaba et JD consacrent encore plus de moyens à l'organisation de programmes d'achats en direct, lors de la Journée des célibataires ou d'autres rendez-vous commerciaux. Néanmoins, par essence et dès l'origine, le *live streaming* se résume à une personne, équipée d'un mobile, vendant des articles en temps réel.

Si les programmes de téléshopping occidentaux réclament de gros efforts de mise en scène et des studios dédiés, le *live streaming* en Chine relève, le plus souvent, d'un «artisanat» sommaire. Il s'agit de productions *low cost* à la portée de n'importe qui, n'importe où, et associant commerce et divertissement.

À l'Ouest, les chaînes spécialisées s'adressent à une audience relativement âgée, tandis que leurs équivalents chinois attirent adolescents et jeunes adultes, avec leurs animateurs exubérants qui testent les produits et répondent en direct aux questions des éventuels acheteurs. La simplicité du présentateur et son honnêteté présumée exercent un pouvoir de séduction plus fort qu'un environnement hypercommercial et étincelant.

Dans son format 80/20, le *live streaming* fonctionne sur les interactions avec les consommateurs. Cliquer et acheter en direct à des vendeurs qui inspirent confiance. Tel Chen Jiubei, animatrice d'un programme de *live streaming* rural, aidant les paysans de son village à écouler un stock de 2000 tonnes d'oranges invendables en treize jours[37]. Pas de paillettes, pas de mise en scène, mais largement suffisant pour assurer la réussite d'une opération commerciale.

3.2.4 Prospérer dans le chaos

Comme nous l'avons vu dans la première partie de ce chapitre, l'aptitude à s'adapter à un environnement en évolution constante, ce principe directeur de la philosophie chinoise, a naturellement trouvé sa place dans la sphère économique. C'est ainsi que les entreprises chinoises sont passées maîtres dans l'art de réagir aux réalités fluctuantes.

Nous avons ensuite décrit les méthodes qui leur confèrent cette réactivité. Dans les deux chapitres suivants, «L'empereur décide, mais l'agilité règne» et « Les gens ne font que passer », nous décrirons en détail les structures organisationnelles et les profils de compétences répondant à ces nécessités. Mais, dans un contexte incertain, seule une étroite frontière sépare la quête de valeur et la folie incontrôlable, le chaos innovant et le chaos perturbateur. Le chaos peut être un terreau fertile pour l'improvisation, la créativité, l'innovation. Un monde imprévisible est riche d'opportunités, pour qui sait les saisir. Tirer parti du chaos ou le subir est une affaire de leadership.

Le management chinois est très centralisé. Nous verrons pourquoi dans le prochain chapitre, mais notons déjà ici que le fondateur ou le président d'une firme chinoise jouit souvent d'un statut digne d'un empereur. Si l'empereur est éclairé, naviguer dans le chaos sera une source d'avantages. Un penchant à l'absolutisme, en revanche, jouera contre lui et contre toute l'organisation puisqu'il tendra à concéder une moindre marge à la créativité et aux initiatives de ses subordonnés, particulièrement aux niveaux les moins élevés. Dans ce contexte, l'empereur lui-même peut devenir une source de chaos par un interventionnisme capricieux, situation dont font les frais de nombreuses entreprises chinoises.

Au contraire, si sa conduite s'inspire du taoïsme, son organisation s'épanouira dans le chaos. Surtout dans le cadre d'une structure organisationnelle horizontale et agile. Le dirigeant éclairé sait alors qu'il ne doit pas systématiquement imposer ses vues. Il veille à laisser grandir ce qui émerge. Rappelons les termes de Lao Tseu, en exergue de ce chapitre : le dirigeant taoïste se contente d'épouser le courant, il tire parti des circonstances du moment, il saisit naturellement les opportunités qui se présentent.

Une organisation prête à apprendre de son environnement et dotée d'un haut degré de flexibilité parvient à exercer une influence sur les circonstances qu'elle rencontre. Elle observe et s'empare des données à mesure qu'elles apparaissent, ici et maintenant. Elle applique les leçons qu'elle en tire à la réalité de l'heure. Elle est opportuniste et convertit la situation en gains immédiats.

Pour les étrangers qui travaillent ou ont travaillé au sein d'organisations chinoises, y compris pour nous-mêmes, trouver sa place dans un environnement aux allures chaotiques tient souvent du défi. Entre le moment où Aldo a été recruté par Fosun et son premier jour de travail, par exemple, une partie de ses responsabilités avait disparu. Fosun venait en effet de racheter une société qui pouvait remplir les mêmes tâches. On attendait d'Aldo qu'il s'accommode de la situation et définisse d'autres fonctions pour se rendre utile. Les priorités peuvent changer à grands pas selon les avancées (ou la stagnation) des projets en cours.

Le chaos n'est pas un problème pour qui ne se laisse pas surprendre

Les entreprises chinoises sont toutefois bien équipées pour s'arranger de circonstances mouvantes et mettre de l'ordre dans le chaos. Dans la section «Qualité du loup : la dévotion à la meute» du chapitre 2, nous avons décrit la procédure qui permet à chaque acteur de connaître et comprendre des objectifs les plus ambitieux de la firme et d'agir dans ce sens. On voit ici combien cette démarche est utile pour faire face à un contexte instable.

Si chacun, sachant qu'il évolue dans un environnement fluide, dispose des outils adéquats pour y faire face, la raison peut prévaloir, sous des dehors qui évoquent la folie. Le processus de replanification en vigueur chez Alibaba, illustre la validité de ce type d'outillage[38].

Pour faire face à un environnement en évolution constate, Alibaba a mis en place un processus continu de «replanification». Plutôt que d'exécuter à la lettre un plan annuel fixe et détaillé, la société révise ses tactiques au gré des circonstances. Son calendrier de planification est régulier. Chaque année, pendant le quatrième trimestre, les responsables des différentes unités et l'équipe de direction contribuent à son élaboration.

Toutefois, il est conçu comme un cadre général. Dès qu'un responsable d'unité décèle une évolution significative du marché ou une nouvelle opportunité, il peut initier un processus de cocréation. Les employés concernés, jusqu'aux cadres dirigeants et aux directeurs chargés de l'exécution, définissent de nouvelles orientations pour cette activité en relation directe avec les utilisateurs.

Chez Alibaba, la cocréation se déroule en quatre étapes:

1. En premier lieu, une base commune est établie: elle consiste à identifier les signaux pertinents du changement (en s'appuyant sur les données du marché, les retours de consommateurs ou du personnel) et à s'assurer que les acteurs concernés sont impliqués et prêts à travailler ensemble. En général, cette étape prend la forme d'une session de travail d'une journée entière.
2. La deuxième étape vise à connaître l'utilisateur. Les participants explorent les besoins exprimés par les clients ou les obstacles qu'ils rencontrent. Des séances de brainstorming doivent permettre de définir des solutions potentielles.
3. Les échanges avec les utilisateurs servent alors à mettre au point un plan d'action. Il comprend la désignation du responsable qui portera le nouveau projet, de l'équipe support (ou des équipes) qui donnera

corps à l'idée arrêtée et il définit les mécanismes qui permettront d'atteindre l'objectif.

4. Dernière étape : un suivi régulier des retours des consommateurs à mesure que le plan se traduit par des mesures concrètes. Cette collecte d'informations peut, à son tour, amener à de nouvelles réorientations.

On voit, à travers cette notion de cocréation, comment la volonté d'adaptation se traduit par un processus d'autocorrection permanent. Toutes les unités d'Alibaba peuvent, de leur propre initiative, impulser des sessions de cocréation dès qu'elles identifient un signal pertinent sur le marché, sans dépendre pour cela d'un ordre ou d'un contrôle venu du sommet. Et, bien que le processus réponde à des règles préétablies, chaque initiative de cocréation est adaptée à la situation qui l'a provoquée.

En instaurant un forum d'échanges réguliers avec les utilisateurs, Alibaba est capable d'évoluer au rythme du marché. Avec cette approche, les innovations émergent du marché lui-même, elles ne proviennent pas de décisions prises au sommet de l'organisation. Alibaba s'est ouvert un chemin pour prospérer dans le chaos.

3.3 Comment se rendre adaptable

On pourra estimer que, sur des marchés plus stables, au taux de croissance plus faible, un plan à long terme est indispensable pour maximiser des avantages stratégiques, une position concurrentielle. Par ailleurs, pour les sociétés cotées en Bourse, ce type de plan est requis par la loi, afin d'informer les marchés et les investisseurs des orientations stratégiques. Si cette obligation est légitime, le premier argument, nous semble-t-il, ne tient pas compte des atouts offerts par une approche plus flexible.

Le fait de s'adapter aux évolutions du marché en temps réel et en tirer des leçons s'avère parfois plus profitable que le respect scrupuleux d'un plan préétabli. Les entreprises chinoises qui engrangent les succès le démontrent : on peut être leader de son secteur sans plan détaillé. L'observation attentive des meilleures pratiques adoptées par ces firmes, nous amène à proposer quelques pistes de réflexion. Nous les croyons utiles pour prospérer grâce à une approche moins rigide.

- **Adopter une vision que tous puissent partager.** Pour ces firmes chinoises, la vision doit être simple. Axée sur l'utilisateur final. Dessiner une perspective qui suscite l'adhésion du personnel et des partenaires.

La vision de Fosun, par exemple, se formule ainsi : « Enracinée en Chine, avec la vocation de créer un écosystème mondial du bonheur, apte à satisfaire les besoins d'un milliard de familles, en matière de santé, d'épanouissement et de prospérité. » Une vision audacieuse, simple, mais enthousiasmante et laissant une large marge à toutes sortes de projets dans chaque département de la firme.

- **Adopter un processus de replanification.** Introduire une marge de flexibilité dans les plans annuels. Une évolution inattendue du contexte ne se traduit pas par le chaos si elle est gérée à propos.
- ***Brainstorm, brainstorm, brainstorm.*** Les séances de brainstorming sont une réalité quotidienne. La résolution collective des problèmes et le développement d'opportunités nouvelles font partie de la culture d'entreprise. Ces séances ne nécessitent pas de longues heures d'« alignement ». Chaque rendez-vous doit accoucher d'une solution partagée, et donner aux participants le sentiment qu'ils ont la possibilité d'être entendus et de contribuer.
- **Adopter un système d'échanges d'informations internes simplifié.** Dans les entreprises chinoises, le volume d'informations partagées est conséquent. Des applis comme WeChat ou DingTalk permettent de constituer très vite des groupes *ad hoc*. Les participants enrichissent les projets en cours, par des contributions et des suggestions pertinentes, accessibles à tous.
- **Tester et expérimenter est essentiel.** (Certaines parties de) l'organisation jouit d'une flexibilité et d'une liberté suffisantes pour identifier de nouvelles sources de croissance et envisager leur exploitation. Les idées sont testées tôt et fréquemment. Les opportunités sont évaluées sur leur valeur plus que sur leur efficience.
- **Tirer systématiquement des leçons de l'expérience.** En travaillant sur des cycles courts, ces entreprises chinoises ont de multiples occasions d'apprendre de l'expérience et d'accepter les échecs. Puis d'observer, de s'adapter et d'essayer à nouveau.
- **Créer des écosystèmes.** Les entrepreneurs chinois ont l'art de fonctionner au sein d'écosystèmes qu'ils constituent eux-mêmes. Les réseaux et les alliances, les processus de cocréation internes et externes contribuent largement au développement des idées, à la mise sur le marché rapide des nouveaux produits, à la gestion des risques et au contrôle des coûts. Dans le chapitre, nous examinerons plus en détail le fonctionnement de ces systèmes de création de valeur.

Bien des raisons pourraient justifier de ne pas adopter la plupart de ces méthodes, mais nombre d'organisations du monde développé sont trop complexes et trop rigides pour l'environnement économique de demain.

On nous objectera que l'adoption de la tactique « s'adapter ou mourir » exige des ressources supplémentaires importantes et redondantes. C'est vrai. Mais le jeu en vaut la chandelle, nous en sommes convaincus. Oser s'essayer à des méthodes de travail plus souples, plus agiles et plus flexibles peut et fait la différence.

C'est en tâtonnant pierre après pierre qu'on atteint l'autre rive.

4.

L'empereur décide, mais l'agilité règne

« Quand les généraux manœuvrent sur le champ de bataille, ils n'ont pas à obéir à chaque ordre du roi. »

Sun Tzu
Général, stratège militaire, auteur et philosophe légendaire

4.1 Un souverain a toujours tenu les rênes

L'empereur de l'ère Xuantong (宣統) a été contraint d'abdiquer en 1912. Connu aussi sous son nom personnel de Pu Yi (溥儀), il a été le dernier empereur de Chine. Mais non son dernier dirigeant absolu.

Pendant la majeure partie de son histoire, qui remonte à 2852 avant notre ère, la Chine a eu à sa tête un souverain assimilé à un demi-dieu. Sur une telle amplitude, il va de soi que le système en vigueur comme le monarque à sa tête n'ont pas toujours été désignés par les mêmes termes. Mais qu'ils aient reçu le titre de roi (王, pinyin : wáng), de Fils du Ciel (天子, pinyin : tiānzǐ) ou, hors des frontières le plus souvent, d'empereur (皇帝, pinyin : huángdì), la très grande majorité des figures qui se sont succédé à la tête du pays au cours de millier d'années ont joui de pouvoirs considérables. Ils ont agi et ont été perçus comme des « dieux vivants ».

Si la philosophie occidentale, dès l'apparition de penseurs grecs comme Clisthène (né vers − 570) et Socrate (− 470-399) a forgé une pensée démocratique, associant les notions de légitimité et de majorité, leurs pairs chinois ont généralement accepté et légitimé le pouvoir absolu.

Le mandat du Ciel

Leur adhésion s'explique par la croyance traditionnelle selon laquelle le souverain en place a reçu le mandat du Ciel, c'est-à-dire de la plus haute autorité dans l'ordre naturel. L'exécution de ce mandat se manifeste par l'habilité à gouverner, à se montrer juste et compétent, critères qui prévalent sur les considérations de lignage.

Le mandat du Ciel n'est pas inconditionnel. Au contraire, il suppose le droit à la rébellion contre un souverain injuste. Dans toute l'histoire de la Chine, les temps de pauvreté et les désastres naturels ont souvent été perçus comme des signes du Ciel, indiquant l'inaptitude du souverain en place et la nécessité de le remplacer.

Du fait de l'absence de droits dynastiques imprescriptibles et de la reconnaissance tacite d'un droit à la rébellion, les principaux penseurs chinois estimaient que le système était en mesure d'éviter les abus de pouvoir.

Confucius s'inscrit dans cette perspective, mais avec une nuance importante. Selon lui, le pouvoir absolu est légitime pour autant qu'il répond à des principes moraux, eux aussi absolus. La soumission à l'autorité est la conséquence légitime des obligations éthiques du souverain à l'égard de ses sujets, de la compassion et de la générosité dont il doit faire preuve, en particulier. La loyauté lui est due, aussi longtemps que le peuple ne meurt pas de faim.

Confucius suggère que l'aspirant au pouvoir doit, avant toute chose, embrasser de bons principes de gouvernement, se montrer vertueux dans son caractère et sa conduite s'il veut se rendre acceptable. Selon ses termes[39] :

> *Si un homme parvient à adopter une conduite correcte, quelle difficulté aura-t-il à prendre part au gouvernement ? S'il ne peut pas se rendre correct, quelle prétention peut-il avoir à rendre les autres corrects ?*

Un gouvernant doit donc toujours accomplir son devoir de son mieux et tendre à « son propre accomplissement moral et à l'instauration d'un ordre sociopolitique harmonieux[40] ». Conséquence de ce postulat, Confucius plaide en faveur de relations interpersonnelles harmonieuses au sein des organisations sociales. Plus précisément, il les conçoit comme des obligations mutuelles fondées sur un lien hiérarchique. En substance, le dirigeant exerce son magistère légitime depuis le sommet, mais il se doit de veiller au bien-être de ses sujets. En retour, il peut attendre leur loyauté.

Le confucianisme place les intérêts de la collectivité au-dessus de ceux des individus. La préséance donnée à la hiérarchie, conjuguée à la position subsidiaire accordée aux individus, signifie que les prises de décisions tendent à se concentrer au sommet de l'entité considérée. Cette approche a façonné la configuration des organisations, conçues comme des structures de commandement centralisé.

Quand un patron absolu est aussi un visionnaire : la révolution organisationnelle de Huawei

À partir du milieu des années 1990, Huawei a connu une croissance exponentielle de son chiffre d'affaires. La firme chinoise restait toutefois distancée par les géants des télécoms et des technologies de l'information. Comment pouvait-elle rattraper son retard ? En jouant sur quels leviers ? Reng Zhengfei s'inquiétait : la motivation de ses employés ne s'émoussait-elle pas ?

Forts des récents succès de Huawei sur le marché intérieur, les équipes tendaient à se reposer sur leurs lauriers. C'était plus que l'ancien militaire ne pouvait en supporter. La décision qu'il prit fin 1995 eut l'effet d'un tremblement de terre dans l'entreprise.

Le 26 décembre, chaque cadre de la division des ventes, y compris le président du département, est enjoint de rédiger un rapport d'activités couvrant l'année écoulée, ainsi qu'une lettre de démission : « Pendant un mois, cette campagne de démission massive secoue l'organisation, et à son terme, un manager sur trois est démis de ses fonctions. » La méthode était radicale et risquée, mais elle a parfaitement rempli ses quatre objectifs : apporter du sang neuf, avec une nouvelle génération aux commandes ; éviter que ne s'installent de mauvaises habitudes ; éviter de dépendre d'un réseau trop étroit ; encourager l'autocritique.

Plus généralement, c'est ce sentiment de crise permanente que Ren Zhengfei souhaitait instiller dans l'entreprise : extrêmement sensible à la vulnérabilité de Huawei, il tenait à ce que chacun ait conscience que rien n'est jamais acquis sur un marché en perpétuel mouvement. L'épisode a aussi nourri un sentiment d'appartenance très fort chez ceux qui sont restés. L'urgence de leur mobilisation permanente ne les quitte plus.

Cet événement a été à l'origine de deux décisions fondatrices et draconiennes concernant le management : chaque année, tous les employés sont évalués sur des critères objectifs et les moins performants sont réorientés. De plus, un employé ne peut pas occuper le même poste plus de trois années consécutives : il est promu ou affecté à un poste moins élevé s'il n'a pas atteint ses résultats. L'idée est de ne laisser personne s'installer dans sa zone de confort.

Autre exemple : le management tournant. Depuis une vingtaine d'années, Huawei a adopté ce principe à la tête de l'entreprise, où trois PDG se partagent simultanément la direction, chacun pendant six mois. Cette règle originale vise à assurer une représentation équitable des principaux départements de la société.

Source : Ducrey *V.,* Un succès nommé Huawei, *Eyrolles, 2019*[41].

Les organisations verticales prédominent toujours…

Si, dans les institutions gouvernementales comme dans la majorité des entreprises d'État, cette conception a favorisé la rigidité organisationnelle et l'accumulation de niveaux hiérarchiques peu propices à des prises de décision rapides, on constate la situation inverse dans les firmes privées, nées d'une volonté entrepreneuriale inspirée par le fondateur.

Selon le commentaire amusé d'un avocat occidental de nos amis, la règle « un homme, une voix » prévaut dans le cabinet chinois qui l'emploie. Il est donc important de comprendre comment vote cet homme – le président fondateur, bien sûr !

À l'instar de ce cabinet juridique la plupart des entreprises privées chinoises privilégient un modèle organisationnel vertical. Cependant, dans un contexte économique instable où la rapidité des processus de décision et l'improvisation peuvent jouer un rôle décisif, les organisations chapeautées par un chef absolu tendent à croître par extension horizontale plutôt que par approfondissement vertical.

… mais elles ont intégré l'agilité

À un empilement de couches hiérarchiques, dotées chacune d'une équipe de direction, ces organisations préfèrent un fonctionnement en structures plates et flexibles.

Les entrepreneurs chinois ont un lien direct avec autant de subordonnés que possible, ou plutôt que nécessaire. Ils encouragent la formation et la mobilisation d'équipes, à mesure que sont adoptés des objectifs stratégiques définis, et pour le temps que ceux-ci sont poursuivis. Ils introduisent de la flexibilité, et non de la rigidité. En conséquence, le sommet de l'organisation, au moins, ne s'investit pas dans de longs processus pour s'assurer du consensus autour de ses décisions.

Respecté de tous, le président du cabinet d'avocats a le dernier mot. Il est au courant des dossiers en cours et des divers développements les concernant. La gestion du cabinet est assumée par un groupe d'associés, mais le fondateur définit la vision, distribue les encouragements et attribue à chaque associé ses responsabilités… Et si telle ou telle initiative ne prend pas la tournure souhaitée, il intervient directement pour la confier à un autre associé ou l'abandonner. Sans débats prolongés. Par des décisions rapides. Pas d'ego froissé.

L'exemple de Fosun montre que la même approche fonctionne à une tout autre échelle. Le conglomérat est officiellement organisé en trois « écosystèmes » : santé, prospérité, bonheur. À leur tour, ces trois ensembles sont subdivisés en neuf groupes : produits pharmaceutiques et santé, tourisme, mode, investissements, etc.

Chacun de ces groupes fédère plus de cinquante unités opérationnelles et entités légales appartenant en tout ou en partie au groupe Fosun. Une majorité des dirigeants d'unités ou de sociétés rendent compte directement au président Guo Guangchang et au PDG Wang Qunbin. Quand ce n'est pas le cas, les deux hommes sont néanmoins impliqués régulièrement dans la marche quotidienne de ces autres unités. De fait, il est à peu près impossible à une unité, aussi petite soit-elle, de prendre des décisions importantes qui n'aient pas été avalisées par le président ou le PDG.

Le plus étonnant est la rapidité du processus. Comme Aldo a pu le constater, chaque fois qu'une décision doit être prise, une réunion avec le président ou la direction étendue est planifiée, souvent dans un délai très court. Plus remarquable encore est la connaissance des dossiers et le niveau de préparation des dirigeants, y compris pour les activités dont la contribution au chiffre d'affaires du groupe est très marginale.

De son côté, Sandrine a eu un exemple de cette promptitude lorsqu'elle a voulu vendre sa société. Tout a commencé lors d'un échange, un samedi matin, avec le fondateur et PDG de l'entreprise qui a fini par se porter acquéreur de ladite société. D'emblée, il s'est déclaré intéressé et a proposé un calendrier : signature d'une lettre d'intention dans les deux semaines suivantes, suivie de la signature du contrat de vente, à l'échéance d'un mois et demi. L'initiative ne pouvait venir que du sommet. Elle suffisait à enclencher le processus.

Dès ce moment, une procédure serrée d'analyse des états financiers était lancée (la société acquéreuse est cotée à New York et à Hong Kong) et tous les documents légaux rédigés. Mobilisant des équipes étoffées, qui ont travaillé jour et nuit pendant toute la période des fêtes de fin d'année du calendrier occidental, le plan n'a jamais été remis en cause et la chronologie annoncée par le PDG a été respectée.

4.2 Dirigées depuis le sommet, mais rapides dans leurs mouvements

Compte tenu de l'apparition récente de l'économie de marché dans l'empire du Milieu et de la croissance débridée du secteur privé dans les trente dernières années, la vaste majorité des entreprises chinoises, y compris celles devenues géantes, ont commencé en tant que start-up. Fonctionnant alors avec un nombre réduit d'employés, elles ont logiquement adopté une structure horizontale. À mesure de leur développement, la logique aurait voulu qu'elles ajoutent de nouvelles strates de management pour répondre aux nécessités d'une chaîne hiérarchique.

Toutefois, comme nous l'avons vu plus haut dans ce chapitre, les entrepreneurs chinois ont résisté à cette tendance pour maintenir des structures plates, sur lesquelles ils exercent un contrôle strict.

Pour les diverses théories des organisations et pour le simple bon sens, une telle centralisation du pouvoir paraît condamner toute organisation à un fonctionnement plus lent, surtout quand celle-ci connaît une croissance significative. C'est pourtant l'effet inverse que nous avons constaté. Même des entreprises de la taille de Fosun continuent à faire preuve de souplesse et d'esprit d'entreprise.

L'implication professionnelle dans les organisations chinoises et le temps passé au travail, y compris parmi les dirigeants, peuvent, pour partie, expliquer cette réactivité. Néanmoins, la vitesse avec laquelle les entreprises chinoises agissent tient, à l'évidence, à leur mode d'organisation.

Nous avons identifié cinq domaines qui favorisent cette agilité, malgré la centralisation des décisions :

1. Décentraliser : le secret d'une organisation centralisée.
2. Penser par projet, non par département.
3. Se livrer à une concurrence interne acharnée.
4. Construire des écosystèmes.
5. L'horizontalité ne vaut pas que pour les petits.

4.2.1 Décentraliser : le secret d'une organisation centralisée

Nous l'avons vu dans le chapitre précédent, pour rester en phase, non seulement avec un marché en évolution constante mais aussi avec des niveaux de développement hétérogènes à l'échelle du pays, les sociétés chinoises doivent s'adapter en permanence.

Pour maintenir ce haut degré d'agilité, les entrepreneurs chinois ont créé des structures organisationnelles qui, tout en assurant le contrôle par le sommet, accordent aux différentes opérations une marge de manœuvre importante, garantissant leur flexibilité et l'implication du personnel concerné. Ce type d'organisation, qui remonte à la Chine impériale et se reflète encore aujourd'hui dans la gestion de la République populaire de Chine, a toujours été privilégié et constitue donc une source d'inspiration naturelle pour les entrepreneurs chinois.

Les dirigeants chinois ont bien conscience que la hiérarchie décourage l'esprit d'entreprise. La langue chinoise a même une formule pour l'exprimer : 本份 (pinyin : běn fèn, littéralement, le devoir attribué, ou, plus justement, s'en tenir strictement aux obligations de son rôle). Mais les organisations dont nous parlons attendent de leurs collaborateurs davantage que cette attitude. Chacun est censé contribuer aux résultats de son équipe et au succès de l'entreprise. Quiconque a la possibilité de s'abriter derrière un empilement de strates hiérarchiques et, par-là, d'abdiquer ses responsabilités, n'ajoute aucune valeur.

Bien qu'un grand nombre de décisions relèvent du fondateur ou du PDG dans ces organisations décentralisées – plates bien que *top-down* – chaque équipe jouit d'une part d'autorité et d'autonomie sur les activités dont elle a la charge. Chez Tencent, le fonctionnement de WeChat illustre cette conception[42]. La structure décisionnelle *top-down* laisse néanmoins une marge de liberté significative à l'expérimentation et à l'innovation.

WeChat a une organisation très horizontale. Allen Zhang, le créateur de l'appli, l'un des plus grands produits Internet au monde avec plus d'un milliard d'utilisateurs, est en relation directe avec vingt seniors managers, chacun d'entre eux ayant la responsabilité d'une équipe de 50 à 150 personnes.

Si Allen Zhang garde la main sur les décisions, les procédures de management s'appuient néanmoins sur la collaboration d'un grand nombre de petites équipes autonomes. Et le feu vert donné depuis le sommet de l'organisation pour l'introduction de toute nouvelle caractéristique importante n'empêche pas les équipes de prendre des initiatives et d'innover. Chaque équipe a sa cellule de R&D, ses développeurs, ses chefs de produits et son groupe de testeurs. Elle peut mener à bien ses projets propres, sans solliciter l'aide d'autres équipes.

L'approche diffère de la structuration traditionnelle dans laquelle les équipes sont constituées atour des fonctions qu'elles remplissent. Privilégier l'agilité a l'inconvénient de créer des redondances, mais c'est aussi le moyen de maximiser l'esprit d'entreprise et la rapidité en vue de créer de nouveaux produits. Chaque équipe travaille sur ses projets et toutes ont la latitude d'essayer de nouvelles approches et de se tromper. De plus, cette méthode introduit une dose souhaitable de compétition interne, un aspect sur lequel nous reviendrons dans la partie « Une concurrence interne aussi acharnée que possible » de ce chapitre.

Haut degré d'autonomie, chaîne hiérarchique simplifiée et exigence de décisions rapides : dans cette configuration, le processus de validation reste simple. Nous avons montré au chapitre 2 comment les organisations entrepreneuriales chinoises parviennent au consensus sur leurs orientations et comment la poursuite des objectifs est encadrée.

Conséquence de ce processus, le dirigeant et l'équipe partagent d'emblée un ensemble important de données sur les projets en cours. Peu férus de longues présentations, les dirigeants ont ainsi en main tous les éléments quand une question doit être tranchée et manifestent le plus souvent leur accord ou leur refus sans délai.

4.2.2 Penser par projets, non en silos ou par départements

Les organisations hiérarchiques traditionnelles adoptent un modèle pyramidal. La chaîne de commandement se déploie sur un axe vertical, avec le PDG au sommet et diverses strates de management intermédiaires chapeautant des départements distincts ayant chacun une fonction spécifique. Une telle configuration permet à un grand nombre d'employés de travailler de concert et clarifie les relations hiérarchiques. Mais elle tend aussi à favoriser les pesanteurs bureaucratiques, un cloisonnement en silos et à ralentir les processus de décision puisque les sollicitations doivent remonter toutes les étapes avant d'obtenir un feu vert.

L'exemple de Xiaomi Corporation, fabricant de smartphones et d'appareils intelligents, montre qu'il est possible de s'affranchir de ces structures traditionnelles, qu'il s'agisse d'organisation ou de rentabilité. Si la direction en vient à penser, aujourd'hui, que l'expansion de l'entreprise et la complexité des opérations nécessiteraient d'adopter certains aspects d'un fonctionnement plus traditionnel, elle maintient à ce jour un modèle organisationnel extrêmement agile.

Fondée en 2010, Xiaomi a décroché la place de troisième fabricant mondial de smartphones en 2020[43]. Quatre ans après le lancement de son premier modèle, la marque dépassait Apple sur le marché chinois. Avec pour objectif de « réduire les points douloureux pour les consommateurs chinois », la société s'est ensuite lancée dans une course à l'innovation, mettant sur le marché toute une série de nouveaux produits, avec succès dans la plupart des cas. En 2018, la gamme comprenait plus de quarante appareils connectés à Internet, des autocuiseurs de riz, aspirateurs robots et purificateurs d'air aux bracelets de fitness connectés et aux chargeurs.

Xiaomi se distingue avant tout par son modèle organisationnel. Avant 2019, alors que les effectifs atteignaient déjà 15 000 employés, la firme ne comptait ni unités opérationnelles ni départements. Sa structure se limitait à trois strates : les sept membres fondateurs, les responsables de départements et les employés.

Aujourd'hui toutefois, la structure de Xiaomi reflète surtout une dure réalité : mettre des produits sur le marché, en particulier avec une telle rapidité, nécessite des bases solides, telles qu'une chaîne d'approvisionnement stable et des fonctions supports étoffées.

Depuis 2018, Xiaomi a entrepris de se restructurer. C'est désormais une organisation en réseau, un véritable écosystème constitué autour de compétences clés, chacune d'entre elles étant confiée à l'un des cofondateurs avec, par exemple, l'e-commerce, les équipements hardware, les routeurs et le Cloud, l'interface utilisateur et la télévision connectée. En outre, cet écosystème est renforcé par plusieurs départements supports aux fonctions stratégiques. Ensemble, ils ont en charge les questions juridiques – de la propriété intellectuelle, au droit des sociétés et au droit du travail – les questions financières et l'expansion internationale.

Organigramme de Xiaomi (depuis décembre 2019)

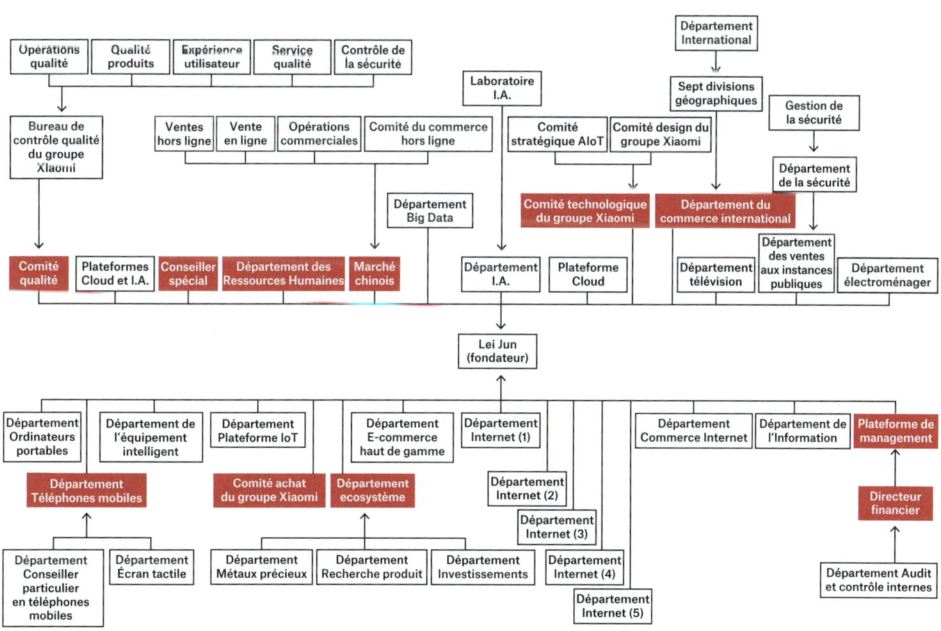

Source : Compte WeChat de Ginko Nuts Technology Co. publié le 16 décembre 2019.

Le déploiement complet de Xiaomi qui prouve que Lei Jun comprend son destin : le résultat de deux ans de réorganisation. Remarque : Les départements mis en exergue en rouge sont supervisés par un vice-président ou un cadre de niveau supérieur de l'entreprise.

Dotée de cette organisation mieux vertébrée, Xiaomi n'a rien perdu de sa polyvalence et a conservé une organisation exceptionnellement horizontale. Le développement de produits relève toujours d'une approche transversale, de la même façon qu'aux temps des trois strates organisationnelles. Quelle que soit la catégorie à laquelle ils appartiennent, tous les nouveaux produits sont issus du même écosystème connecté. Ils intègrent toutes les compétences de l'organisation, lesquelles fonctionnent en étroite interdépendance. Au cours de leur conception, il est fait appel aux diverses capacités requises.

De plus, les cofondateurs ont toujours pour mission de s'impliquer directement dans le développement des nouveaux produits. Chacun de ceux-ci est traité comme un projet qui peut exiger la mobilisation de ressources dans ou hors de l'entreprise.

Pour passer du stade du prototype à la mise sur le marché dans les délais les plus courts possibles, Xiaomi s'appuie sur ses compétences clés : interaction avec les clients, prouesses technologiques, design. Le développement des produits et leur mise sur le marché sont décidés par le marché et non par la production.

Pour mener à bien ces projets répondant aux besoins des consommateurs, il est fait appel à des ressources externes, appartenant à l'écosystème. Hormis les trois créations initiales – smartphone, décodeur télé, routeur – toutes les autres nouveautés ont été développées sous forme de projets, en collaboration avec des sociétés ou des entrepreneurs extérieurs à Xiaomi (pour plus de détails à ce sujet, voir la partie 4.2.4. consacrée aux écosystèmes).

4.2.3 Une concurrence interne aussi acharnée que possible

On pourrait s'en étonner mais, en Chine, pays fondé sur les idéaux communistes, la société a longtemps obéi à des instincts plus primaires. La survie du plus apte est un concept largement partagé dans l'empire du Milieu.

L'obsession de la victoire et, plus encore, la peur de la défaite, motivent bien des conduites, ainsi que le traduit un proverbe chinois : : 胜者为王，败者为寇, (pinyn : shèng zhě wéi wáng, bài zhě wéi kòu) qu'on peut traduire par « le vainqueur devient un roi, le perdant, un bandit ».

Dans la Chine d'aujourd'hui, l'esprit de compétition est plus affirmé que, conséquence directe de la démographie du pays et de l'aspiration générale à la modernisation, au progrès et à la création de richesses. Entrer dans une université prestigieuse ou décrocher un emploi bien rémunéré signifie se mesurer à des centaines et souvent des milliers d'autres postulants déterminés. En 2006, lorsque nous avons initié le premier programme de stages chez Adidas, nous avons reçu plus de 16 000 candidatures pour les sept places proposées ! L'affluence s'est légèrement ralentie depuis, mais, en 2020, plus de 12 000 aspirants se sont proposés pour les seize places offertes.

L'esprit de compétition et la volonté de gagner animent tout naturellement les entrepreneurs chinois et les cadres dirigeants. Cette propension ne se manifeste pas seulement vis-à-vis de la concurrence externe. Dans un milieu imprégné par la culture du loup et la prise de risques, là où prévaut la lutte pour la survie, chacun est requis d'apporter des idées. La concurrence interne est fortement encouragée avec, pour enjeu, la survie des plus aptes. C'est une approche inévitable sur un marché assoiffé d'innovations rapides, où le premier arrivé « rafle la mise ».

L'agilité ainsi requise a pour inconvénient de créer des redondances. Mais elle permet de maximiser l'esprit d'entreprise et la vitesse d'exécution. En fin de compte, est-ce si grave de dépenser le double de ressources à court terme si, par ce moyen, on double ses chances de l'emporter contre un concurrent externe ? Quand l'avenir est incertain et la concurrence acharnée, accepter le chaos peut être la meilleure voie pour progresser.

Si des gagnants s'imposent, c'est aux dépens de perdants. Mais un entrepreneur chinois s'attend à ce que chacun sache rebondir, se ressaisir et repartir au combat, puisqu'il a lui-même traversé des épreuves de cet ordre pour en arriver là où il est aujourd'hui.

Organiser la concurrence en interne

Les entreprises privées chinoises laissent souvent les équipes se livrer une concurrence acharnée. Ces batailles internes peuvent opposer deux équipes qui, parfois à leur insu, travaillent sur des déclinaisons d'une même ligne de produits. Ou bien, l'affrontement est ouvert, de façon que tout le monde assiste au duel entre deux individus, dont l'enjeu est un poste ou une promotion.

Quand Aldo est entré chez Fosun, il a été mis en concurrence avec un autre candidat. Non que son futur patron direct ait hésité entre deux postulants, mais un des supérieurs hiérarchiques de celui-ci avait son propre poulain. En interne, la décision a été prise d'embaucher les deux prétendants, de les laisser se mesurer l'un à l'autre pendant six mois, avant de garder le vainqueur et d'éliminer le perdant. La pratique est pleinement acceptée et très répandue.

Le recours à la compétition interne est aussi un usage établi pour le développement de nouveaux produits. WeChat en est un exemple notoire.

Ce produit très populaire est né d'une « course de chevaux » très suivie entre trois équipes de Tencent : deux appartenant à l'unité commerciale sans-fil (l'équipe Q et l'équipe QQ-Mobile – à l'époque, l'un des produits leaders de Tencent) et une troisième, agissant en marge, qui a fini par l'emporter, avec Allen Zhang à sa tête.

En 2010, l'utilisation du téléphone mobile explosait, créant une opportunité à exploiter. Allen Zhang, qui avait auparavant développé Foxmail, un client de messagerie, racheté par Tencent et rebaptisé plus tard QQmail[44], occupait alors une fonction de cadre intermédiaire. Disposant d'un peu de temps libre, il maintenait une veille sur les nouveautés d'Internet et avait ainsi découvert Kik Messenger, produit lancé en 2009 par un groupe d'étudiants de l'université de Waterloo, au Canada.

Estimant que Kik ou des nouveautés similaires pourraient un jour faire de l'ombre à QQ, Zhang a demandé son patron, Pony Ma, le fondateur de Tencent, la permission de développer un contrefeu. Pony Ma a accepté, tout en sachant que d'autres équipes, dont celle de QQ, travaillaient déjà sur des projets du même ordre.

Zhang a constitué une unité autonome à Guangzhou, loin du siège de la société basée, elle, à Shenzhen. En donnant son feu vert, Pony Ma laissait carte blanche à Zhang pour cannibaliser QQ, produit déjà en service. Zhang ne s'en est pas privé. Tirant parti de l'expansion du mobile, WeChat a connu un essor extraordinaire et compte aujourd'hui plus d'un milliard d'utilisateurs dans le monde.

Xibei Oat Noodle Village, une chaîne de restaurants fondée à Linhe en Mongolie intérieure, dans le nord de la Chine, fournit un autre exemple intéressant de compétition interne. La chaîne, qui compte parmi les plus importantes du pays, a pour spécialité la cuisine riche et savoureuse de la province septentrionale du Shanxi. Elle est aussi connue pour son esprit entrepreneurial et la concurrence entretenue en interne. Pour motiver son personnel et stimuler la croissance, Xibei Oat Noodle Village a mis en place un système de « divisions entrepreneuriales », combiné à un « système de jeu » : le « plan de partenariat à la Xibei ».

La chaîne est organisée en treize divisions entrepreneuriales. Pour renforcer l'unité au sein de chacune de ces entités opérationnelles, les restaurants qui en dépendent portent le nom de l'unité principale et chaque équipe entrepreneuriale d'une même division est associée au plan et peut collecter les dividendes de ses opérations.

Bien que ces unités couvrent des zones géographiques spécifiques, la répartition territoriale n'est pas exclusive : deux divisions entrepreneuriales distinctes peuvent opérer au même moment dans une même région.

Le siège de Xibei veille à coordonner les choix d'implantation des divisions entrepreneuriales afin de maintenir entre elles une saine émulation sans nuire, pour autant, aux intérêts de la société. Au-delà de cette régulation minimale, tout est permis dans la compétition entre les restaurants que contrôle chaque division.

Dans ce système inspiré des compétitions sportives, les employés rivalisent à différents niveaux. Non seulement des sommes significatives sont en jeu, mais il s'agit, au sens propre, d'une lutte pour la survie. Chaque équipe, à l'échelle d'un restaurant, est notée sur une série d'indicateurs de performance : bénéfices, évaluation par les clients, tenue du restaurant, nouveaux plats au menu, etc.

Quand les scores d'une équipe se situent dans les 30 % les plus bas, elle est dissoute et perd sa licence d'exploitation. Ses membres sont intégrés à d'autres équipes. Dans sa nouvelle affectation, chaque employé peut à nouveau faire ses preuves. Pendant la période de transition, Xibei verse les salaires aux conditions habituelles, de façon à ne pas perdre les éléments compétents.

Avec ce système, les équipes les mieux notées ont la main sur l'expansion des restaurants. Elles veillent ainsi à l'amélioration constante de la qualité des plats et du service, afin d'éviter la perte de leur licence d'exploitation.

Adopter le style amibe – gérer une entreprise par unités de trois employés

La compétition interne ne se limite pas à ces « courses de chevaux ». Un autre modèle organisationnel plutôt atypique, mais, nous semble-t-il, emblématique en ce qu'il puise de nombreux éléments dans les tactiques du dragon, est qualifié de « style amibe ».

Le premier à l'avoir expérimenté en Chine dans le cadre du management d'une entreprise est Zhao Yingguang, le fondateur de Handu Yishe Yishe, une société de prêt-à-porter en ligne et un opérateur de magasins sur Tmall, basée à Jinan, dans le nord de la Chine. Son exemple paraît faire des émules, au-delà même des pure players numériques.

Le management de « style amibe » repose sur une organisation par petites unités de trois personnes qui, bien qu'elles se concurrencent, contribuent ensemble aux objectifs de la société par leurs résultats combinés.

Dans un contexte économique hautement compétitif, le « système trois-trois » peut favoriser une croissance rapide grâce à un haut degré d'agilité et à une attention soutenue aux consommateurs. Le constat vaut aussi pour des organisations de taille plus conséquente. Ce modèle assure une forte adéquation entre les produits et le marché qu'ils visent. Rater sa cible, c'est laisser l'avantage à la concurrence. Ou, pire, se retrouver hors-jeu.

Si c'est assez bon pour l'armée...

Le modèle amibe a fait ses preuves hors de Chine. Au Japon en particulier, avec l'entrepreneur légendaire Kazuo Inamori, fondateur, entre autres, de Kyocera (producteur de céramiques industrielles, de composants pour semi-conducteurs, d'appareils électroniques et d'équipements de télécommunications et d'information) et redresseur de Japanese Airlines, au moment où la compagnie était proche du dépôt de bilan.

On attribue à Kazuo Inamori l'invention du management en amibe. Il a d'abord conçu cette méthodologie organisationnelle à l'intention des employés de base qui n'avaient pas de lien direct avec les opérations ou les questions financières, afin qu'ils puissent estimer et renforcer leur contribution au succès de l'entreprise. Par la suite, le management de Kyocera a été intégralement repensé à partir de cette approche[45].

En Chine, ce modèle puise aussi dans les pratiques de l'armée. Comme nous l'avons vu dans le chapitre 2 « La culture du loup », l'histoire moderne de la Chine et, par conséquent, les pratiques managériales, sont largement influencées par la stratégie militaire. C'est le cas du modèle amibe ou trois-trois.

Pendant la guerre civile qui a suivi le second conflit mondial, les forces communistes de Mao Tse Toung ont fini par vaincre les vastes armées équipées par les États-Unis que Tchang Kaï-chek avait dépêchées pour prendre le contrôle des territoires du nord-est de la Chine : la Mandchourie.

Pour affronter cet ennemi, largement supérieur en nombre, la direction militaire a formé ses troupes au « système trois-trois ». Dans cette configuration, chaque peloton était organisé en trois ou quatre sous-sections de trois ou quatre hommes[46].

À la concentration des troupes, aux niveaux stratégique et opérationnel, indispensable pour bénéficier d'un avantage numérique, cette approche combinait, au niveau de la manœuvre tactique dans le combat, une dispersion des forces sur une vaste étendue de terrain destinée à accroître leur flexibilité, leur capacité d'initiative dans chaque situation et leurs chances de survie, tout en imposant leur supériorité à l'ennemi.

Disposer d'effectifs étoffés ne signifie pas qu'ils doivent tous être lancés dans l'offensive au même moment et dans la même direction. Le système trois-trois évite les comportements grégaires, il optimise l'efficacité opérationnelle et les chances de survie.

... ça peut marcher dans l'entreprise aussi!

L'aptitude à la survie et les efficiences... Voici précisément les atouts que Zhao Yingguang, le fondateur de Handu Yishe, voulait posséder. En évitant l'esprit grégaire, il se dotait d'un avantage supplémentaire.

Grâce à son emploi de traducteur dans une société commerciale publique sino-coréenne, Zhao a pu observer le succès croissant de la mode coréenne en Chine. Décidé à se lancer dans ce secteur, mais n'ayant pas les fonds nécessaires, il a commencé en proposant, sur son propre site Web, des articles disponibles en Corée sur les sites de fabricants et de marques de prêt-à-porter locales. Il s'est vite heurté à une difficulté – comment choisir les bonnes pièces parmi les milliers d'articles disponibles? – et à un obstacle d'ordre opérationnel: toutes les informations sur les produits qu'il trouvait en ligne étant en coréen, il devait les traduire pour son site.

Pour parer à ces inconvénients, il a recruté quarante étudiants. La moitié d'entre eux venaient d'écoles de mode et connaissaient tout des dernières tendances, l'autre moitié étudiait le coréen et pouvait assurer la traduction des informations sur les articles. L'affaire a aussitôt pris son essor.

Fort de ses revenus réguliers, Zhao a pu passer à l'étape suivante: lancer sa propre production. Les micro-équipes se sont alors vu assigner de nouvelles tâches. Aux «acheteurs» initiaux revenait la responsabilité du style et de la présentation des articles; aux «traducteurs», le support marketing et les interactions avec les acheteurs. Chaque cellule s'est vu adjoindre un troisième membre, en charge de la production et des stocks.

Avec le partage des tâches au sein des équipes et les regroupements entre collègues par affinités, le modèle amibe a commencé à émerger. Il a pris sa forme définitive avec l'indexation du revenu de chaque unité sur ses ventes et ses bénéfices.

Par ce biais, Zhao s'est doté d'une organisation hautement compétitive. Puisqu'un article qui se vend bien peut être dit à la mode, il a très tôt mis ses équipes de première ligne en concurrence en leur confiant la responsabilité de développer leurs «propres» créations. Zhao Yingguang a construit son organisation autour de rivalités internes permanentes, tout en veillant à éviter la compétition à tout prix.

Pour favoriser la croissance et la stabilité et éviter des affrontements inutiles pour l'accès aux ressources, Zhao avait besoin d'une structure pour encadrer les amibes. Il a mis en place un département de la planification et de la coordination, développé la logistique de son entreprise et installé des systèmes numériques partagés par tous. Les contrats entre les départements chargés de la supervision et les amibes maintiennent la stabilité de la structure et assurent la cohésion d'ensemble.

La philosophie organisationnelle de Handu Yishe

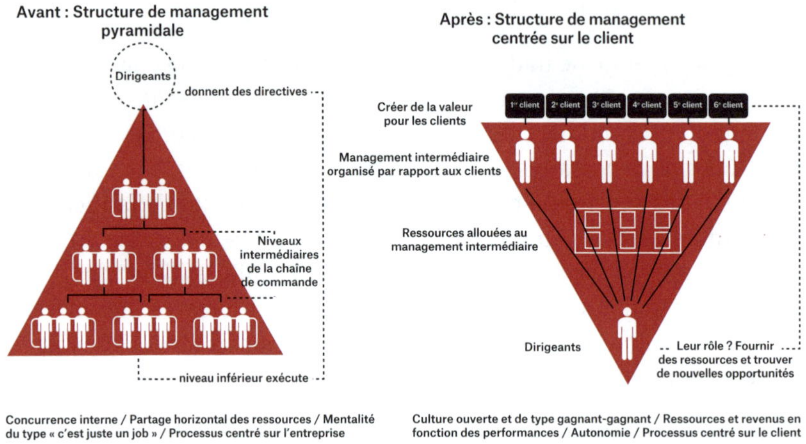

Source : Handu Yishe.

Ce modèle offre des avantages évidents : les employés sont aussi impliqués que si chacun était son propre patron et chacun prend constamment en compte les intérêts et les besoins de la firme. Ce modèle accélère l'expansion de l'entreprise, tout en réduisant les coûts globaux puisque le gaspillage est réduit au strict minimum. L'argent de l'entreprise équivaut à l'argent de chacun de ses acteurs.

Autre vertu de ce modèle : il attire et retient les talents. Un grand nombre de salariés chinois sont animés par l'esprit d'entreprise et rêvent de fonder leur propre affaire. Sur un marché du travail qui connaît une pénurie progressive de main-d'œuvre, la balance penche toujours plus en faveur des employés au détriment des entreprises. Le modèle amibe offre à ceux qui les possèdent le meilleur des deux mondes : la possibilité d'initiatives entrepreneuriales et un accès facilité aux ressources nécessaires à la croissance.

Le modèle présente un troisième avantage, notable, en particulier, dans un environnement numérique : il rapproche la gestion des données du développement des produits. Avec une collecte centralisée de vastes quantités d'informations, l'analyse et l'exploitation sont susceptibles de biais divers. Le modèle amibe préfère confier cette tâche aux cellules de taille réduite et responsables de leur production. Ainsi, l'utilisation des données consommateurs et celles du marché restent à la portée de ceux qui en tirent le meilleur parti.

Le modèle est-il exportable ? Et pourquoi pas ? Dans des organisations occidentales, par exemple, un département « développement de produits » est typiquement structuré en trois équipes distinctes, l'une en charge du design, une autre du développement, la troisième de l'approvisionnement. Une telle approche tend à diluer les responsabilités entre des équipes diverses et à réduire l'implication individuelle vis-à-vis du produit final.

Dans un système trois-trois, une micro-équipe assume une responsabilité directe dans les résultats financiers générés par les produits qu'elle a créés. Elle offre une visibilité plus importante de son engagement et de sa contribution au bilan global de l'entreprise. Que la meilleure équipe gagne ! Et c'est souvent le cas !

Dans un univers économique de plus en plus numérique, caractérisé par l'abondance de l'offre en ligne sur les différentes plateformes, par des publics-cibles moins fidèles aux marques, par une moindre marge de manœuvre laissée aux marques pour élaborer leur cohérence, l'approche *top-down*, en matière de conception et de développement, est-elle encore préférable ?

Ne serait-il pas plus bénéfique de fonctionner avec des équipes très agiles, aptes à réagir rapidement, mais aussi à assumer la diversité de leurs réflexions et de leurs opinions, de confronter ces équipes aux réalités du marché et de la concurrence et d'observer en temps réel ce qui marche ou pas ?

À l'évidence, un tel modèle a inévitablement un impact sur la façon dont une marque se construit. La priorité absolue donnée au consommateur et l'opportunisme peuvent mettre en question sa cohérence, mais dans un monde numérique en mutation rapide où prévalent de plus en plus le modèle économique des plateformes et les contacts à haute fréquence avec le consommateur, cette approche ne peut pas être rejetée d'emblée.

En outre, construire une marque et une activité dans un système trois-trois ne signifie pas que chacun fait ce qui lui plaît. Rien n'empêche de définir un cadre général, les orientations propres à la marque et les paramètres à respecter pour les nouveaux produits. Rien n'empêche, non plus, de les réévaluer au cours du cycle annuel de création de produits, en tirant le bilan du semestre écoulé. Voilà un bon usage de l'agilité !

Hors de Chine, l'exemple de Kyocera, parmi d'autres, montre qu'un mode de management décentralisé de style amibe recoupe les tactiques du dragon. Le modèle est conçu pour conférer une plus grande agilité sur les marchés, favoriser la sensibilité à la demande des consommateurs et accroître la marge d'initiative des équipes. Il donne plus d'importance aux processus de gestion des performances, à la sélection des candidats et à leur formation et il aide à définir et à mettre en œuvre une stratégie efficace pour l'organisation. Enfin, et ce n'est pas le moindre de ses atouts, une organisation de style amibe sera mieux à même d'explorer toutes les opportunités offertes pour des innovations.

4.2.4 Les écosystèmes : la réponse aux questions d'échelle et d'agilité

Avec une superficie de 9,6 millions de kilomètres carrés environ et plus de 1,4 milliard d'habitants, la Chine se déploie sur une échelle sans équivalent. Trois cents villes comptent plus de 1 million d'habitants et quatorze plus de 10 millions. Pays le plus peuplé au monde, la Chine est aussi le quatrième par la superficie.

Pourtant, si la gestion du territoire relève d'un grand nombre d'entités – 34 provinces, subdivisées en 2 851 comtés et près de 40 000 communes – et si la diversité des cultures, des paysages, des climats, des religions et même des langues est remarquable, le marché intérieur est étonnamment homogène[IV] et peu de restrictions limitent l'expansion au-delà des frontières provinciales.

L'avantage compétitif des grandes échelles

Pour une entreprise opérant en Chine, cette échelle est à la fois un défi et une opportunité de taille. Si un produit s'impose en un lieu donné, conquérir le reste du pays est, en général, une simple affaire de temps et d'argent. Mais, sur un marché caractérisé par l'hypercompétition (voir partie 3.1), la course à l'expansion est cruciale. Parce qu'elles opèrent avec des marges minimales et la volonté d'écraser la concurrence, les entreprises chinoises voient dans la quête de la plus grande échelle possible une question de survie.

Mais le chemin est semé d'obstacles. Il l'a été pour les entrepreneurs de la première heure, quand la conversion de la Chine à l'économie de marché tenait encore du vœu pieux en l'absence d'infrastructures commerciales et industrielles, il l'est encore aujourd'hui pour des entreprises aux ressources propres souvent insuffisantes pour assurer un changement d'échelle et pour lesquelles l'accès au crédit bancaire reste très limité. Une solution s'offre à elles : changer d'échelle par les écosystèmes.

IV. Voir commentaire page 17.

Disposant de peu de liquidités dans un milieu à hauts risques, de nombreuses entreprises boostent leur croissance en externalisant autant de phases que possible de leur cycle d'activité. C'est le cas de grands magasins ou de distributeurs d'électroménager, tel Gome ou Suning. Ils ne gèrent aucun stock en propre, mais louent des mètres carrés à des fournisseurs indépendants qui exposent et vendent leurs produits. C'est aussi l'option choisie avec le recours à des réseaux de franchise pour parvenir à couvrir l'ensemble du pays, ou par les écosystèmes numériques complexes qui permettent à des super applications comme Meituan Dianping de fonctionner. Alliances et coopérations sont omniprésentes.

Dans le milieu économique chinois, l'existence de communautés d'acteurs aux traits similaires, souvent en concurrence directe, mais qui interagissent et coopèrent néanmoins dans un cadre particulier, a toujours joué un rôle important. Dans l'histoire longue des échanges commerciaux, les marchands chinois se sont regroupés par types de produits. C'est le cas, à Guangzhou, où se tient le plus grand marché au thé du monde, avec son enfilade de 6000 échoppes, ou encore à Shanghai, avec le « marché aux lunettes », ou le « marché de l'éclairage », qui occupe plusieurs étages. On y trouve des centaines de marchands de luminaires, sur l'un, de montures et de verres, sur l'autre.

On connaît mieux, à l'étranger, d'autres exemples du phénomène, à commencer par le marché des petites marchandises de Yiwu, ville essentiellement peuplée de détaillants et de semi-grossistes qui fournissent le monde entier en articles de toutes sortes, ou encore, dans l'univers numérique, la plateforme originelle d'Alibaba, dédiée au commerce B2B, ou Taobao, plateforme B2C/C2C, fréquentée par les vendeurs et les revendeurs d'une myriade de produits et de biens de consommation.

Ces plateformes aident non seulement les petits opérateurs à trouver leur clientèle, mais elles offrent aussi des services de paiement et de vérification de la solvabilité, des commentaires d'utilisateurs et des évaluations, une logistique partagée et d'autres prestations. Les marchés à grande échelle sont devenus eux-mêmes des méga marques qui attirent les foules.

Sans écosystème, pas d'avenir

Dans un contexte économique où l'échelle garantit l'avenir, l'un des *business models* les plus intéressants est la création d'écosystèmes. Pour les entrepreneurs chinois qui l'ont initié, il s'agit de penser en termes de partenariats et non d'actifs.

Grands ou petits, tous les patrons chinois sont convaincus de la nécessité de créer leur propre réseau support. Le réflexe est né avec l'ouverture du pays à l'économie de marché. Recrutement, réseau de fournisseurs, relations avec l'administration, accès au capital et, parfois même, dortoirs pour les employés… Les pionniers de l'entreprise ont souvent dû partir d'une table rase. Parce qu'il manquait de temps, de capitaux ou de ressources pour régler ces questions eux-mêmes, ils ont cherché à s'entourer des compétences nécessaires. Malgré les avancées conséquentes enregistrées depuis cette époque, l'idée du fonctionnement en écosystème demeure, au gré de nombreuses évolutions.

D'un point de vue organisationnel, ces écosystèmes s'étendent au-delà des structures internes, mais ils ont toujours pour fonction de maximiser des ressources limitées, de gérer le risque et de préserver l'agilité en dépit de l'expansion. Par ailleurs, plutôt que d'exercer un contrôle total sur tous les éléments de l'écosystème, les entrepreneurs se sont résolus à nouer des alliances. La perte d'une parcelle de pouvoir est compensée par les bénéfices qu'ils retirent de l'opération.

Avec l'essor des plateformes numériques, les frontières organisationnelles tendent, plus encore, à s'estomper. Alibaba, Xiaomi ou Haier en sont des exemples parlants. Les leaders ne tiennent plus leur position des actifs qu'ils détiennent mais de leur rôle dans l'écosystème où ils évoluent[47].

Aujourd'hui, un écosystème d'entreprise est un réseau dynamique d'entités dont les interactions créent et échangent de la valeur. Ces entités peuvent être de simples partenaires, des filiales à 100 %, ou faire l'objet de participations minoritaires. Ces écosystèmes offrent un accès inégalable à un vaste éventail de ressources et de talents. Plus un écosystème s'étend et plus il est compétitif et capable de réagir efficacement et rapidement aux besoins changeants du marché.

L'écosystème illimité d'Alibaba

Le groupe Alibaba est aujourd'hui l'un des tout premiers acteurs de la distribution et de l'e-commerce. Mais ce n'est pas une seule société. Et son activité ne s'organise pas autour d'un *business model* unique. Son succès doit beaucoup à son approche organisationnelle innovante : la constitution d'un écosystème d'entreprises a permis une croissance rapide et la transformation des activités d'Alibaba depuis son apparition, en 1999.

Comme le dit Jack Ma : « Tout empire peut s'effondrer, mais un écosystème peut survivre éternellement. » En autorisant des paris multiples et simultanés sur des activités périphériques, l'écosystème Alibaba a permis à l'entreprise de saisir de nouvelles opportunités tout en maintenant son attention sur ses secteurs d'activité à la croissance rapide.

Donner aux nouvelles entités la liberté d'évoluer en tant qu'unités autonomes favorise la compétition interne et laisse le marché décider des concepts fructueux, sans risques financiers pour la société dans son ensemble. Par ce biais, la croissance et les sources de bénéfices s'auto-entretiennent. Plus les membres de l'écosystème réalisent des profits, plus les bâtisseurs de l'écosystème y gagnent.

Représentation de l'écosystème d'Alibaba

Source : Fung Business Intelligence.

Cainiao : un écosystème dans un écosystème… et au-delà

Alibaba n'a jamais envisagé de devenir une société de logistique.

Dès le départ, Jack Ma Yun, le fondateur, a estimé qu'Alibaba devait s'appuyer sur les infrastructures logistiques existantes, plutôt que de se doter de son propre système de traitement des commandes. Selon ses mots : « Il est impossible, pour une entreprise, de gérer plus d'un million d'employés, dédiés aux livraisons express. »

Et pourtant, il dirige aujourd'hui une armée de livreurs aux effectifs probablement trois fois plus nombreux.

Mais Alibaba n'est toujours pas une société de logistique. Elle possède juste un peu moins de la moitié de Cainaio Smart Logistics Network, un consortium constitué en 2013 et placé sous son égide. Cainaio, qu'on peut traduire par « apprenti », se définit comme « un nouveau venu sur la scène logistique. »

Mais l'apprenti a l'ambition affirmée de bousculer la scène de fond en comble.

Cainiao a pour objectif de créer un grand écosystème unifié, intégrant toutes les sociétés de logistique du monde. Sur le modèle d'Android, le système d'exploitation de Google, sur lequel tournent les smartphones de nombreux fabricants, Cainiao souhaite que des milliers d'entreprises du secteur utilisent son système, en y partageant toutes les données, depuis les normes d'étiquetage jusqu'aux informations douanières, de façon à « lisser » le transport de marchandises, d'une entreprise ou d'un pays à l'autre.

« Ce qu'ils accomplissent est plus ambitieux qu'il n'y paraît, affirme Jeffrey Towson, professeur en investissements à l'université de Pékin. Il pourrait bien s'agir de l'initiative la plus importante aujourd'hui, dans l'espace numérique chinois. »

Cainaio ne ressemble pas à ses pairs du secteur. C'est une plateforme ouverte, qui permet des collaborations entre des milliers de partenaires logistiques, dont soixante-dix transporteurs, actifs dans cent cinquante pays. Les quinze premières sociétés de livraison chinoises sont du nombre. L'exploitation des données par la plateforme est la source de véritables gains d'efficience pour le secteur chinois de la logistique et au-delà. En mettant en relation les sociétés de l'e-commerce et les acteurs de la chaîne logistique, elle élabore des solutions « porte-à-porte ».

Le réseau permet aux commerçants de choisir l'option de livraison la plus rapide et la plus rentable, en croisant, en temps réel, l'ensemble des données des firmes et des itinéraires concernés. Et, en équipant tout le matériel destiné au transport de capteurs, tous les entrepôts de caméras, tous les camions et tous les colis de GPS, Cainiao veut parvenir à numériser le processus logistique de bout en bout.

Tout comme Android, pour lequel des millions de développeurs, dans le monde entier, créent des applis compatibles, le système Cainiao offre aux ingénieurs en logiciels et en infrastructures logistiques de nouvelles opportunités – le véhicule robotisé à conduite autonome Xiao G en est un exemple – de créer des produits fonctionnant sur cette norme, puisqu'ils savent qu'ils pourront intéresser les milliers de firmes de la plateforme.

Alibaba a choisi une approche collaborative de la logistique. Cainiao est un consortium – un écosystème à l'intérieur d'un écosystème. Alibaba s'est doté de capacités internes, sans investir dans des équipements logistiques lourds et en élargissant ses compétences en matière de *big data* avec chaque livraison.

Source : Time, Inc & Medium.com[48].

Aujourd'hui, l'écosystème d'entreprises d'Alibaba comprend plusieurs centaines de sociétés, de *joint-ventures* et de projets, dans une vingtaine de secteurs. Cette constellation dynamique fonctionne par le biais des technologies numériques. Au cœur du dispositif, Alibaba ne se donne pas pour rôle de superviser le développement de nouveaux produits ou le suivi des projets dans une démarche top down, mais fonctionne plutôt comme un grand attracteur et un orchestrateur de réseau[49].

Dans un tel système, un contrôle étroit est inenvisageable. Nombre de *joint-ventures* fonctionnent en totale autonomie, sans rattachement à des unités d'affaires stratégiques et sans place assignée dans un organigramme hiérarchique. Cependant, Alibaba reste une plateforme intégrée, fédérée par une vision partagée des perspectives et un processus de planification hautement flexible.

L'interdépendance est sous-tendue par des stratégies de croissance collective, une approche partagée des besoins en investissements et le partage des ressources. Il est admis que les nouveaux projets puissent échouer sans que les revers remettent en cause la viabilité de l'écosystème dans son ensemble ou la légitimité de ses dirigeants. En donnant la priorité à la création de valeur, cette approche favorise la prise de risques, une forte culture organisationnelle et la compétition interne.

Une série de principes forts définit la conduite des acteurs qui évoluent dans cet univers très dynamique. Chacun a carte blanche pour commencer le projet de son choix, indépendamment de son appartenance à telle ou telle entreprise ou département. Véritable marché de ressources protégé, l'écosystème d'Alibaba permet aux porteurs de projets de se lancer, sans tenir compte des frontières hiérarchiques, sans en passer par des procédures verticales complexes de contrôle et d'agrément.

En consacrant énormément d'efforts à entretenir l'esprit entrepreneurial au sein de l'écosystème, Alibaba est devenu la toute première pépinière de nouveaux dirigeants économiques du pays. Début 2016, plus de 450 personnes passées par Alibaba avaient fondé leur propre entreprise.

Au total, plus de 250 start-up ont été créées par d'anciens d'Alibaba. Un grand nombre d'entre elles fonctionnent au sein de l'écosystème, tirant parti des ressources et des opportunités offertes par celui-ci.

L'écosystème Xiaomi MiOT

Plus haut, dans la section 4.2.2., nous avons déjà décrit le modèle organisationnel de Xiaomi qui permet le travail par projets. Ce système flexible s'appuie sur un réseau d'entreprises qui contribuent à ses activités et fournissent des services supports.

Plus que la production, le cœur de l'activité de Xiaomi est la conception et le développement de produits répondant au plus près à la demande des clients. Par conséquent, la marque parvient à mettre très rapidement en circulation des produits de qualité centrés sur l'utilisateur, en exploitant des ressources externes mais connectées, sans les investissements dans la production et la R&D que réclamerait un modèle traditionnel d'organisation.

Comme nous l'avons souligné dans la section 4.2.2., toutes les nouveautés introduites par Xiaomi, à la suite de ses trois produits d'origine (smartphone, décodeur TV et routeur), sont nées de projets développés en collaboration avec d'autres firmes ou entrepreneurs. Quelques-uns des plus grands succès de la marque sont issus de cet écosystème, tels les purificateurs d'air intelligents ou le système pour la maison intelligente MiJia.

Xiaomi se conçoit comme le bâtisseur de l'Internet des objets. Cette vision, baptisée MiOT (pour Xiaomi-Internet of Things ou IoT), est déjà formulée dans le «plan pour un écosystème Xiaomi», lancé en 2013. Le cadre est alors défini. Il s'agit de s'appuyer sur les compétences technologiques fondamentales de Xiaomi pour promouvoir le développement de plateformes de l'IoT et devenir le leader de l'IoT

Aujourd'hui, la plateforme Internet des objets de Xiaomi, couvre de nombreux domaines de l'équipement du foyer et serait, selon les déclarations de la marque, la première plateforme mondialeIoT.

En 2020, Xiaomi Corporation a investi dans les activités de plus de 300 partenaires de son écosystème, dont plus de 100 travaillent au développement d'appareils intelligents et de produits lifestyle.

La notoriété internationale de Xiaomi – la marque comme l'entreprise elle-même – ne cesse de s'accroître, portée par le succès de ses smartphones. Mais combien de gens savent-ils que tous les produits frappés de son label, hormis les mobiles ou les télés connectées, ne sont pas, à proprement parler, «maison», dans la mesure où ils n'ont pas été développés et fabriqués chez Xiaomi.

De fait, Xiaomi investit dans des petites sociétés satellites et des sous-marques. Il s'agit souvent de participations minoritaires qui préservent l'autonomie de ces entreprises. Bien que Xiaomi ne les contrôle pas statutairement, toutes partagent la même culture et le même positionnement. De plus Xiaomi s'implique dans le contrôle de qualité, le marketing et les ventes et possède l'intégralité des droits sur les brevets et le marketing.

En partageant les ressources pour le développement et la technologie, en créant une plateforme centrale sous son label établi, Xiaomi (le millet, selon la traduction littérale de 小米) a créé un écosystème qui lui donne une envergure apparente bien supérieure à ce qu'elle est en réalité. Xiaomi offre une plateforme de marque et des canaux de distribution à une kyrielle de petits entrepreneurs qui, par eux-mêmes, auraient toutes les peines à attirer l'attention sur leurs produits. Les deux parties sont gagnantes.

Xiaomi a même sa propre plateforme de crowdfunding : un tremplin pour jeunes entreprises ambitieuses qui estiment que le monde a besoin de leurs inventions innovantes.

Avec MiOT et l'écosystème qu'il agrège, Xiaomi est devenue l'une des entreprises les plus polyvalentes au monde. Sa chaîne écologique coopère même avec des firmes étrangères, telles Philips, pour les lampes de bureau, ou Honeywell, pour les alarmes incendie.

Selon Liu De, l'un des fondateurs de la firme, les objets intelligents sont entrés dans la troisième phase de leur évolution. La première a été celle des ordinateurs connectés à Internet. Puis est venue celle des smartphones. Aujourd'hui, virtuellement tous les appareils électroniques, l'électroménager, les moyens de transport et des gadgets en tout genre sont connectés au Web et interagissent les uns avec les autres. Xiaomi a joué un rôle moteur dans le développement de ces capacités. Son écosystème contribue à cette conversion.

Fosun : l'écosystème de la santé, du bonheur et de la prospérité

L'exemple de Fosun mérite lui aussi qu'on s'y arrête. Conglomérat aux activités diversifiées, né hors de l'univers numérique, il évolue vers un écosystème numérique.

Fosun est fondé en 1992, par cinq diplômés de l'université de Fudan, à Shanghai, l'un des plus prestigieux établissements d'enseignement en Chine. D'abord spécialisé dans les études de marché, la société se développe, au cours de ses vingt-huit ans d'existence, sous la forme d'un conglomérat aux 700 milliards de renminbi (environ 92 milliards €) d'actifs sous gestion[50].

Sa stratégie initiale est celle de nombreux entrepreneurs des débuts de l'ouverture économique : saisir toutes les occasions potentielles de profits. Grâce à ses liens avec le département de biogénétique de l'université de Fudan, Fosun – 复星 (pinyin : Fù xīng), ou les étoiles de Fudan, comme les cinq fondateurs choisissent de nommer leur jeune entreprise – passe des études de marché à une nouvelle activité : développeur et fournisseur de kits de diagnostic pour l'hépatite B. Elle se développe alors rapidement dans le secteur des technologies biomédicales et devient, en 1998, la première entreprise cotée à Shanghai. Grâce à son introduction en Bourse, elle dispose de fonds pour s'investir sur le marché immobilier et prendre des participations dans des laboratoires pharmaceutiques mal en point du secteur public chinois.

Avec ces premières participations, son nouveau statut de firme d'investissement commence à prendre tournure. Il s'affirme au cours des deux décennies suivantes, avec une présence du groupe dans une myriade de secteurs : l'assurance, la banque, l'industrie, la distribution, la mode et même le sport et le divertissement. Animé par le sens des opportunités et un penchant pour les « coups », Fosun se diversifie à un tel point qu'il devient difficile d'identifier son cœur d'activité.

Le tropisme pour la technologie et la R&D, présent depuis les origines, incite le président Guo Guangchang et les fondateurs encore actifs à refaçonner le groupe en exploitant la tech, non seulement pour faciliter les synergies mais aussi pour se convertir, à terme, en une véritable organisation sur plateforme numérique.

Fidèle à la vision du groupe, qui veut promouvoir un écosystème mondial du bonheur, répondant aux aspirations à la santé, au bien-être et à la prospérité de milliards de familles, Fosun veut désormais remplir une fonction d'effet démultiplicateur, en créant des synergies entre des secteurs jusqu'ici indépendants. Le groupe aspire à combiner les ressources et les atouts que procure l'innovation, afin de fournir, par le biais de ses écosystèmes de la santé, du bonheur et de la prospérité, des solutions exhaustives et claires à ses clients, dans le monde entier.

La création d'un tel écosystème nécessite une forte colonne vertébrale numérique, exploitant les plus récentes technologies de l'information et des systèmes intelligents, ainsi qu'une *couche intermédiaire* numérique, combinant big data et intelligence artificielle, pour lui conférer une efficience et une connectivité optimales.

Chez Fosun, tout le monde réfléchit désormais en termes de synergies et de solutions numériques. L'interconnexion des divers programmes de fidélité, propres aux nombreux actifs indépendants du groupe, est en voie de réalisation, par le biais du Youle Customer Loyalty Program. D'autres plateformes, telles que la plateforme de gestions d'actifs immobiliers IDERA facilitent les partages de compétences.

En 2018, le lancement de Fosun Cloud a accru la puissance numérique de plusieurs dizaines de sociétés dans l'écosystème maison, en les dotant de capacités de *cloud computing* et d'une série de technologies intelligentes. De plus, l'entreprise s'est équipée de plusieurs sous-systèmes de gestion intelligents, avec des plateformes dédiées aux finances, aux ressources humaines ou à d'autres fonctions, pour accroître l'efficacité managériale et opérationnelle des mid et back-offices.

Dans le même temps, Onelinkplus, une plateforme d'achats centralisée, a été développée pour accroître les capacités de gestion des approvisionnements et de la chaîne logistique. Une étape décisive, puisque la chaîne logistique est considérée comme un tremplin pour devenir, à plus long terme, une entreprise C2M (*Customer To Maker*), établissant un lien direct entre les consommateurs et les sites de production intelligents de Fosun dans divers secteurs.

Fonova, l'incubateur maison de Fosun, aide les unités actives dans le tourisme, la culture, le commerce et la vente au détail à numériser leurs opérations, grâce à des technologies intelligentes, *big data* et I.A., en particulier.

D'autres programmes spécifiques ont été développés pour l'unité Santé, tels que le programme Xingqiao, une application de l'analyse de mégadonnées à ses activités dans la santé. En se dotant de produits et de services diversifiés, Fosun parvient à intégrer ses activités hétérogènes et à constituer un écosystème de la santé en boucle fermée.

Dans les termes de Guo Guangchang, fondateur et président de la société[51] :

> *L'investissement est dans les gènes de Fosun, c'est une composante très importante de notre activité. Toutefois, investir n'est pas notre but ultime, c'est un instrument au service du développement de nos activités industrielles, orientées vers les demandes des familles, dans le monde entier, pour des produits et des services, utiles « à la santé, au bonheur et à la prospérité ». Fosun construit aujourd'hui un écosystème mondial qui apporte le bonheur à chacun.*

4.2.5 L'horizontalité ne sied pas qu'aux petits

Les structures organisationnelles horizontales et le fonctionnement en écosystèmes procurent une plus grande rapidité. Le constat n'a pas tardé à s'imposer en Chine, si bien que les grandes entreprises elles-mêmes adoptent ces modèles. Premier groupe mondial de l'électroménager et pionnier tout au long de son histoire, Haier ouvre la voie avec son « organisation en plateforme », confirmant ainsi son agilité exceptionnelle pour une firme de cette taille.

Le conglomérat fédère aujourd'hui des milliers de microsociétés, qui rendent toutes compte au président. Il n'existe pas de centres de coûts, à proprement parler : même le département des finances fonctionne indépendamment, facturant services et conseils.

Ce modèle commercial et opérationnel extrêmement innovant et audacieux doit encore faire ses preuves. Il n'en reste pas moins l'une des initiatives les plus intéressantes de ces dernières années et une parfaite illustration de l'audace des entrepreneurs chinois quand il s'agit de créer des *business models* et des modes organisationnels innovants.

Le groupe Haier est aujourd'hui la première marque d'électroménager au monde. En 2016, il rachetait la division électroménager de General Electric, exploit inimaginable voilà trois décennies, à l'époque de ses modestes débuts. En 2019, son chiffre d'affaires dépassait 200 milliards de renminbi (25 milliards d'euros)[52].

Comme Michael Greeven l'explique dans un article passionnant sur la plateforme Haier, entreprise véritablement innovante et axée sur le consommateur, Haier a mis en circulation de nombreux produits répondant à des besoins spécifiques. Parmi ceux-ci, on peut citer une machine à laver à cycle court de quinze minutes, une autre de grandes dimensions pour répondre aux usages vestimentaires pakistanais, une autre encore, à durée de vie longue et équipée de larges conduites d'eau pour le lavage des légumes sur les fermes chinoises. Leur conception répond souvent aux suggestions provenant de la première ligne – les réparateurs ou les vendeurs.

Sous la conduite, depuis ses origines, d'un dirigeant visionnaire, Zhang Ruimin, Haier a expérimenté dès ses débuts de nouveaux dispositifs organisationnels, destinés à réduire les strates hiérarchiques et le contrôle, à favoriser l'autonomie grâce à ses unités auto-organisées et ses marchés du travail internes. Mais, c'est en 2010, seulement, que Haier a introduit son projet sans précédent de plateforme organisationnelle à l'échelle de l'entreprise.

Organisation de la plateforme Haier

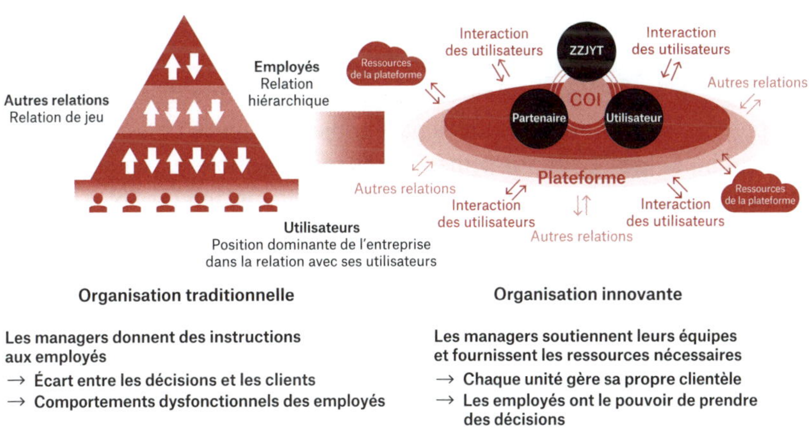

Crédit : Haier.

L'étape initiale a consisté en une réorganisation de fond de la structure interne. En premier lieu, les départements d'activités stratégiques et les hiérarchies managériales ont été supprimés, de façon à mettre l'entreprise en contact direct avec ses utilisateurs. La réorganisation s'est faite autour de projets, en partant de préoccupations spécifiques : le développement de nouveaux produits, le marketing et la production. Ces trois unités opérationnelles, ou organisations par petits projets, sont le cœur du groupe et plus proches des utilisateurs.

Un second ensemble – ou niveau – d'organisations par projets orbite autour des fonctions supports de l'entreprise : ressources humaines, comptabilité et service juridique. L'équipe de direction constitue l'unité opérationnelle de rang le plus élevé.

Cependant, c'est l'unité opérationnelle de troisième niveau, la plus petite, qui occupe le sommet de la pyramide inversée. Son rôle, redéfini, consiste à assurer une fonction support pour les unités par projet, auto-organisées et en relation directe avec le consommateur.

Toutes les équipes auto-organisées opèrent en tant que microentreprises indépendantes[53]. Elles échangent et contractent entre elles, comme les acteurs d'un « vrai » marché. Par conséquent, leurs interactions ont un caractère concurrentiel. Les récompenses individuelles en numéraire sont plus étroitement liées aux résultats des équipes.

Comment le dispositif fonctionne-t-il dans les faits ? Pour le comprendre, il faut se mettre dans la peau d'un acteur d'une de ces microentreprises. Imaginons une équipe qui fournit des services, en ressources humaines, à d'autres microentreprises du réseau. Mais ici, fournir n'est pas le terme approprié : il s'agit de les vendre, à un client prêt à les acheter. À défaut de ventes suffisantes, l'équipe va à la faillite et ses membres risquent de perdre leur emploi.

En outre, le service offert doit être compétitif, puisque d'autres équipes proposent des prestations équivalentes, toujours dans le domaine des ressources humaines. L'environnement, dans son ensemble, est concurrentiel. Chaque équipe doit apporter de la valeur à ses clients, internes ou externes. C'est le prix de la survie.

Haier compte aujourd'hui plusieurs milliers d'unités opérationnelles. Parmi elles, plus d'une centaine ont un chiffre d'affaires annuel supérieur à 100 millions de renminbi (13 millions d'euros). Récemment, la plateforme a évolué de façon à permettre aux unités hors produits essentiels de créer de nouvelles unités.

Après 2014, des acteurs extérieurs ont été autorisés à investir, aux côtés du fonds d'investissement Haier dans des projets prometteurs. Un fabricant de meubles, par exemple, a participé au financement d'une des plateformes d'e-commerce (youzhu.com) conçue par une unité opérationnelle et dédiée à la décoration intérieure.

À ce jour, quarante et une de ces nouvelles unités ont bénéficié d'un financement par des fonds de capital-risque, dont seize pour plus de 100 millions de renminbi (13 millions d'euros).

Haier est devenu une entreprise en plateforme, chaque partie de l'organisation a son propre P&L, prend des décisions autonomes (y compris dans ses choix de collaborations avec d'autres pans de Haier), définit sa politique de recrutement, de gestion du personnel et ses relations avec les clients. Les projets de R&D mettent souvent en jeu des acteurs extérieurs à Haier : universitaires, designers indépendants et même entreprises concurrentes.

Cosmoplat en est un exemple. Cette plateforme industrielle de classe mondiale, dédiée à l'Internet des objets, a été initialement conçue par Haier pour un usage interne. Depuis son ouverture à des tiers, les PME y trouvent des sources d'approvisionnement ou des solutions logistiques. La fréquentation par des utilisateurs extérieurs a cru à tel point que la moitié, environ, des commandes passées sont destinées à des clients autres que Haier.

La vision de Haier consiste à supprimer réellement les frontières de l'entreprise. À exploiter les technologies numériques pour connecter tout le monde. À vider de leur sens les notions d'« interne » ou d'« externe » à la société.

Visionnaire, Zhang Ruimin accepte l'idée que dans une structure en écosystème, céder le contrôle au bénéfice de l'indépendance individuelle est inévitable et même souhaitable. À ses yeux, cette forme de structure organisationnelle est une évolution naturelle pour toutes les grandes entreprises, et d'abord pour celles dont la priorité est l'innovation à l'ère de l'Internet[54].

4.3 L'organisation agile de l'avenir. Le défi culturel

Les entrepreneurs chinois ont montré qu'ils savaient tirer parti de l'échelle du marché national pour nourrir leur expansion. À l'intérieur, leur marge de croissance est encore significative mais ils observent aussi les marchés mondiaux et envisagent d'étendre leurs écosystèmes au-delà des frontières.

Dans le même temps, des technologies disruptives provoquent des mutations sans précédent et nourrissent les incertitudes sur des myriades de marchés. Les entreprises les plus stables et les mieux enracinées découvrent qu'elles doivent affronter des acteurs plus jeunes et plus agiles.

En outre, les avancées du numérique ouvrent un accès toujours plus facile aux consommateurs, où qu'ils se trouvent dans le monde. Les questions d'échelle ne se jouent plus dans le carcan des frontières. Avec cette nouvelle donne, apparaît le risque d'être dépassé par des concurrents plus grands mais plus aptes à s'adapter.

Et pourtant, la plupart des grandes entreprises occidentales fonctionnent dans un cadre organisationnel inchangé depuis des décennies. Leurs structures stratifiées sont aujourd'hui l'une des principales entraves à la rapidité, à l'innovation et à la croissance.

Les sociétés nées sur les marchés occidentaux tendent aussi à être trop tournées vers les questions internes. Pour trouver leur place dans l'environnement de demain, elles devront améliorer leurs *business models*, proposer de nouveaux services, de nouveaux produits, de nouvelles expériences clients.

Dès à présent, les entrepreneurs chinois expérimentent des méthodes de management innovantes pour conduire leurs affaires dans ce monde plus instable. Leurs écosystèmes flexibles et leurs organisations sous forme de partenariats n'ont plus rien en commun avec les structures et les chaînes de commandement en vigueur dans une majorité de firmes occidentales. Et leurs modèles fonctionnent même à l'échelle de très grandes entreprises.

Les exemples que nous avons décrits mettent en lumière leurs méthodes. Les entreprises occidentales peuvent se les approprier. Ajuster la structure, transférer les centres du pouvoir, rompre avec les modèles de management traditionnels est la seule issue. Mais, avancer dans cette voie implique de sacrifier les réflexes individualistes profondément ancrés dans les mentalités, au bénéfice d'une approche qui privilégie les intérêts de l'organisation.

Là réside l'un des principaux défis, pour les entreprises occidentales, qui doivent adopter des modèles organisationnels plus agiles, comme pour les entrepreneurs chinois qui, s'aventurant à l'étranger, doivent conserver les qualités qui ont assuré leur succès. La principale barrière est d'ordre culturel, elle tient aux différences dans les styles de management entre Orient et Occident.

En Occident, le dirigeant idéal est un « démocrate ingénieux »[55] : il définit la vision et la stratégie de l'entreprise, avant s'en déléguer l'exécution dans des limites définies. Ouvert aux échanges avec le personnel, il est prêt à tenir compte des suggestions venues de la base dans la prise de décision. Mais une fois le plan arrêté, pas question de réviser la stratégie !

Côté chinois, la bonne marche des entreprises, aux organigrammes plus flous et plus flexibles, s'explique souvent par la mentalité de groupe. À l'exception des alliances et des organisations tendant vers une forme d'écosystème, où l'autonomie a pris le pas sur le contrôle, les organisations verticales mais agiles laissent peu de place aux « initiatives indépendantes », une réalité qui n'échappe pas aux étrangers travaillant en Chine – y compris nous-mêmes – qui estiment parfois qu'on ne leur accorde qu'une confiance relative dans l'exécution de leur mission.

Pour une bonne part, l'agilité des organisations chinoises tient au respect de priorités strictes et souvent changeantes, mises en œuvre sans guère de réticences. Elles sont prises en charge par des équipes qui se plient aux processus favorisant la rapidité dans l'exécution, qui ne se posent pas beaucoup de questions sur la validité des choix, et qui encouragent l'introspection au sein du groupe, de façon que chacun suive la ligne en connaissance de cause. Le dispositif laisse peu de place aux échanges entre la base et le sommet et à l'expression individuelle.

Mais cette approche n'est pas sans risque pour l'empereur chinois. Même dans une culture *top-down*, la rigidité a ses limites. Les patrons chinois s'aventurant en terre étrangère doivent apprendre à se montrer plus ouverts aux suggestions et aux critiques. En se gardant d'exiger de tous un esprit *ben fen* – l'exécution aveugle de son devoir – ils aideront leur entreprise à rester plus agile et plus en phase avec le milieu dans lequel elle intervient.

Les structures horizontales, les écosystèmes, où quantité d'équipes autonomes s'efforcent d'innover, sont condamnés à générer des échecs et des redondances. Ces configurations exigent donc une tolérance pour l'erreur et l'acceptation d'une part d'inefficience, aussi peu compatible cette dernière puisse-t-elle paraître avec une culture de la gestion au plus juste. À nos yeux, cependant, c'est le prix à payer pour gagner en rapidité et en capacité d'innovation.

Enfin, un autre défi sensible doit être surmonté : il s'agit des carrières, beaucoup moins évolutives au sein de structures horizontales. Les dirigeants chinois et bon nombre de leurs employés acceptent cette situation. C'est une différence essentielle entre les plans de carrières en entreprises et une vision plus entrepreneuriale de la réussite.

Dans une entreprise chinoise, rien ne garantit une progression continue. Mais, comme le montre l'exemple d'Alibaba, chacun peut choisir de « se prendre en mains » en devenant une composante de l'écosystème, ou, tout aussi important, attendre de sa loyauté une rétribution considérable.

Nous allons examiner ce phénomène de plus près dans le chapitre suivant.

5.

Les gens ne font que passer. Qui convient reste plus longtemps

« Dans la société chinoise, nul n'est une fin en soi, chacun est un moyen au service d'une fin. On accorde de la valeur à une personne dans la mesure où elle est en relation avec d'autres. »

Jerusha McCormack

Professeur, School of English and International Studies, Beijing

5.1 La famille chinoise

La culture familiale est au cœur du confucianisme[V, 56]. Et, puisque la pensée confucéenne structure la société traditionnelle, autant dire que la culture familiale équivaut à la culture chinoise. Autrement dit, la culture chinoise est une culture de la famille.

Comme nous l'avons vu dans les premières pages du chapitre précédent – « L'empereur décide, mais l'agilité règne » – le confucianisme promeut l'harmonie sociale dans les relations humaines. Le même principe vaut naturellement pour les relations intrafamiliales. L'autorité des parents, l'obéissance aux règles, la répartition des rôles et des responsabilités de chacun contribuent à entretenir l'harmonie au sein de la famille.

Dans la tradition, la maxime fondamentale de la culture familiale enjoint de respecter les anciens et de manifester de l'affection envers les jeunes. La piété filiale, 孝 (pinyin : xiào), est une valeur essentielle. Le *xiao* s'inscrit dans la structure sociale de la Chine féodale, à une époque où les terres sont la propriété de clans de grande envergure, régis par un ordre hiérarchique

V. Pendant presque deux millénaires, le confucianisme a profondément imprégné la culture chinoise dans toutes ses dimensions : sociales, éthiques et politiques. La doctrine élaborée par Confucius, le plus grand philosophe chinois, a pour objet les conduites et les pratiques de la vie quotidienne. C'est un ensemble complexe de règles éthiques et morales qui codifie les relations interpersonnelles. Le confucianisme joue un rôle crucial dans la définition des normes de la morale sociale, il exerce une influence culturelle fondamentale sur les conduites individuelles, les relations sociales et familiales.

et patriarcal. La nouvelle génération est soumise à celle qui la précède. Les jeunes ne contredisent pas les anciens. L'obéissance est une manifestation de respect des enfants envers les parents et les personnes âgées.

Dans la pensée confucéenne, cette vertu est indispensable pour être reconnu comme un membre à part entière de la société et y occuper une position. Comme le dit Confucius : « Pour établir l'ordre dans le monde, il faut d'abord établir l'ordre dans la nation ; pour établir l'ordre dans la nation, il faut d'abord établir l'ordre dans la famille, pour établir l'ordre dans la famille, il faut d'abord cultiver sa conduite individuelle, il faut établir l'ordre dans son cœur. »

On pense que les enfants qui respectent leurs parents deviendront de bons citoyens et de bons dirigeants. La rébellion contre l'autorité familiale est inacceptable. Elle se paye au prix fort : ne pas remplir ses devoirs filiaux était considéré comme un crime dans la société chinoise traditionnelle, qui pouvait même être puni de mort[57].

Cette culture est le lien moral qui unit la famille, elle est la clé d'un sort meilleur. Elle garantit sa cohésion et le soutien mutuel entre ses membres. De même qu'on attend des enfants qu'ils ne se rebellent pas, on confie au patriarche la mission d'accroître la prospérité et la vitalité de la famille. Cette conviction explique la détermination sans faille de la plupart des familles chinoises à améliorer leur condition, génération après génération, par l'éducation, la promotion professionnelle et la richesse. La cohésion est aussi au fondement de la confiance mutuelle entre les membres de la parenté.

La confiance, une valeur familiale

L'universitaire américain Francis Fukuyama distingue deux types de cultures : à haut et à bas niveau de confiance[58]. La première catégorie vaut pour les sociétés où la confiance prévaut au-delà des liens du sang ; la seconde celles où la confiance se limite au lignage familial.

La Chine – à l'égal de la France ou de l'Italie du Sud – appartient, selon lui, à cette seconde catégorie. On y fait confiance, en priorité, aux membres de sa parenté. La famille est le cercle dans lequel on peut compter les uns sur les autres.

Ce constat peut expliquer pourquoi la vaste majorité des entreprises ont un socle familial. Même lorsqu'il s'agit de sociétés cotées en Bourse, la parenté du fondateur continue à exercer le contrôle. On ne s'étonnera pas, de ce fait, que la culture familiale imprègne le mode de pensée et les règles de conduite des firmes chinoises.

Dans l'univers économique chinois, la culture d'entreprise est souvent une déclinaison de la culture familiale traditionnelle, au point de déterminer les formes de propriété et les modèles organisationnels.

En général, la famille participe directement à la conduite des affaires. Les décisions sont souvent prises dans un cadre informel, y compris à l'occasion d'un dîner de famille. Les organigrammes officiels ne reflètent pas toujours la distribution effective du pouvoir. Il n'est pas rare qu'un simple figurant se voit attribuer un titre ronflant.

Quand la famille est un clan

Au-delà du cercle familial et de sa culture propre, les groupes formés autour de la reconnaissance d'un ancêtre commun – les clans – ont une place importante dans l'histoire de la Chine. Ils constituent des organisations autonomes, exerçant un large éventail de fonctions économiques et sociales, y compris sous la forme de services publics, au point de se substituer parfois à l'État[59].

À l'époque prémoderne, les clans, organisations sociales à la hiérarchie fortement structurée, avaient à leur tête un chef qui disposait de l'autorité nécessaire pour gérer les affaires internes et intervenir dans le règlement des litiges qui survenaient au sein du clan, entre des clans, ou en dehors.

Le clan était traditionnellement organisé autour d'un temple dans lequel les sacrifices étaient offerts aux ancêtres. Il agissait dans le cadre d'un code de conduite, dont les règles et les contraintes s'imposaient à tous les membres, et il confiait à un conseil des anciens la gestion des affaires intérieures, des activités économiques communes et de l'assistance aux affiliés dans le besoin.

Bien que leur rôle ait décliné avec le régime communiste et, malgré trente ans d'initiatives de l'État contre leurs activités, la culture des clans a persisté. On peut même affirmer qu'elle a joué un rôle positif pour le pays dans les premières phases de l'ouverture économique et qu'elle est à l'origine des prouesses entrepreneuriales de la Chine. Une relation étroite existe entre la culture du clan et l'entrepreneuriat.

Dans une certaine mesure, au cours des années 1990 et au début des années 2000, l'économie de la Chine s'est organisée autour de structures sociales et de schémas de conduites inspirées de la tradition. La culture du clan a aidé les entreprises privées à surmonter les contraintes financières et, de ce fait, à se développer hors de l'emprise des pouvoirs publics locaux, à la recherche d'opportunité de croissance.

Wenzhou, ville de la province du Zhejiang qui doit à sa mentalité libérale ses succès précoces dans l'économie capitaliste en fournit un exemple très connu. Là, des habitants fortunés, regroupés en cercles amicaux, ont mis au pot commun l'équivalent en yuans de plusieurs millions de dollars pour investir dans l'immobilier, à Shanghai, ou dans d'autres secteurs en pleine ébullition, ce qui a valu à ces opérations l'appellation de «Poêle à frire de Wenzhou». Les sommes jetées dans ces marmites économiques brûlantes leur ont vite rapporté des profits juteux !

Au-delà de ces initiatives «claniques» relevant de la spéculation, l'émergence des écosystèmes – décrite dans le chapitre précédent – initialement constitués dans l'entourage familial (élargi) des premiers entrepreneurs, est un signe plus durable de la prégnance de cette culture du clan.

Nous n'approfondirons pas, ici, le rôle des clans dans les affaires économiques en Chine. Toutefois, l'influence qu'exerce leur longue histoire est loin d'être négligeable, dans la mesure où la culture du clan est porteuse de valeurs pertinentes pour les entreprises privées.

L'entreprise en tant que famille

Dans le précédent chapitre, nous avons aussi examiné le rôle du patriarche, ou empereur, et montré combien le contrôle central qu'il exerce confère aux organisations un haut niveau d'agilité. Ici, nous allons observer de plus près le rôle de son cercle familial élargi, examiner la dynamique qui renforce les relations et oriente les conduites et qui permet à cette «famille» – même si tous ses membres n'ont pas de liens de sang – de rester unie.

Selon Chang Boyi, ancien responsable pour l'Asie du cabinet de consultants Roland Berger, le management de l'entreprise se déploie sur trois niveaux : savoir, faire et être[60].

> *Le savoir signifie que les managers doivent maîtriser les théories, les cadres de référence et le simple bon sens qui constituent, ensemble, le «socle de connaissances» du management. Par exemple, en matière de marketing, ils doivent connaître la théorie des 4P.*
> *Le «faire», qu'on peut aussi appeler «l'action» se réfère aux compétences et aux capacités pratiques. Les managers doivent pouvoir mener un projet à bien, conduire une évaluation de performances, s'exprimer devant un auditoire, vendre un produit, etc.*
> *La troisième composante, «l'être», autrement dit la réalisation de soi englobe les valeurs, les attitudes et les convictions. Elle se manifeste par le sens de l'intégrité et de la justice, l'évaluation de ses propres forces et faiblesses, de celles d'autrui, des conduites à l'égard de son entourage et de l'organisation.*

Les managers formés dans un milieu occidental sont très attentifs au « savoir » et à l'« action », mais peu soucieux de « réalisation de soi ».
Les dirigeants chinois, de façon subconsciente, estiment assumer un rôle de « père » ou d'« empereur ». Ils sont travaillés par le « complexe de l'empereur ». L'empereur doit protéger ses sujets et ses subordonnés et cette injonction crée un lien émotionnel fort, une connexion entre le chef et ses troupes.

Les dirigeants gèrent leur entreprise à l'exemple de parents ou d'anciens régissant la famille. Les fondateurs exercent leur contrôle par le biais des membres de leur parentèle qu'ils emploient, des équipes de cadres qu'ils forment et des récompenses qu'ils octroient. Le leadership chinois s'exerce sur un mode absolu, au cœur d'un cercle restreint et très soudé. Le patron décide. Sa garde rapprochée veille au suivi des ordres. Et les efforts des exécutants fidèles sont généreusement rétribués.

Il est frappant de constater à quel point les entrepreneurs les plus prospères, qu'il s'agisse de Ren Zhengfei (Huawei), Jack Ma (Alibaba), Ding Shizhong (Anta), ou d'autres encore, mentionnent la culture interne de leur entreprise comme la clé essentielle de leurs succès, la réussite dont ils sont le plus fiers et l'objet de toutes leurs attentions.

La conduite du personnel reflète cette même réalité. Combien de fois avons-nous été invités à des mariages où l'assistance comptait plus de collègues des jeunes époux que de membres de leurs familles ! En cas de maladie grave ou de difficultés personnelles, un employé peut compter sur le soutien de son entourage professionnel, qui se démènera avec autant de passion que s'il s'agissait d'un frère ou d'une sœur.

Notre expérience personnelle, chez Adidas ou au sein d'autres entreprises avec lesquelles nous avons collaboré, comme les commentaires de divers expatriés ayant travaillé pour des multinationales, telles que L'Oréal, Bestseller ou Starbucks, concordent sur ce point : la création d'une atmosphère familiale contribue dans une large mesure à la loyauté du personnel et au succès économique des firmes chinoises. On ne s'étonnera pas que ces sociétés aient à leur tête des équipes dirigeantes très stables sur la durée.

À nos yeux, cet état des choses justifierait une gestion des ressources humaines plus adaptée sur des marchés comme la Chine. La rotation régulière des cadres exécutifs, pratique en vigueur dans de nombreuses multinationales, empêche ceux-ci de nouer une relation stable et de long terme avec leurs équipes.

5.2 Ce que nous enseignent les familles heureuses

Dans une société régie par la concurrence pour les ressources et la compétition interne, l'emploi à vie n'est pas garanti. Mais beaucoup n'y voient pas un idéal et se préoccupent en priorité d'améliorer leur situation.

Dans les firmes dirigées par leur fondateur, loyauté et adéquation à la culture maison sont souvent les clés de la reconnaissance professionnelle, des promotions et de la stabilité. Au-delà même des avantages numéraires, elles expliquent l'attachement des employés à l'entreprise.

Cette contradiction est à l'origine d'une dynamique propre aux entreprises chinoises. D'une part, le fondateur s'appuie sur son cercle rapproché auquel il accorde un haut niveau de confiance et de protection. Ses membres se montrent loyaux envers le patron fondateur et l'organisation et tendent à rester longtemps en place. D'autre part, à des niveaux moins élevés, le *turnover* est souvent très élevé. Les nouveaux venus tâtent le terrain avant de décider s'ils se sentent à leur place. Dans le même temps, ils sont évalués. Dans tous les cas, cette période initiale peut se conclure par un départ volontaire ou un licenciement.

Pour expliquer ce phénomène, nous avons identifié trois éléments qui influencent la gestion des ressources humaines et permettent aux entrepreneurs chinois de constituer des organisations soudées et loyales, faisant preuve d'agilité et d'esprit d'entreprise.

1. Entrepreneurs cherchent entrepreneurs.
2. Le dirigeant se fie à son cercle rapproché.
3. Des incitations confortables contentent leurs nombreux bénéficiaires.

5.2.1 Entrepreneurs cherchent entrepreneurs

Les profils les plus recherchés sont ceux de candidats à l'esprit entrepreneurial, durs à la tâche, sachant faire preuve d'initiative, cherchant constamment des opportunités et prêts à se battre pour les imposer. Leur contribution et leur loyauté sont généreusement récompensées.

L'exemple de la chaîne de restauration Haidilao, fondée en 1994 à Jianyang, dans la province du Sichuan, illustre cette quête de talents entrepreneuriaux et leur promotion.

La chaîne est spécialisée dans la fondue chinoise (火鍋, pinyin : huǒguō ; littéralement, « la casserole de feu »), une technique culinaire très populaire adoptée par quantité de restaurants qui proposent toute une gamme d'ingrédients à tremper dans un bouillon frémissant.

Souffrant actuellement, comme beaucoup d'autres chaînes de restaurants dans le monde, de l'effet des baisses de fréquentation causées par la Covid-19, elle reste un exemple remarquable de gestion du personnel. Sur un terrain très concurrentiel, Haidilao dépasse d'une tête tous ses concurrents, grâce à un ensemble de méthodes de management innovantes[61], élaborées par le fondateur de l'enseigne, Zhang Yong, un ancien soudeur qui n'avait jamais mis les pieds dans un restaurant avant ses 19 ans !

La compétitivité de la chaîne repose sur une conception inégalée du service au client, jointe à un système d'incitations hautement motivantes. Cette combinaison efficace transforme le personnel en entrepreneurs, attentifs à l'extrême aux besoins du client. Ou plutôt, elle permet d'identifier les employés les plus entreprenants et les encourage à satisfaire au mieux le client, de façon à maximiser les intérêts de tous : le consommateur, le salarié et – en bout de chaîne – l'enseigne elle-même.

L'attention dont Haidilao fait preuve à l'égard de ses clients est légendaire dans toute la Chine. Elle se manifeste le plus souvent par des petites attentions – un bouton est recousu sur une veste, pendant un dîner ; un shampooing est proposé au client qui attend d'être servi ; une pastèque entière lui est offerte parce que rapporter à la maison les restes de la pastèque qu'il n'a pas terminée serait peu pratique ; un flacon d'une sauce qu'il a appréciée est livré à son adresse… Ces gestes, originaux et inattendus, sont une pratique systématique et permanente dans chaque restaurant de l'enseigne et motivent la fidélité des dîneurs.

Les concurrents de Haidilao pourraient accorder à leurs clients ces mêmes privilèges, somme toute modestes, mais c'est l'usage généralisé et à grande échelle de cette pratique qui distingue la chaîne. Et cela dans un secteur qui – partout dans le monde – a la réputation de recruter des employés d'un niveau d'éducation, voire de sophistication, plutôt faible et de connaître un *turnover* très élevé.

Nous examinerons de plus près le système d'incitations de Haidilao dans la partie 5.2.3 du présent chapitre. Ici, nous allons d'abord observer ce que la chaîne attend de ces employés en matière d'esprit entrepreneurial et nous verrons comment elle encourage les initiatives qui relèvent d'un tel état d'esprit.

Alors qu'elle entrait dans sa phase d'expansion, l'enseigne a dû étoffer son personnel rapidement. Elle a d'abord recruté des profils de haut niveau pour renforcer l'équipe dirigeante. Il est vite apparu que ces cadres, venus d'ailleurs, n'adhéraient pas à la culture maison. De plus, ils étaient peu au fait des détails pratiques de la gestion d'un restaurant.

Haidilao a alors fait machine arrière et choisi de régler ce problème en interne en créant un système de mentorat au fort accent entrepreneurial. Autre avantage de la méthode, elle permettait de surmonter une difficulté fréquemment rencontrée : la réticence du personnel à former les nouveaux venus de peur d'être surclassé par ceux-ci.

Le dispositif adopté consiste en un mécanisme de mentorat à incitations partagées[62]. Tout employé très bien noté est en mesure d'obtenir le certificat de maître, à condition de suivre les séances de formation nécessaires et de réussir une série d'examens théoriques et pratiques. Une fois certifié, il peut choisir jusqu'à douze apprentis, les former et développer leurs compétences.

Les appointements du maître vont alors évoluer dans des proportions significatives, en relation avec les résultats de chaque apprenti. Aussi longtemps qu'ils n'ont pas obtenu toutes les qualifications requises, ceux-ci transfèrent au maître toutes les gratifications que devraient leur valoir les commentaires positifs des clients. En retour, le maître distribue des primes aux apprentis. Elles sont indexées sur le temps mis à atteindre un niveau de qualification prédéterminé, pour diverses compétences, et sur leur ancienneté dans la société.

Un système équivalent est en place pour les managers de restaurants qui remplissent aussi une fonction de mentor. C'est à eux de décider de la répartition les bénéfices : ou bien ils en attribuent l'essentiel à leur propre restaurant, ou bien ils réduisent cette part, pour en allouer une fraction plus importante aux restaurants où leurs apprentis ont été affectés.

L'esprit entrepreneurial, gage d'un brillant avenir

Dans ce système complexe, maîtres et apprentis sont amenés à se comporter en entrepreneurs. Le mécanisme assure non seulement une attention soutenue à la qualité du service aux clients, mais il incite aussi à surprendre celui-ci par toute sorte d'initiatives innovantes. Et un client satisfait est la meilleure source de retours positifs, lesquels stimuleront les performances et les récompenses.

Atout supplémentaire, le maître et ses apprentis sont encouragés à rechercher de nouvelles opportunités – l'ouverture d'une nouvelle adresse, par exemple – même sur un marché proche de la saturation.

Le système permet aussi d'identifier, de former et de développer les compétences des employés les mieux adaptés au milieu. Dès lors, le *turnover* n'est plus, en soi, un inconvénient. L'essentiel est de parvenir à former une équipe, partageant un même esprit d'entreprise et animée par la volonté d'atteindre des objectifs communs dans les meilleurs délais.

Zhang Yong, le président de Haidilao, insuffle cet esprit particulier. Reconnu pour sa capacité à identifier, recruter et garder dans l'entreprise de très jeunes aspirants qui acquièrent les aptitudes nécessaires à gérer un restaurant dès leur vingt et unième année, il aime tester ses poulains en leur confiant des tâches bien au-dessus de leurs responsabilités, telles que les négociations en vue du rachat d'une chaîne concurrente. Le procédé lui permet de ne pas s'encombrer de collaborateurs dont le potentiel n'est pas assez prometteur[63].

Dans le chapitre précédent, nous avons vu comment l'organisation de la compétition interne servait à comparer les aptitudes et à évaluer la contribution des protagonistes. Pour dénicher le candidat animé par la flamme entrepreneuriale la plus vive, il n'est pas rare de recruter deux postulants ou plus, de les tester et de voir lequel tire son épingle du jeu. Le gagnant occupe la place. Les autres iront vivre leur vie ailleurs, sans que ce *turnover* élevé ne préoccupe quiconque.

Le zapping d'un emploi à l'autre n'a rien de suspicieux

Dans les entreprises européennes ou américaines, on se plaint souvent de la difficulté à trouver les bons profils. S'il existe un pays où la pénurie de compétences est réelle, c'est bien la Chine ! On entend aussi dire que les entreprises étrangères qui recrutent en Chine sont effarées par les CV de candidats qui n'ont cessé de passer d'un emploi à un autre. Mais pourquoi ne pas voir dans cette pratique un atout ?

Les dirigeants économiques chinois veulent s'entourer de collaborateurs qui adhèrent à la culture maison. Si la réactivité est indispensable pour l'entreprise, le même impératif vaut pour le personnel ; si l'organisation doit être en quête permanente de nouvelles opportunités, ses rangs doivent compter des profils adéquats, prêts à sauter sur les occasions. Mais il s'agit de qualités qui ne se repèrent pas d'emblée, lors d'un entretien. Alors, autant embaucher d'abord et observer ensuite.

De leur côté, les employés sont eux aussi partisans de ces embauches à l'essai. Pour de bonnes raisons : les offres d'emploi sont nombreuses, mais les informations fiables sur le fonctionnement interne des entreprises sont souvent limitées. Dans un milieu où la loyauté est la première source de récompense, qui n'obtient pas une rémunération satisfaisante trouvera toujours que l'herbe est plus verte ailleurs.

L'instabilité professionnelle ne reflète pas nécessairement un défaut d'aptitudes ou de loyauté. Plutôt que de rejeter par principe le CV d'un candidat qui a multiplié les emplois, mieux vaut comprendre les circonstances particulières qui expliquent cette instabilité. Un résumé sur le papier ne traduit pas toujours la réalité des compétences et de l'enthousiasme.

En l'absence de dispositions entrepreneuriales, se montrer impeccable dans l'exécution

Insistons sur le fait que l'esprit entrepreneurial n'est pas requis de tout le personnel. De même, il n'est pas nécessaire que tous les employés affichent des qualifications exceptionnelles. La vitesse et la qualité d'exécution sont aussi très recherchées. C'est même une caractéristique des entreprises chinoises qui réussissent !

La Chine fait face à une pénurie de profils qualifiés et animés par un esprit entrepreneurial. Mais, dans le même temps, la force de travail se compose de nombreux bataillons et la demande d'emploi est quasiment insatiable. Dans un contexte où prévaut l'adhésion aux principes confucéens, où chacun est présumé respecter la hiérarchie, les valeurs liées au rang et à la position, faire preuve d'humilité et de déférence envers ses supérieurs, il existe une propension naturelle à rechercher et à accepter des fonctions et des emplois où la seule exigence est de remplir sa tâche.

Pour l'idéologie chinoise traditionnelle, les inégalités liées au mérite sont légitimes. Historiquement, les avantages et les privilèges qui récompensaient les figures de meneurs étaient vus comme la contrepartie de la bienveillance qu'ils manifestaient envers leurs sujets, en leur procurant des biens et des services, par exemple. Autrement dit, si les privilèges dont jouit la classe dirigeante sont aussi une source de bien-être pour les autres couches de la société, les inégalités de traitement sont admises, voire encouragées, par la tradition méritocratique.

Aujourd'hui encore, une bonne partie de l'opinion estime probablement que les inégalités sont le prix à payer pour le développement économique, que celui-ci a pour condition l'enrichissement plus rapide de quelques-uns. Dans une large mesure, les mêmes considérations valent pour les entreprises et leur organisation verticale.

Comme nous l'avons décrit au début de ce chapitre, un management centralisé, exerçant un contrôle étroit est de règle dans les entreprises chinoises. Ce pouvoir central détermine les orientations et fixe les paramètres dans lesquels le reste de l'entreprise doit fonctionner. Au-delà de ce noyau de compétences, la bonne marche des opérations nécessite souvent de vastes ressources de main-d'œuvre, à des coûts abordables, attachée exclusivement à l'exécution.

Pour survivre et contribuer à la création de valeur, dans un univers professionnel *top-down*, deux solutions se présentent : posséder les compétences et les relations indispensables pour évoluer au sommet, ou bien se montrer un exécutant loyal et diligent. Veiller à mener à bien les tâches requises, sans état d'âme !

5.2.2 Le dirigeant se fie à son cercle rapproché

La famille est l'un des rares milieux où la confiance a sa place, en Chine. Il en va de même dans l'entreprise. Nous l'avons vu dans la première section de ce chapitre : par prédisposition culturelle, les dirigeants tendent à considérer les membres de l'organisation comme une famille. Leur mission, estiment-ils, les astreint à consacrer une part importante de leur temps à veiller au bien-être individuel de leurs employés. En retour, ils attendent de ceux-ci une confiance et une loyauté sans faille.

On parle souvent de clan à propos des cercles dirigeants chinois. Il n'est pas rare que l'équipe exécutive inclue des membres de la famille du fondateur, ou des cadres de confiance, présents à ses côtés depuis les premiers pas de la société. Pièces rapportées, ils ont néanmoins donné tous les gages de loyauté nécessaires. En outre, ce sont souvent d'anciens camarades d'études.

L'expérience et l'efficacité ne sont pas toujours les critères les plus décisifs. De nombreux fondateurs privilégient l'harmonie. De ce fait, ils ne cherchent pas à s'appuyer d'abord sur des gens compétents. En particulier si la rapidité et la loyauté dans l'exécution prennent le pas sur toute autre considération. Des egos trop affirmés ne sauraient faire l'affaire.

Le dirigeant pourra choisir pour conseillers des membres de sa famille ou des amis proches. L'importance de ces relations ne transparaît pas nécessairement dans l'organigramme de l'entreprise. Il n'est pas rare qu'un subalterne prenne rendez-vous avec son patron sans passer par l'encadrement intermédiaire.

Les employés sont évalués de façon informelle et la réputation individuelle compte plus que les résultats. Les décisions sont prises rapidement, souvent motivées par des recommandations personnelles.

Alors que toute une génération d'entrepreneurs arrive à un âge où ils devront passer le relais, nul ne sait encore comment ils prendront leurs distances ni comment ils veilleront à maintenir la cohésion de leur cercle rapproché.

Depuis leur apparition, la plupart des firmes familiales chinoises ont assuré leur avantage compétitif par leur sens des opportunités, leur réactivité et des coûts opérationnels bas. Mais les technologies émergentes et la mondialisation les contraignent à tabler sur l'innovation et l'internationalisation pour poursuivre leur expansion.

Par conséquent, la compétence et la qualité du management vont devenir plus décisives, tandis que les réseaux familiaux vont atteindre leurs limites. Ces firmes familiales devront envisager la refonte de leur structure d'actionnariat et de contrôle pour élargir la participation. Elles devront intégrer dans leur conseil d'administration et leurs équipes dirigeantes des acteurs reconnus pour leurs compétences et leur expérience à l'international.

En règle générale, la deuxième génération a bénéficié d'une éducation de qualité, plus poussée encore en étudiant à l'Ouest. En matière économique, elle adhère à des conceptions et des valeurs modernes, souvent occidentales. Pour ces raisons, ses représentants ne souhaitent pas toujours – par manque de motivation ou de capacités – reprendre l'affaire familiale pour en poursuivre l'expansion en exploitant leur réseau relationnel.

Certains de ces descendants défendent une vision et des valeurs peu compatibles avec les approches plus traditionnelles. En conséquence, nombre d'affaires familiales prospères, en particulier celles qui exigent de cultiver un réseau de relations sociales multidimensionnel, ne devraient pas trouver de successeur dynastique[64].

À la fin de cette partie, nous verrons pourquoi il est peu probable que le prochain renouvellement de générations à la tête des entreprises se solde systématiquement par l'entrée en scène d'*outsiders* ou de « professionnels » du management. Mais avant d'en arriver là et pour mieux resituer ce débat dans son contexte, nous allons examiner ce qu'il faut entendre par cercle rapproché.

À l'Ouest, lorsqu'ils constituent leurs équipes, les dirigeants d'entreprises recherchent des « cerveaux » bien faits, des candidats aux capacités intellectuelles avérées, sanctionnées par les bons diplômes. Pour chaque poste, une série de qualifications spécifiques sera requise.

En Chine, l'accent est mis sur l'adéquation avec les valeurs de l'entreprise et la capacité de contribuer à ses succès. Pour être admis dans le saint des saints, il faut avoir donné toutes les preuves de sa fiabilité et de sa loyauté. Ce n'est qu'à l'issue d'un long processus, poursuivi des années durant, que ces conditions peuvent être satisfaites.

En 2007, après un parcours brillant et prometteur dans le groupe Adidas, James Zheng a osé un grand saut en entrant chez Anta Sports, qui était encore loin de son statut actuel de troisième groupe mondial du sportwear. En 2012, Holly Li prenait une initiative du même ordre, en rejoignant Xtep, concurrent plus modeste d'Anta.

L'expertise qu'ils ont acquise au sein d'Adidas, société étrangère connue et respectée qui a su s'imposer avec succès en Chine, a été décisive dans leur recrutement. Chacun des deux devait occuper un poste de premier plan, proche du fondateur. Leur mission était de faire bénéficier leur nouvelle entreprise de leur expertise acquise dans le secteur en matière de management.

Mais ils n'y ont pas acquis d'emblée le pouvoir qu'une position similaire dans une firme occidentale leur aurait conféré. Voici comment Holly décrit sa situation :

> *Je suis entrée avec le titre de PDG, mais je n'en avais aucun des attributs, hormis ma secrétaire et mon chauffeur. Tout le monde continuait à traiter directement avec le propriétaire. M'en plaindre n'aurait servi à rien, sinon à rester une* outsider. *On attendait d'abord de moi que je crée de la valeur pour l'équipe et pour l'entreprise. Je devais gagner le respect de mes collègues, ce qui ne se fait pas du jour au lendemain. [...] Pendant une période initiale, la première année ou plus, on peut prodiguer des conseils, mais on ne prend pas de décisions. Toutefois, à mesure que les suggestions et les propositions se révèlent utiles, on est accepté. Quand la confiance est établie, on entre dans le cercle rapproché.*

Bien qu'aucun des deux n'ait une proximité historique ou familiale avec le dirigeant, le statut qu'ils ont fini par acquérir est quasiment de cette nature.

Le parcours du combattant qui précède l'intégration dans le cercle rapproché ne favorise pas l'adoption par l'entreprise de l'expertise en management qu'apportent les nouveaux venus. C'est ce qu'illustre l'expérience de Sandrine avec le groupe Dongxiang, une firme chinoise du secteur du sport cotée à Hong Kong, dont elle a été PDG pendant une courte période. Elle en est partie après dix mois, en raison de divergences de vues avec le fondateur et en jugeant, avec frustration, qu'elle n'avait pas noué des liens avec son équipe.

Avec le recul, Sandrine considère toutefois que dix mois est un délai bien court, dans une entreprise chinoise, pour être acceptée comme la nouvelle patronne – plus encore si l'on est l'unique étrangère dans l'organisation – et pour établir une relation affective, cette donnée essentielle sans laquelle l'équipe ne se sent pas suffisamment impliquée pour soutenir sans réserve la vision et les projets de son chef.

C'est une leçon à méditer pour tous les étrangers rejoignant une firme chinoise : il est nécessaire de s'accrocher pour établir une relation de confiance.

Pas de place pour les mercenaires

La loyauté exigée et la nécessité d'une longue immersion dans la culture de l'entreprise sont des obstacles à l'intégration de cadres supérieurs expérimentés. Pourtant, ou plutôt en conséquence de ces impératifs, le vivier de managers disponibles est restreint et d'une qualité insuffisante.

Dans ce contexte, l'idée de confier les rênes à un candidat extérieur à la famille est jugée très risquée. Sans une appréciation en profondeur des qualités professionnelles et morales d'un impétrant, les entreprises familiales se montrent réticentes à céder le contrôle et déléguer le pouvoir de gestion, ce qui rend plus qu'improbable le recrutement de «pièces rapportées» à des postes de direction.

Même si cette mentalité traditionaliste, propre aux entreprises familiales chinoises, est l'objet de remises en cause et, alors que les fondateurs, dans un contexte où les marchés se mondialisent, n'ont pas toujours un successeur à disposition dans le cercle familial, il est peu probable qu'on assiste prochainement à une vague d'embauches d'*outsiders* à la tête de ces sociétés.

À mesure que ces entreprises familiales adopteront des pratiques plus conformes aux usages en vigueur un peu partout dans le monde, le cercle rapproché est voué à évoluer. Mais il y faudra du temps.

Au-delà de leurs traits de caractère, d'autres attributs, comme la familiarité avec le secteur considéré ou la maîtrise du numérique, sont appelés à peser de plus en plus dans la sélection des candidats. Malgré ces changements, le sens de la famille et l'appartenance au cercle restreint resteront des critères décisifs[65].

Même après le passage de relais à la génération suivante, on ne doit pas s'attendre à voir ces entreprises adopter un modèle d'organisation proche de celui des grandes sociétés occidentales. Compte tenu de la culture des entreprises chinoises, les nouveaux dirigeants auront été choisis en interne et formés par leurs aînés et maîtriseront tous les aspects des tactiques du dragon. Ils représenteront probablement une version plus moderne de leurs prédécesseurs.

5.2.3 Des incitations confortables contentent leurs nombreux bénéficiaires

Nous l'avons observé au chapitre 2: en matière de programme de motivation financière, les entreprises chinoises ont de pratiques très diverses. Si l'on peut identifier des nombreux traits communs entre les méthodologies adoptées, ici et là, pour mobiliser les troupes autour d'une vision claire et d'objectifs, ce n'est pas le cas quand il s'agit d'attribution d'avantages en nature, de niveau des salaires ou de politique de primes.

Dans cette partie, nous allons donner un aperçu des différentes approches en usage. Au-delà de leur disparité, nous verrons apparaître un fil conducteur. Qu'il s'agisse d'« entreprises familiales », au sens propre, ou de l'« entreprise comme une grande famille », toutes cultivent des modes de relations internes inspirés du modèle de la famille. C'est une conséquence du rôle assumé par le fondateur ou le président dans le développement de la culture d'entreprise : historiquement, l'« empereur » est censé prendre soin de ses sujets et cette injonction est prise très au sérieux par de nombreux dirigeants.

Les manières de récompenser les équipes relèvent souvent de cette philosophie. De ce fait, notre chapitre sur les gratifications serait incomplet si nous n'explorions pas les divers aspects de cet impératif. En effet, « prendre soin de ses sujets », c'est-à-dire vouloir rendre et garder le personnel heureux, va bien au-delà des habituels avantages matériels : primes de fin d'année ou participation.

Cette dimension culturelle échappe souvent aux entreprises étrangères qui ne se montrent pas à la hauteur de leurs concurrents locaux, ce qui les handicape pour attirer et garder les profils compétents.

Les petites attentions, ça compte énormément !

Sur ce terrain, encore, Haidilao fait figure d'exemple, en revendiquant haut et fort de « ne pas gérer des restaurants, mais des personnes ». À défaut de le proclamer, beaucoup d'autres sociétés recourent à des pratiques similaires. Concrètement, la devise d'Haidilao se traduit par une série d'attentions envers les employés. Autrement dit, la chaîne s'appuie sur le développement personnel de ses employés pour favoriser la croissance de l'entreprise.

Zhang Yong met en œuvre un précepte simple : traiter les employés comme des membres de la famille. La bonne marche de la chaîne de restauration dépend du flux constant de nouveaux employés, en général peu qualifiés et souvent venus de loin pour trouver du travail. Pour inciter ces salariés à exécuter convenablement des tâches peu gratifiantes, l'essentiel n'est pas de bien les former, mais de les motiver : leur poste doit être désirable. Pour cela, Zhang Yong fournit à ses recrues un foyer de substitution.

Bien souvent, les serveurs chinois partagent à plusieurs un logement étriqué en sous-sol. Ce n'est pas le cas chez Haidilao. Le personnel est hébergé dans des résidences répondant aux normes et dotées d'équipements modernes : air conditionné, accès à Internet, téléviseurs. Un service d'entretien des chambres, comme à l'hôtel, est aussi assuré. Bien entendu, ces prestations pèsent sur le coût de la main-d'œuvre (en 2017, le coût d'un employé chez Haidilao était 1,68 fois supérieur au salaire annuel moyen du secteur HCR, à l'échelle nationale), mais, en regard des performances de la chaîne, l'investissement est rentable[66].

Les équipes et les managers sont incités à se préoccuper du bien-être de tous les collaborateurs. Responsables de restaurants attentifs à l'assiduité scolaire des enfants de leurs subordonnés ou veillant au bon accès aux soins d'un collègue malade : les exemples de cet altruisme institutionnalisé abondent. Toutes sortes de récompenses peuvent être gagnées chaque jour : nourriture, produits de première nécessité, fruits, tickets de cinéma, bons d'achat et même demi-journée de congé offerte sur-le-champ. Dans la vision de Zhang Yong, « ce ne sont pas les biens matériels qui comptent, l'essentiel, c'est l'attention et la reconnaissance manifestées envers les employés ».

Pour maintenir à un niveau satisfaisant ses effectifs de managers – un souci constant – Zheng s'assure de leur fidélité par le biais d'avantages généreux, tels que des voyages à l'étranger ou le financement des études de leur progéniture.

Enfin, il les encourage à voler de leurs propres ailes. Aux aspirants entrepreneurs, il offre la possibilité de devenir fournisseurs de la chaîne et passe avec eux des contrats initiaux d'un niveau suffisant pour assurer le démarrage de leur affaire[67]. Les esprits entrepreneuriaux trouvent ainsi une place dans son écosystème. Tablant sur leurs compétences, ils prennent le risque de construire leur propre avenir en abandonnant la sécurité de l'emploi, mais gardent néanmoins une place dans la famille élargie.

Li Jinyuan, fondateur du groupe Tiens, un fournisseur de produits ménagers et sanitaires, offre un autre exemple, quelque peu extrême celui-ci, des efforts que peut consentir un chef d'entreprise pour soigner son personnel. En 2014, sa société embarquait 6400 employés pour un séjour de quatre jours en France.

L'affaire a requis la réservation de 84 avions et de 4000 chambres dans 140 hôtels parisiens. Sur place, la forte délégation a envahi le Louvre pour une visite guidée, suivie d'une séance de shopping privée aux Galeries Lafayette. Tout le monde s'est ensuite transporté sur la Côte d'Azur, où le Team Tiens, en tenues coordonnées bleu et blanc, a arpenté la Promenade des Anglais et déclaré en chœur : « Le rêve de Tiens est Nice sur la Côte d'Azur », ce qui lui a valu d'entrer au livre Guinness des records pour la phrase énoncée à l'unisson par le plus grand nombre d'humains.

Des programmes sophistiqués de récompense de la performance

À l'instar de leurs homologues occidentaux, les entrepreneurs chinois recourent aux mécanismes d'incitations basées sur les performances, comme les primes. En outre, les programmes de participation tendent à se généraliser.

Selon une étude de PwC, 52 % des 337 entreprises chinoises entrées en Bourse aux États-Unis ou à Hong Kong, entre janvier 2016 et juillet 2019, avaient adopté par la suite un plan d'intéressement en actions[68].

S'agissant des sociétés cotées sur les bourses chinoises, 337 d'entre elles ont annoncé des plans d'intéressement en actions en 2019. Les annonces de plans de cette nature ont augmenté dans une proportion significative. Cette formule d'intéressement s'est largement diffusée, elle est considérée comme un moyen efficace pour les sociétés cotées d'améliorer la gouvernance d'entreprise.

De leur côté, de plus en plus de sociétés à capitaux privés réalisent l'importance de l'intéressement pour améliorer leurs performances et la fidélité du personnel. Nombre d'entre elles y recourent pour attirer ou garder des collaborateurs compétents. C'est le cas, en particulier, des start-up qui ne disposent encore que de capitaux limités. Pour éviter de complexifier les structures d'actionnariat, elles proposent fréquemment des actions « fantômes », dites aussi virtuelles.

À mesure que le marché évolue, même des sociétés bien établies et qui pratiquent l'actionnariat salarié ajustent leurs pratiques pour s'adapter à la situation. À l'occasion de nos échanges, plusieurs dirigeants d'entreprises locales nous ont confié que leurs programmes d'incitations pourraient bien ne plus suffire à stimuler la loyauté du personnel, en particulier parmi les plus jeunes.

Les cadres supérieurs, avant tout ceux qui appartiennent au cercle dirigeant ou gravitent à sa périphérie, sont traités avec générosité. Plus tôt ils ont intégré le saint des saints et mieux ils sont récompensés. Mais ce modèle devient obsolète.

Les échelons inférieurs bénéficient généralement d'un régime standard de primes, fondé sur un système objectifs-résultats, qui prévoit des récompenses en espèces pouvant représenter plusieurs mois de salaire. Historiquement, ces programmes étaient souvent financés sur la bourse personnelle du propriétaire de l'entreprise. Le patron et son cercle restreint – sa famille – consentaient des efforts significatifs pour prendre soin du personnel et récompenser les employés individuellement, surtout ceux dont la contribution à la création de valeur était jugée importante. Mais cette générosité à des limites. Avec la croissance de l'entreprise, la direction ne peut plus s'occuper de chacun.

En particulier, la jeune génération de cadres ou d'experts doit désormais faire l'objet d'attentions particulières. Comme nous l'avons souligné dans le chapitre 2 sur la culture du loup, ces nouveaux venus sur le marché du travail sont plus réticents à tout sacrifier à leur emploi. En contrepartie de leur fidélité et de leur implication professionnelle, ils attendent une rétribution à la hauteur de leurs efforts.

Huawei et Alibaba sont souvent cités en exemple pour les égards manifestés envers leurs employés. Comme nous le verrons dans la partie 2.4 de ce chapitre, ces deux firmes prennent en compte les capacités et le potentiel individuels dans le montant des sommes distribuées, au titre de la participation. Le retour sur investissement est loin d'être négligeable pour les employés les plus impliqués. Il justifie leur persévérance et les heures passées au bureau.

Avant de conclure cette partie, arrêtons-nous sur un usage courant qui concerne les couches dirigeantes. À ce niveau, on attend des managers qu'ils manifestent leur loyauté et leur engagement en investissant dans l'entreprise. Ainsi, en 2016, chez Mengniu, grande firme de produits laitiers du nord de la Chine, le nouveau PDG, en prenant ses fonctions, a décidé de réviser le programme d'incitations financières en exigeant que chaque membre du comité exécutif investisse plusieurs millions de renminbi, puisée dans leur propre épargne, en actions de la société. La fidélité et l'implication personnelle prennent une tout autre dimension quand ses intérêts personnels sont en jeu.

Les partenariats ont le vent en poupe

Pour assurer un meilleur partage de la valeur, de nombreuses sociétés s'organisent aujourd'hui autour de partenariats. C'est le cas, par exemple, de la chaîne Yonghui Superstores, un des concurrents de Carrefour, qui a lancé en 2010 un programme de partenariat. Grâce à celui-ci, les directeurs de magasins et même les employés peuvent acquérir un statut d'associé.

La grande distribution se heurte au même problème que la restauration : alors qu'on exige d'eux des tâches pénibles et usantes, les employés de première ligne ont les salaires les plus bas. Pour cette raison, le secteur doit s'accommoder d'un *turnover* très élevé[69].

Disposer d'un revenu juste suffisant pour satisfaire des besoins essentiels, comme la nourriture et les vêtements, est peu propice à développer l'optimisme et le bien-être et, par conséquent, à inciter le personnel à améliorer le service au client. Le défi est de taille pour la grande distribution à l'heure où Internet représente une sérieuse menace.

De petites augmentations de salaire n'ont guère d'effets sur l'implication des employés et donc, à terme, sur le chiffre d'affaires. Mais, du fait de l'étroitesse des marges dans le secteur, des augmentations plus significatives auraient un impact sur la rentabilité des supermarchés.

Pour surmonter ce dilemme, Zhang Xuansong, le président de Yonghui, a mis en place un « système partenaire » pour les employés de première ligne. S'il se résume, pour l'essentiel, à un modèle de partage des bénéfices, il donne à ses allocataires un intérêt direct dans les opérations et les résultats de l'activité, à un niveau où leur propre savoir-faire et leur implication peuvent faire la différence. Le partenariat vaut, par exemple, pour une catégorie de produits ou un comptoir spécifique au sein du supermarché. Les sommes en jeu peuvent varier et sont indexées sur les résultats et soumises à négociation.

Le lien établi entre la sphère d'influence directe de l'employé et son revenu favorise un meilleur service au client et une implication plus soutenue dans la lutte contre le gaspillage et le taux de casse. Ainsi, pour les rayons fruits et légumes, Yonghui affiche un taux de perte de 4 à 5 %, contre 30 % pour l'ensemble du secteur.

Au-delà du partage des bénéfices

Le partenariat instauré par Yonghui va au-delà du partage des bénéfices. C'est aussi une forme de décentralisation contrôlée. Chaque équipe, à son échelle, a un rôle direct dans les recrutements et les licenciements. Les décisions sont soumises à l'accord de l'équipe, puisque les coûts, au même titre que les bénéfices, sont partagés.

Du fait d'un sentiment d'appartenance au groupe beaucoup plus marqué, le *turnover* est largement réduit dans les rangs des employés de première ligne. L'efficacité est accrue et les coûts de gestion ont baissé dans des proportions significatives. Un an seulement après l'introduction des nouvelles mesures, le salaire moyen des employés de Yonghui avait augmenté de 15 %, et le *turnover* était passé de 6,8 % à 4,4 %.

En complément de son plan de partenariat, l'enseigne a aussi adopté un système de compétition interne par les résultats. L'évaluation se solde par le licenciement des 20 % des effectifs les moins performants. La combinaison des deux outils – partenariat et performances – a été un moteur de croissance et de résultats financiers en hausse.

Au cours des quatre années suivantes, Yonghui a ouvert de nombreux points de vente, passant de 249 magasins en 2012, à 455 en 2016. Puis, à partir de 2017, avec la généralisation de ces programmes de motivation, l'expansion s'est poursuivie à un rythme exponentiel. Pour la seule année 2017, 128 nouvelles adresses ouvraient. En 2018, plus de 250 s'y ajoutaient, portant la flotte de la chaîne à plus de 600 points de vente et plus de 70 000 salariés. Avec des résultats nets supérieurs aux recettes d'exploitation, l'efficacité opérationnelle est accrue[70].

Récompense ultime : la copropriété de l'entreprise !

Dans le monde entier, les exemples d'entreprises proposant un intéressement significatif à leurs employés ne manquent pas. La Chine ne fait pas exception. Établir une relation entre la création de valeur à long terme et les acteurs de l'entreprise qui y contribuent le plus est un modèle gagnant-gagnant que nombre de dirigeants chinois ont adopté, souvent au bénéfice d'une plus large proportion du personnel que leurs homologues occidentaux. On trouve divers exemples d'actionnariat salarié dans l'empire du Milieu, mais aucun n'a l'ampleur du programme Esop (*Employee Stock Ownership Program*) de Huawei.

Le programme Esop de Huawei

Ce programme d'actionnariat salarié est en place depuis les premiers pas de la société. De fait, il a d'abord eu pour fonction de lever des fonds pour l'entreprise quand les banques jugeaient ses activités trop risquées. Huawei ayant conservé jusqu'à aujourd'hui son statut de société à capitaux privés, seuls ses employés sont en mesure de détenir des parts. Sur les 194 000 membres du personnel, à l'échelle mondiale, 105 000 détiennent des titres.

Huawei le revendique : elle est la seule société de cette taille intégralement détenue par ses employés. Si, d'un point de vue technique, l'affirmation n'est pas exacte, comme nous le verrons plus loin, Huawei n'en a pas moins mis en place une formule qui lui permet d'utiliser l'actionnariat comme une motivation pour un nombre important de salariés, tout en contrôlant la structure de l'actionnariat.

Jorge Paolo, le fondateur de 3G – une société d'investissement internationale – et associé de Warren Buffet, parle en termes élogieux du programme Esop de Huawei, qu'il qualifie de « méritocratie combinée à un partenariat ». Le tout en Chine, dans la tech, et à très grande échelle, ainsi que le mentionne Jeffrey Townson, ancien professeur en investissements à l'École de management Guanghua, de l'université de Pékin[71].

Selon les registres chinois des entreprises, Huawei Technologies est détenu en intégralité par la holding Huawei Investments & Holding. Elle compte deux actionnaires. Ren Zhengfei, fondateur et président, possède 1,01 % des parts. Tout le reste est au nom d'une entité : l'Union of Huawei Investment & Holding. Il s'agit du syndicat maison de Huawei.

Cette participation du syndicat n'a d'existence que juridique. Les employés, par le biais du programme Esop, contrôlent des « actions virtuelles », ainsi que les nomme la société, au sein de cette entité syndicale. Avec ces parts virtuelles, les salariés sont directement intéressés aux succès financiers de l'entreprise et à ses pertes. Cet actionnariat leur permet aussi d'élire des délégués à la commission représentative de Huawei, laquelle élit, à son tour, les membres du conseil d'administration.

Les salariés sont invités à rejoindre le programme à l'issue d'une évaluation de leur contribution à la création de valeur pour la société. Selon Huawei, l'éligibilité au programme ne prend pas en compte le rang, l'âge, l'ancienneté ou les relations, mais ses critères interviennent, néanmoins, pour le nombre de parts attribuées à chaque participant. En règle générale, elles sont payées par prélèvement sur la prime individuelle. Si le montant de celle-ci ne couvre pas la valeur des parts distribuées, Huawei prête la différence à l'employé.

Les actions virtuelles ont certains traits communs avec les titres conventionnels. Les salariés les acquièrent sur leurs propres deniers et supportent tous les risques et avantages de l'actionnariat ordinaire. Elles ont aussi leurs particularités : elles ne sont pas transférables et ne peuvent être détenues par des non-employés. Quand un salarié quitte Huawei, la société rachète ses parts, sauf s'il occupait un poste élevé.

La valeur des actions est indexée sur l'actif net de la société, tel qu'il est établi dans le rapport annuel, et leurs titulaires perçoivent des dividendes annuels en fonction du nombre de parts qu'ils détiennent.

Selon Huawei, le programme Esop a joué un rôle déterminant dans sa croissance rapide. Une part majoritaire de la valeur créée par la société revient directement aux employés en place, qui contribuent le plus aux résultats. Le système encourage la loyauté et attire des profils compétents.

En établissant une relation étroite entre la valeur de l'entreprise et les employés sincèrement impliqués sur le long terme, le programme Esop est destiné à créer de la richesse dans des proportions significatives.

5.3 Quelques sujets de débats pour les conseils d'administration de demain…

La gestion des ressources humaines en Chine diffère largement des méthodes en vigueur à l'Ouest. Nous avons conscience que l'adoption, en Occident, des pratiques décrites ici dépend de nombreux facteurs : de quel type d'entreprises parle-t-on, à quel stade de développement sont-elles parvenues, dans quel environnement juridique et politique évoluent-elles ? Au-delà de ces aspects, nous sommes convaincus que des enseignements plus généraux peuvent être tirés de ces exemples.

Pour commencer, examinons le paternalisme inhérent au statut d'« empereur ». Certains pourraient le rejeter, par pur réflexe. Admettons-le, une structure dirigeante fonctionnant à la façon d'un clan, sous l'égide d'un monarque absolu, n'est pas exempte de danger. L'empereur avance sur la corde raide : peut-il, en toutes circonstances, cultiver l'allégeance du clan et prendre les décisions les plus favorables aux intérêts de l'entreprise ? Ne risque-t-il pas préférer la loyauté à l'efficacité ?

D'un autre côté, n'est-il pas légitime d'estimer que les entreprises occidentales se concentrent trop sur les critères d'efficacité dans leur politique de recrutement ? N'est-ce pas le cas pour les grandes entreprises et, tendanciellement, pour les organisations en plateformes ? La dimension émotionnelle semble de plus en plus négligée.

De nombreuses entreprises occidentales consacrent beaucoup de fonds et d'efforts à s'assurer de l'implication du personnel, de son adhésion à la vision et à la mission commune, par le biais d'affiches omniprésentes et de PowerPoint colorés. Mais, malgré ce déploiement de supports et d'outils, les employés jugent bien souvent ces efforts inauthentiques, dénués de la charge émotionnelle qui créerait un lien entre eux et leur travail ou la vision énoncée.

Les dirigeants chinois parviennent avec beaucoup plus de succès à instaurer cette dimension affective. Les fondateurs sont plus enclins à se préoccuper personnellement des employés, à créer des liens avec le personnel, à le gagner à sa vision de l'avenir sur un plan émotionnel. Comme nous l'avons vu, les managers occidentaux tendent à donner la priorité au « savoir » et au « faire », au point de négliger ou de relativiser l'« être ».

Lors de nos discussions, les managers occidentaux qui travaillent en Chine nous parlent avec enthousiasme de l'atmosphère, digne d'une famille, qu'ils ont réussi à instaurer dans leurs équipes, en mettant l'accent sur le mentorat, le partage des savoirs, l'encouragement et l'« agir ensemble ». Mais, à notre grande surprise, ils ne savent pas nous expliquer pourquoi les autres filiales, ailleurs dans le monde, n'adoptent pas cette même culture. Nous l'avons déjà souligné, une culture de ce type est impulsée par le sommet.

Dans un contexte marqué par la prévisibilité toujours moindre des marchés mondiaux et leur complexité croissante et par l'attrait des jeunes générations pour la création de start-up, les modèles participatifs élaborés par les dirigeants chinois, destinés à identifier et récompenser l'esprit entrepreneurial, devraient avoir valeur d'exemple pour les grandes entreprises au fonctionnement plus classique, opérant sur des marchés plus mûrs. Pour gagner en agilité, elles doivent recruter des profils d'entrepreneur, les encourager. Elles doivent aussi s'attacher à l'épanouissement et à la motivation de leurs meilleurs éléments. Et, sans doute, réviser la confiance excessive qu'elles placent dans PowerPoint !

Instaurer un sentiment d'appartenance familiale !

D'autres enseignements nous apparaissent clairement. Ils concernent la gestion des compétences par les multinationales opérant en Chine. Tout d'abord, à elles de s'interroger : envoient-elles sur le terrain les profils adéquats, animés d'un fort esprit d'entreprise ? Les gardent-elles assez longtemps en place pour créer l'indispensable atmosphère familiale qui contribuera à fidéliser les compétences et, au bout du compte, à favoriser les succès.

Cet aspect est d'autant plus essentiel que le manager étranger doit agir en tant que vecteur de la culture propre à la société mère. C'est lui ou elle qui peut insuffler les valeurs clés de l'entreprise mère – qui est non seulement géographiquement éloignée mais aussi culturellement différente – avec une histoire et un style de travail qui ne trouvent pas facilement écho auprès des employés chinois.

Le lien émotionnel créé par le dirigeant étranger devient donc un facteur clé de succès. Un constat éloquent : près de quinze ans après son départ d'Adidas-Chine, la société qu'elle a bâtie, Sandrine maintient des liens assez étroits avec ses anciens collègues en Chine pour les compter encore parmi ses amis. Si chacun a taillé son propre chemin, tous se retrouvent encore régulièrement.

Repenser les programmes de motivation

Autre question que doivent se poser les multinationales : leurs schémas incitatifs sont-ils optimisés pour le contexte chinois ? L'actionnariat salarié et les plans d'intéressement offerts par une start-up chinoise ou la participation à un projet entrepreneurial ont des attraits bien supérieurs aux salaires et aux primes proposés par une entreprise internationale. Les dirigeants chinois l'ont bien compris : pour l'emporter, il est indispensable d'innover dans l'approche de la structure de l'actionnariat et des programmes de motivation

Ici encore, notre expérience personnelle nous sert de guide. Il a fallu beaucoup batailler mais, au bout du compte, les systèmes de primes et d'incitations d'Adidas-Chine ont été repensés sur des bases très différentes du modèle en vigueur à l'échelle internationale. Ce nouveau dispositif a nourri la volonté, partagée par toute l'organisation, de viser plus haut, de s'efforcer de dépasser les objectifs fixés pour chaque année. Et les résultats ont été au rendez-vous. À la grande satisfaction non seulement de l'équipe présente en Chine, mais aussi de la direction mondiale et des actionnaires ! Quelques années plus tard, Adidas décidait d'adopter à l'échelle mondiale un schéma incitatif similaire, pour l'essentiel, au modèle conçu en Chine.

Les programmes d'intéressement peuvent-ils réduire les écarts de richesse à l'Ouest ?

Selon nous, les programmes de participation développés par les entrepreneurs chinois pourraient contribuer à surmonter un problème très débattu : les écarts de revenus croissants constatés dans de nombreux pays occidentaux, comme au sein des entreprises entre le sommet et les autres catégories.

L'exemple des fondateurs et des dirigeants chinois montre que resserrer les liens entre un groupe étendu – et pas seulement une poignée de vice-présidents – et l'organisation par le biais de l'intéressement est une option durable. Comme cela paraît établi, aligner étroitement les objectifs de nombreux individus sur ceux de l'entreprise ouvre des perspectives mutuellement bénéfiques.

Bien des arguments plaident en faveur du modèle participatif de la chaîne de grande distribution Yong Hui, des mécanismes incitatifs de Haidilao et, sans aucun doute, de l'actionnariat salarié en vigueur chez Huawei. En particulier, si on les compare aux programmes standards des grandes multinationales, avec leurs salaires garantis, leurs primes de fin d'année et leurs stock-options. Des programmes souvent conçus pour gagner, mais sans prise de risque. Et, bien souvent aussi, concentrés au sommet.

Comparons maintenant cette réalité avec celle des milliers de salariés de Huawei, en situation de perdre l'essentiel de leurs avoirs si la valeur de la firme plongeait. Quand Huawei parle de passer en « mode combat », il faut se représenter des dizaines de milliers d'employés luttant au coude-à-coude contre la dépréciation de leur patrimoine personnel[72].

Ou, mieux encore, poussant tous dans la même direction pour améliorer leur sort, en proposant de nouvelles initiatives entrepreneuriales qui contribuent à la croissance de l'entreprise et à leur propre prospérité.

Les limites, hors du contexte chinois

Nous voyons aussi des enseignements à tirer pour les firmes chinoises qui envisagent leur expansion hors des frontières, en particulier pour celles qui prennent pied sur les marchés occidentaux.

Dans ce nouveau milieu, un contrôle *top-down* trop étroit heurterait des mentalités habituées à une plus grande marge d'indépendance dans leurs réflexions et leurs décisions. Nous constatons que certaines entreprises surmontent cet obstacle en plaçant des dirigeants chinois aux postes décisionnaires. C'est une solution de court terme. Dans les premières pages de ce livre, nous citions des entrepreneurs chinois, comme Robin Li, de JD.com, qui, à juste titre, reprochait aux multinationales leurs manques d'efforts pour se doter de managers locaux. La même critique vaudra bientôt pour les firmes chinoises appelées à croître et à se développer sur des marchés, pour elles, étrangers.

La gestion des ressources humaines – et les décisions en la matière – fondées sur les critères du clan qui ne servent pas nécessairement les intérêts de l'entreprise pourrait bien constituer un obstacle à l'expansion internationale et à l'intégration, pourtant indispensable, de talents étrangers. Sur le long terme, il n'est pas tenable de confier le management de grandes entreprises à un groupe trop restreint de ressortissants chinois, formés dans des universités occidentales.

Autre défi à relever pour ces entreprises chinoises qui poursuivent leur expansion à l'échelle internationale : trouver le juste équilibre entre leur penchant à saisir les opportunités du moment et l'adhésion, sans entorses, à des modèles de planification plus structurée nécessaires pour définir leur alignement stratégique. Le changement n'est pas une constante sur les marchés occidentaux, arrivés à maturité.

La confiance – ou plutôt son inexistence en dehors du cercle rapproché – est un autre problème auquel ces entreprises devront se confronter. Un exemple : un incident secondaire, mais révélateur, a marqué Sandrine lors de la vente de sa société. Lorsqu'elle s'en est ouvert à d'autres Occidentaux qui s'étaient engagés dans des transactions similaires, elle a découvert qu'il s'agissait d'un usage répandu : à la minute même où l'argent de la vente arrivait sur son compte bancaire, il lui a été demandé de remettre tous les codes bancaires, y compris ceux de ses bureaux parisiens. Un procédé à peu près inenvisageable, en Occident, où l'on part du principe qu'un dirigeant de haut niveau respecte les procédures bancaires élémentaires et où la confiance est associée aux postes à responsabilités.

Les entrepreneurs chinois ont encore des efforts à consentir pour traiter avec des managers étrangers responsables, dans un milieu culturel très éloigné du leur.

L'impact de la technologie

Pour conclure, évoquons un autre défi, qui se pose non seulement aux firmes chinoises à direction familiale, mais aussi aux multinationales opérant en Chine. Les unes et les autres devront apprendre à naviguer dans les courants de la révolution technologique – la révolution industrielle 4.0, comme elle est appelée aujourd'hui – quand la fusion des technologies brouille les frontières entre les sphères physique, numérique et biologique.

Cette mutation radicale déferle sur la Chine. Ses technologies hautement disruptives sont les moteurs qui alimentent la transition du pays d'une économie manufacturière vers un nouveau modèle fondé sur les services et la consommation.

Des *business models*, efficaces voilà quelques années, pourraient bien devenir obsolètes en cette période de mutation, affectant, parmi bien d'autres, les entreprises familiales de Chine continentale. La qualité des successeurs, désignés pour reprendre les rênes, décidera du sort de nombreuses sociétés de cette nature, dans les prochaines décennies.

Les firmes chinoises sont habituées au changement. Nombre d'entre elles sont déjà équipées pour faire face à la disruption numérique. Dans le prochain chapitre, « Tout commence par la data », nous allons explorer cette révolution en détail.

6.

Tout commence par la data

« La culture des start-up chinoises est le yin du yang de la Silicon Valley : tandis que les secondes se fixent une mission, les firmes chinoises sont, au contraire, guidées par le marché. »

Kai-Fu Lee

Président de Sinovation Ventures Artificial Intelligence Institute

6.1 La disruption par les données

Pendant plusieurs millénaires, le boulier-compteur (算盘, pinyin : suànpán, littéralement le plateau-compteur) a tenu lieu de calculatrice en Chine. Cet outil simple d'apparence et aisé à manipuler était largement utilisé pour toutes les opérations numériques. Son cadre de bois, partagé en deux sections par une barre horizontale aligne jusqu'à treize tiges verticales le long desquelles coulissent des boules, à raison de deux boules par tige dans la partie supérieure et cinq dans la partie inférieure.

Dans la partie supérieure, la valeur des boules progresse de 5 en 5, dans la partie inférieure, celle des unités, elle progresse de 10 en 10, de gauche à droite ou de droite à gauche, au choix de l'utilisateur. On opère en faisant glisser les boules en direction de la barre horizontale, de haut en bas pour la partie haute, de bas en haut pour la partie basse. Seules les boules déplacées vers la barre transversale sont comptées. L'opération effectuée, une secousse rapide du poignet suffit à remettre les boules dans leur position initiale.

Même après l'ouverture du pays, à la fin des années 1980, le boulier-compteur a continué à remplir ses fonctions dans la vie quotidienne. Lors de notre arrivée en Chine, son usage restait omniprésent dans tous les domaines. Ainsi, la responsable du premier entrepôt Adidas vérifiait systématiquement sur son boulier-compteur les opérations effectuées à la calculatrice.

C'est seulement avec la révolution numérique que sa popularité a commencé à être entamée. Plus précisément, le tournant est survenu avec la diffusion du téléphone mobile, vers 2010. Si le monde entier était depuis un certain temps, déjà, converti à l'ordinateur, outil grâce auquel avait émergé une économie numérique, en Chine, l'informatique s'est imposée en un temps beaucoup plus court par le biais du mobile, sans passer, pour la majorité des utilisateurs, par l'étape de l'ordinateur. Dès janvier 2012, un pourcentage plus important d'utilisateurs préférait le mobile à l'ordinateur pour accéder à Internet[73].

La Chine est aujourd'hui le pays qui compte le plus grand nombre d'internautes. Environ 1 milliard de personnes – soit un taux de pénétration supérieur à 70 %[74] – sont connectées, présentes sur les réseaux sociaux[75] et utilisent un smartphone[76]. En 2018, 96 % des utilisateurs de mobiles possédaient un smartphone, soit une proportion supérieure de 6 % à la moyenne mondiale[77]. Si les chiffres concernant l'usage et la pénétration sont par eux-mêmes impressionnants, ils n'expliquent pas les raisons pour lesquelles Internet, en Chine, est avant tout lié au smartphone.

À la différence de la plupart des pays occidentaux, l'économie chinoise n'avait pas encore atteint un niveau de maturité suffisant au moment où apparaissait la révolution numérique. Dans la plupart des secteurs qui ont été les plus impactés par les nouvelles technologies, l'offre *offline* était limitée, les infrastructures physiques lacunaires et d'autres composantes essentielles, par exemple les systèmes de paiement fiables, inexistantes.

De ce fait, les technologies numériques ont servi à supprimer des goulots d'étranglement qui limitaient la consommation. Elles ne se sont pas substituées à des procédures existantes, avec des effets perturbateurs, comme cela a été le cas en Occident. Le marché numérique chinois s'est développé avec une dynamique exceptionnellement rapide pour satisfaire des besoins plutôt que des préférences[78].

Parce qu'ils disposaient d'un budget limité, la plupart des gens ont opté pour le smartphone, favorisant ainsi le développement de l'univers informatique mobile, socle de l'économie de la data qui s'est développée depuis. Rien n'a été plus déterminant dans l'adoption rapide de l'Internet mobile que l'apparition d'applications de paiement, en premier lieu Alipay et WeChat Pay.

Comme nous l'avons rappelé dans le chapitre 3, lors de notre arrivée en Chine au début des années 1990, l'argent liquide, sous la forme de billets souvent vétustes et défraîchis, était l'unique moyen de paiement, alors qu'aujourd'hui, plus de 80 % de l'ensemble des transactions sont effectuées par le biais d'applis, soit le taux de paiement mobile le plus élevé au monde !

Dans ce même chapitre 3, nous avons vu que les utilisateurs chinois, primo-adoptants enthousiastes, font bon accueil aux nouvelles technologies et sont friands de dernières nouveautés. Moins préoccupés qu'on peut l'être ailleurs par la protection de la vie privée, ils se sont emparés très rapidement des solutions de paiement sur mobile qui se sont généralisées aux dépens du liquide. Même dans les régions les plus reculées, le visiteur remarque les panneaux signalant la possibilité de payer au moyen d'une appli.

Cet enthousiasme pour la technologie s'explique également par l'amélioration très nette de la qualité de vie d'une grande partie de la population qu'elle a permise. Par exemple, le commerce électronique a donné un accès illimité au pays – tant pour l'achat que pour la vente de produits – à de nombreuses zones rurales qui, autrement, n'auraient pas été en mesure de participer aussi largement à la distribution moderne des biens et services. L'accès à des soins de santé de qualité dans les villes petites et moyennes ou dans les campagnes n'aurait pas été possible aussi rapidement s'il avait reposé uniquement sur les hôpitaux traditionnels. La télémédecine et l'IA ont changé la vie de nombreuses personnes.

Une révolution technologique top-down

Dans les chapitres précédents, nous nous sommes tournés vers le passé pour trouver les clés d'explication du succès des entrepreneurs chinois et éclairer des stratégies qui puisent dans l'histoire et la culture du pays. Désormais, nous allons nous attacher à comprendre quelles orientations dessinent pour l'avenir les réalités du jour.

De plus en plus, la Chine est le moteur d'une révolution numérique qui transforme profondément la façon de faire du business et les stratégies d'approche du marché et de commercialisation. La façon dont entrepreneurs et dirigeants économiques, dans le monde entier, parviendront à s'adapter à cette disruption décidera de leur succès ou de leur échec.

Pour mieux appréhender les contours de cet avenir, nous allons d'abord nous pencher sur la situation chinoise en identifiant les moteurs de la révolution numérique en cours et les raisons de l'essor rapide des nouvelles technologies.

Si la plupart des firmes chinoises de l'Internet sont privées, les pouvoirs publics ont néanmoins joué un rôle décisif en mettant en place un environnement propice aux investissements. Dès les premiers temps, à partir de 2010 environ, le gouvernement chinois a créé les conditions favorables à la révolution technologique chinoise et en 2015, dans le cadre de son 13e plan quinquennal, le Conseil d'État chinois a formalisé et structuré ses initiatives et placé le pays sur les rails de la quatrième révolution industrielle avec pour enjeu de transformer l'empire du Milieu. L'atelier du monde est appelé à devenir une superpuissance high-tech, atteignant l'excellence dans de nombreux domaines : de l'espace à l'extraction minière en eaux profondes, des nanomatériaux à la biomédecine et aux véhicules à énergies nouvelles[79].

Autrement dit, après avoir tiré parti de son abondance de main-d'œuvre à bon marché pour devenir la seconde puissance économique mondiale, la Chine voit désormais dans l'innovation, et plus particulièrement dans les technologies de l'information et l'intelligence artificielle, son principal levier de croissance.

Un volet de ce programme est « Internet Plus », soit l'application d'Internet et d'autres technologies numériques aux secteurs d'activité conventionnels, que l'on peut comparer à la démarche souvent nommée Industrie 4.0. Concernant l'intelligence artificielle, sa promotion relève de son Plan de développement de l'intelligence artificielle de nouvelle génération.

Confrontés au vieillissement de la population et, par conséquent, à une rétraction de l'offre de main-d'œuvre à l'échelle d'un pays immense, caractérisé par une grande diversité et un creusement de plus en plus marqué des inégalités, les pouvoirs publics ont choisi une approche holistique. Ils envisagent l'intelligence artificielle comme un outil qui permettra de réduire le fossé entre monde rural et aires urbaines, accélérera les gains de productivité et assurera une croissance plus harmonieuse.

Ces deux trains d'initiatives entendent favoriser les innovations numériques, en s'appuyant sur l'Internet des objets, la 5G, le *big data*, le *cloud computing* et les technologies de l'IA pour bâtir une « Chine numérique ».

Pouvoirs publics et firmes privées ont très pragmatiquement uni leurs forces pour accélérer le rythme du développement et de la mise en œuvre de ces technologies. Sous la forme d'alliances public-privé, officielles ou non, les investissements sont encouragés et protégés (tant qu'ils servent la vision du gouvernement, comme l'ont montré les récents développements).

Alipay, par exemple, n'aurait jamais pu se déployer à une telle échelle sans l'accord tacite des autorités, Ant Financial n'étant pas une banque. Comme nous l'avons vu en évoquant les mésaventures de Jack Ma et de sa fintech au chapitre 3, ce pragmatisme a ses limites. En dernier recours, l'empereur décide si telle ou telle activité particulière convient à sa vision à long terme. Mais les incitations ne manquent pas pour les entrepreneurs qui respectent le cadre prédéfini.

Cette tactique gagnant-gagnant a permis au gouvernement chinois d'atteindre rapidement ses objectifs et aux entreprises privées de devenir des géants mondiaux de la technologie. Cette union des forces publiques et privées, combinée à une très bonne acceptation de l'IA dans la population, a conduit l'ensemble de la nation à considérer la technologie et l'IA comme des priorités stratégiques.

Cette approche spécifiquement chinoise est très bien décrite dans un article récent de François Candelon, de l'Institut BCG Henderson, et de ses coauteurs[80] :

> *Conformément à sa pratique passée consistant à choisir des champions nationaux, le gouvernement chinois a choisi Tencent pour diriger l'innovation en matière d'IA dans le domaine de la vision par ordinateur pour l'imagerie médicale ; Baidu pour la conduite autonome ; Alibaba pour les villes intelligentes ; Sense Time pour la reconnaissance faciale ; et iFlytek pour l'intelligence vocale.*

L'appel d'offres lancé par le ministère des Sciences et des Technologies, en octobre 2017, en fournit un autre exemple éloquent : il définit treize projets de technologies « transformatrices » appelés à bénéficier de financements d'état préférentiels, qui doivent être menés à bien avant fin 2021.

L'un de ces projets concerne le développement de puces IA, dont la puissance doit dépasser tous les produits conçus par les leaders américains du secteur des semi-conducteurs. Bien qu'à l'heure où nous écrivons ces lignes le développement de ces semi-conducteurs n'ait pas encore abouti, la Chine avance à grands pas dans la constitution d'un socle industriel numérique pour s'imposer comme un leader de l'innovation à l'échelle mondiale grâce à des directives gouvernementales fortes, des plans incitatifs et d'investissements publics et privés se chiffrant en milliards de dollars.

Selon les données les plus récentes, la Chine investit environ 450 milliards d'euros par an dans la R&D, soit une augmentation d'un facteur onze sur les deux dernières décennies[81]. Par comparaison, ces dépenses sont supérieures à celles du Japon, de l'Allemagne, de la France, de la Grande-Bretagne et de la Corée du Sud combinées et à peine inférieures à celles des États-Unis qui se situent à 510 milliards d'euros, environ.

Ce flux d'investissements soutenu, au cours des dernières années, place la Chine en position favorable dans la course aux nouvelles technologies, en particulier dans les domaines de l'IA, de la conversion numérique, de l'exploration spatiale et de la robotisation de l'industrie manufacturière.

La Chine occupe aussi une position de leader dans le développement d'une infrastructure numérique compatible avec l'intelligence artificielle, d'une monnaie numérique soutenue par l'État, et dépasse même les États-Unis pour le nombre de brevets déposés dans le domaine de l'intelligence artificielle.

Elle se classe parmi les trois premiers pays quant à l'investissement en capital-risque dans des secteurs clés, tels que la réalité virtuelle, les véhicules autonomes, l'impression 3-D et la robotique[82]. C'est aussi le premier marché mondial pour l'e-commerce et un acteur majeur – y compris et de plus en plus à l'échelle internationale – pour les paiements mobiles.

Le mobile, l'Internet des consommateurs

Pour la plupart des Chinois, en particulier dans les domaines qui mettent en jeu des transactions commerciales, l'essentiel de ces investissements dans les technologies trouve une traduction au niveau de leurs smartphones.

La Chine a adopté très tôt la 4G, dont le déploiement a commencé en 2014. Une fois l'infrastructure en place, les acteurs du commerce se sont attachés à développer des solutions sur mobile. L'exemple de Pingduoduo (PDD) en est une bonne illustration. Fondée en 2015, PDD, société à la croissance la plus rapide dans le secteur de l'e-commerce, aujourd'hui, bouleverse le *statu quo*.

Imaginons un acteur américain ou européen de l'e-commerce, enregistrant, cinq ans après son apparition, un rythme de croissance tel qu'il menace la position dominante d'Amazon. Impossible ! Voilà pourtant la trajectoire de PDD résumée. Le défi ne concerne pas Amazon, qui a rendu les armes sur le marché chinois, mais Alibaba. De son côté JD.com est déjà dépassé.

Apparu voilà cinq ans, PDD affiche 643 millions d'utilisateurs actifs mensuels, chiffre atteint par Alibaba après quinze ans d'existence. En 2020, son volume brut de marchandises (GMV) représente juste la moitié de celui d'Amazon, à l'échelle mondiale[83]. Pourtant Pingduoduo est une application 100 % mobile, qu'on chercherait en vain sur son ordinateur. Nous reviendrons plus en détail sur ce succès phénoménal dans la partie 6.2.2.

La 5G, la bande passante de l'innovation par expérimentation

Du fait de l'avance prise par la Chine dans la technologie 5G, l'innovation sur l'Internet mobile va franchir une nouvelle étape dans les prochaines années. À la faveur de la mise en place de ce réseau à haut débit, le pays va confirmer sa position, encore émergente aujourd'hui, d'innovateur mondial.

Le leadership de la Chine sur la 5G est, en fait, celui de Huawei. Dès 2009, la firme a investi dans la recherche et le développement de cette technologie et occupe aujourd'hui la position de leader mondial de la dernière génération d'équipements mobiles.

En donnant accès à des débits sans précédent, la 5G va offrir aux individus, aux foyers et aux acteurs industriels une expérience et une valeur bien au-delà des possibilités antérieures du numérique. Au moyen de la réalité augmentée et de la réalité virtuelle, elle donnera accès à des expériences immersives, permettra l'expression de pensées et de sentiments qui ne pouvaient jusqu'ici trouver leur traduction dans l'univers numérique. La 5G devrait aussi avoir un impact considérable sur le développement de divers secteurs industriels et contribuer à l'apparition de nouvelles activités marchandes liées à l'Internet des objets, au Cloud, à l'IA et à la transformation numérique de la société.

La 5G n'est rien de plus qu'un réseau, son succès dépendra des services qu'elle supportera. Pour cette raison, la prochaine étape de son développement va se jouer autour des applications innovantes qui lui seront destinées. Les fonctions et les expériences inédites qu'elle offre seront une source de valeur sans précédent. À mesure que le haut débit mobile parviendra à maturité, les supports vidéo en haute définition seront les vecteurs d'une croissance à grande échelle des services B2C. La coopération d'industrie à industrie va entrer dans un nouvel âge qui devrait se manifester par l'apparition progressive d'un nouvel écosystème 5G intersecteurs.

Ce phénomène va favoriser l'exploitation commerciale de la technologie 5G dans des domaines tels que la fabrication intelligente ou *smart manufacturing*, le multimédia, l'énergie et les transports. Sur d'autres terrains, comme la ville intelligente, la santé ou les véhicules autonomes, la Chine devrait servir de laboratoire des innovations par la méthode essais-erreurs.

On a vu, par exemple, comment dans la lutte contre le Covid-19, la télémédecine avait joué un rôle de premier plan. La plateforme 5G de consultation à distance, gérée par Huawei et China Telecom, a pu être testée *in situ* par divers hôpitaux, dans une période où les déplacements étaient exclus en raison des restrictions adoptées pour lutter contre la pandémie.

L'avance prise par la Chine dans le déploiement de la 5G signifie que les entrepreneurs du pays seront les premiers à expérimenter en conditions réelles des applications spécifiques. On peut aisément imaginer que les créations les plus populaires – qu'il s'agisse de réalité augmentée, de nouvelles expériences de jeux ou de *business models* dit «*consumer to maker*» seront ensuite adoptées par d'autres pays[84].

Seules les expérimentations de terrain permettront de savoir ce qui fonctionne ou pas et d'évaluer précisément le rôle de la 5G dans ces révolutions de long terme. Quant à innover par l'expérimentation, c'est une aptitude que maîtrise la communauté des entrepreneurs chinois, comme nous l'avons observé à travers de nombreux exemples, dans le chapitre 3.

À l'origine de l'explosion de la data, le paiement mobile

À l'heure où la data est considérée comme une «nouvelle monnaie», la Chine bénéficie d'un avantage majeur : en raison de la taille de sa population, de la relative homogénéité[VI] de son marché intérieur et du rythme soutenu de la conversion au numérique, plus de données y sont collectées que partout ailleurs.

Prenons un simple exemple pour mieux mesurer l'échelle du phénomène. Didi Chuxing est la première société de covoiturage dans le monde. Selon son PDG, Liu Qing, sa compagnie traite chaque jour plus de 70 Tbits de données, qui correspondent à la gestion de 9 milliards d'itinéraires quotidiens et de 1 000 requêtes par seconde[85].

Un service de ce type serait impensable à cette échelle en l'absence d'une connexion intégrée avec un système de paiement à distance. Les solutions de paiement mobile qui ont joué un rôle décisif dans l'acceptation et l'expansion rapide de l'e-commerce, sont maintenant à l'origine de l'accumulation exponentielle des données. Plus que toute autre application ou technologie, le paiement mobile permet le fonctionnement d'une myriade de services, mais aussi le recueil des données de paiement, Graal de la connaissance utilisateur, puisqu'elles permettent, mieux que toutes autres données, d'approcher son comportement réel.

Non seulement le mobile, toujours à portée de main, est intimement lié à la vie de chacun, mais les données de paiement qui en proviennent restituent l'essentiel des informations pertinentes pour comprendre les habitudes, les mouvements, les préférences et les actions de son propriétaire. Comme le paiement mobile est aujourd'hui plus largement répandu en Chine que partout ailleurs, on ne s'étonnera ni de la croissance rapide des données recueillies ni de l'exploitation qui en est faite.

Un autre avantage que possède la Chine tient à la concentration des utilisateurs au sein de vastes écosystèmes, interconnectés par le biais de systèmes partagés.

VI. Voir le commentaire page 17.

Au-delà des vastes ressources en données – les *data pools* – des principaux écosystèmes, de nombreux agrégateurs de données sont apparus au cours des années récentes. Ils permettent aux entreprises de mieux intégrer les données provenant de sources hétérogènes. Des solutions locales, développées par des sociétés comme EZR, lient gestion de la relation client et plateformes de réseaux sociaux et créent des ponts entre les systèmes, avec des données issues des mini-programmes de WeChat et des canaux de vente *offline*.

Avec l'expansion du trafic privé (voir le chapitre 3), grâce au marquage par *tags* des utilisateurs entre les divers écosystèmes et aux données issues de sources *offline*, la quantité de données recueillies et exploitées continue à croître à un rythme exponentiel. La Chine a rapidement développé une culture de la data qui devrait être une source d'inspiration pour de nombreuses entreprises occidentales et, mieux encore, leur principe directeur.

La génération et l'exploitation de données vont bien au-delà des données consommateurs

En poursuivant les objectifs définis par Internet Plus, la Chine trace aussi les perspectives de la ville intelligente et connectée. La métropole de Shenzhen, avec ses infrastructures numériques, dont les services fondés sur la reconnaissance faciale, fait ainsi figure de référence mondiale.

L'autre priorité est l'enseignement en ligne. Dans ce domaine, NetDragon, par exemple, un éditeur de logiciels et de jeux vidéo, développe, *via* l'intelligence artificielle, un assistant pédagogique nommé Qiqi, capable de pointer les absents par reconnaissance faciale et de proposer des programmes d'apprentissage personnalisés.

En outre, la Chine table sur la révolution de la data pour faire face au vieillissement rapide de sa population. Elle y voit le seul moyen de fournir des soins adéquats à tous, à l'échelle de l'immensité du pays. Cela explique la multiplication des start-up élaborant des solutions médicales pilotées par IA.

Pendant la pandémie de Covid-19, on a vu, par exemple, comment l'établissement de diagnostics pouvait bénéficier des avancées de l'IA Des start-up spécialisées en IA ont fourni au personnel soignant de première ligne des appareils d'imagerie médicale intégrant des capacités d'intelligence artificielle qui ont permis d'accélérer les processus de diagnostics cliniques.

Début 2020, lors du premier pic de cas suspects dans la province du Hubei, épicentre initial de la pandémie, l'IA médicale a aidé les médecins à établir des diagnostics cliniques plus précis et dans des délais plus courts, tout en réduisant leur charge de travail.

Deepwise Healthcare, une start-up spécialisée dans l'intelligence artificielle médicale, a rapidement employé des systèmes d'imagerie recourant à l'IA dans plus de 30 hôpitaux et a mis à niveau les systèmes d'imagerie IA dans plus de 400 autres hôpitaux chinois. À partir des scanners des patients, les solutions proposées par la start-up identifient rapidement les symptômes associés au coronavirus, établissent des rapports d'évaluation quantitatifs et détaillés, circonscrivent la localisation et l'étendue des zones infectées, évaluent les conséquences sur les fonctions respiratoires et recommandent des pistes de traitement.

De son côté, Yitu Healthcare, la branche santé de Yitu Technology, une start-up de Shanghai spécialisée dans l'IA, a aussi lancé une version actualisée pour le virus de son système d'évaluation par imagerie médicale. Il identifie et classifie les pneumonies virales sur des critères de forme, d'étendue et de densité des lésions apparaissant sur un scanner et donne une évaluation précise de la charge de la maladie sur les poumons. Selon Yitu, ce type d'évaluation quantitative exige de cinq à six heures par les méthodes habituelles, contre deux à trois secondes, avec son nouveau système d'analyse par l'IA[86].

Les utilisations potentielles de l'intelligence artificielle dans le domaine de la santé vont bien au-delà des outils de diagnostic. Elles sont appelées à révolutionner le monde de la médecine, depuis la formulation des médicaments, jusqu'à la relation patient-thérapeute et aux procédures d'assurance-santé. On ne s'étonnera donc pas que les pouvoirs publics chinois misent gros sur la data et placent au rang des priorités les recherches sur l'IA dans la santé.

La Chine, en tête dans la data et l'adoption de l'IA

La «datafication» rapide de la société chinoise est le produit d'une situation unique, née elle-même d'une combinaison de facteurs qui a donné à la Chine un avantage inestimable dans la course à l'innovation. La demande insatiable d'un immense marché de consommateurs pour des nouveautés de pointe et l'intérêt des pouvoirs publics pour le numérique qui, dans une approche *top-down*, s'est traduit par la mise en place d'un cadre politique favorable et d'incitations, a encouragé le secteur privé à investir et à innover. Ajoutons les dimensions sans équivalent du pays et la rapidité d'adoption des nouvelles technologies par les consommateurs et l'on comprendra comment ont été constitués ces pools de données plus vastes et plus divers que dans toute autre région du monde.

Plus que tout autre pays, la Chine voit dans l'innovation technologique le moteur du progrès. Dans le même temps, le gouvernement s'est fixé comme objectif de porter le pays en tête des acteurs de la tech.

Par ailleurs, si l'on examine les ambitions des firmes chinoises et les attentes des consommateurs, il est clair que le pays ouvre de nouvelles voies. Pour ces raisons, les entreprises du monde entier devraient s'intéresser de près à cette arène pour comprendre de quoi l'avenir sera fait.

Pendant un siècle, les acteurs de tous les marchés ont observé les nouvelles tendances qui émergeaient en Amérique du Nord, depuis les codes-barres introduits sur les chewing-gums Wrigley, dans les années 1970, jusqu'aux habitudes de consommation des Kardashian dans les années 2010[87].

Si l'on considère le commerce numérique, c'est pourtant la Chine qui donne le ton. Là, les plateformes de vente en ligne réinventent l'expérience sociale du shopping en agrégeant paiements numériques, offres groupées, médias sociaux, jeux en ligne, messageries instantanées, vidéos courtes et shopping en *live stream* par des célébrités. Le tout transforme radicalement les stratégies de commercialisation et les processus d'achat.

Cette approche multidimensionnelle tend aussi à s'imposer dans d'autres régions du monde – là où les firmes numériques occidentales occupent une place moins dominante que sur leurs marchés nationaux – en particulier sur les grandes plateformes d'Asie du Sud-Est, d'Inde et d'Amérique latine.

Les multinationales bien implantées en Chine et qui, par défaut, ont pris tôt le train de la révolution numérique, par exemple L'Oréal, KFC ou Adidas, regardent avec attention ce qui se passe en Orient. Elles estiment cette vigilance indispensable pour rester en phase avec les dernières tendances numériques, qu'il s'agisse de marketing, de stratégies de marques ou de logistique. De plus, elles mettent à profit leur connaissance acquise en Chine pour transformer leurs procédures à l'échelle mondiale.

6.2 Ce que nous dit la data

Avant de continuer, un mot de clarification. Aucun de nous deux n'est un expert en technologie. Nous sommes, fondamentalement, des spécialistes des marques et de *consumer business*, dont la vie professionnelle a été profondément transformée par la révolution numérique. Au point que le commerce électronique est devenu le cœur de métier de l'entreprise fondée par Sandrine au début des années 2010. C'est donc à dessein que nous avons concentré nos exemples et études de cas dans l'industrie de la consommation et le secteur B2C au sens large.

Il faut cependant souligner que la révolution technologique chinoise a également eu un profond impact sur le secteur B2B et qu'une grande partie de nos conclusions s'applique également aux secteurs autres que le B2C.

À mesure que se généralise l'accès à de vastes quantités de données dans des formats très sophistiqués, le commerce chinois, dans son ensemble, tend à s'organiser autour de la data. Il serait vain de chercher dans l'histoire ou la culture chinoise les clés de l'adoption systématique de l'e-commerce ou de l'adoption de la data comme aune des nouveaux *business models*. Mais il est clair que ces phénomènes entretiennent des liens étroits avec les tactiques du dragon et leurs impératifs : s'adapter aux nouvelles réalités, faire preuve de pragmatisme, privilégier la rapidité.

Selon nous, trois tendances vont avoir un impact décisif sur la conduite des entreprises dans un univers numérique. Or, pour chacune d'elles, les acteurs de l'économie chinoise ouvrent la voie.

1. L'intelligence est de plus en plus artificielle.
2. La data permet une approche ultra-centrée sur le consommateur.
3. Les consommateurs deviennent des utilisateurs.

6.2.1 L'intelligence est de plus en plus artificielle

Dans le domaine de l'intelligence artificielle, la Chine est passée d'acteur marginal à leader mondial dans la recherche fondamentale en moins de deux décennies. Plusieurs géants chinois de la technologie, encouragés et soutenus par l'État, et alimentés par les écosystèmes d'IA qu'ils ont développés, sont en tête de la course mondiale à l'IA.

En 2019, selon la *Harvard Business Review*, la Chine, avec plus de 1 150 sociétés spécialisées de l'IA, n'était dépassée que par les États-Unis, qui en comptent plus de 2 000[88]. Toutefois, la Chine devrait très vite rattraper, voire dépasser les États-Unis, s'il faut en croire son plan de développement centré sur la création de l'IA de prochaine génération. Les objectifs qu'il définit ne sont pas seulement théoriques. Formalisé en 2017, par le Conseil d'État, le plan formule une vision en trois étapes pour le secteur de l'IA :

1. 2017-2020 : maintenir un rythme conforme à celui des autres pays pour les progrès technologiques et leurs applications.
2. 2020-2025 : aboutir à des percées décisives, permettant d'atteindre le plus haut niveau mondial.

3. 2015-2030 : devenir le centre mondial de l'innovation dans l'IA, grâce à des innovations qui établiront la Chine comme la source des normes et des décisions sur le sujet.

De premières mesures concrètes ont été adoptées dans les six mois suivant la présentation du plan de développement. En décembre 2017, le ministère de l'Industrie et des Technologies de l'information publiait un plan d'action détaillé.

Les résultats de cette mobilisation ne sont pas passés inaperçus. Depuis 2010, la *MIT Technology Review*[89], une publication appartenant au Massachussetts Institute of Technology, mais indépendante d'un point de vue éditorial, publie son palmarès annuel des 50 sociétés les plus innovantes dans le domaine de l'intelligence. La liste annuelle des « 50 Smartest Companies », appelée aussi « TR50 » s'est imposée comme l'une des références les plus fiables dans ce domaine.

Dès 2017, sept sociétés chinoises figuraient dans le palmarès, dont Tencent ; Face++, spécialiste de la reconnaissance faciale ; iFlytek, le leader dans la reconnaissance vocale et Ant Financial, firme de la fintech. Puis, en 2019, la revue publiait une édition spéciale Chine pour rendre compte des progrès accomplis par le pays.

En 2019 et 2020, ce nouveau palmarès spécial Chine comprend quelques acteurs internationaux présents en Chine, comme NVIDIA ou Tesla et, au delà des « géants traditionnels de l'Internet », il couvre un large ensemble de secteurs, dont les biotechnologies, avec Fosun Kite et Wuxi Apptec ; les assurances avec la compagnie Ping AN ; l'industrie avec AInnovation, fournisseur de solutions en intelligence artificielle et l'e-commerce, avec Pinduoduo, acteur qui a révolutionné le domaine.

Les conditions requises pour des machines très intelligentes

Selon un rapport de BCG et du MIT[90] publié en 2020, les entreprises chinoises sont plus enclines à adopter l'IA que leurs homologues occidentales en raison de leur accès aux vastes écosystèmes mis en place par les géants de l'Internet, comme Alibaba et Tencent (la partie suivante développe cette question) et de leur présence sur les plateformes locales qui comptent.

Par exemple, en développant des mini-programmes pour des systèmes bien établis, comme Alipay ou WeChat, en s'appuyant sur des plateformes de streaming populaires, comme Meipai, Momo, YY.com, ou encore par le biais d'applis, telles que ByTheDance, Xiaohongshu ou d'autres, toute une série de sociétés locales trouvent une place au sein d'infrastructures numériques existantes qui facilitent un accès rapide au marché et leur permettent de maîtriser les investissements de leur montée en charge.

L'usage quotidien de centaines de millions de téléphones mobiles, fournissant de très grandes quantités de données d'entraînement, exploitables par l'apprentissage automatique (« *machine learning* »), contribue, lui aussi, aux avancées de la Chine vers une position de superpuissance dans l'exploitation de la data.

Hormis la taille de la population et la diffusion du téléphone mobile, qui permet la collecte et l'exploitation des données à très grande échelle, la Chine bénéficie d'un autre atout : grâce aux efforts consentis depuis des décennies pour promouvoir la technologie et l'ingénierie, le pays dispose aujourd'hui d'une offre abondante d'informaticiens et d'ingénieurs de haute qualité.

Les grandes communautés, autour du logiciel libre (« *open source* ») et la demande insatiable des consommateurs amplifient ces avantages. De plus, pour le consommateur, le téléphone mobile est le support idéal des applications basées sur l'IA. On ne s'étonnera donc pas de la multiplication rapide des applis de ce type.

Ce contexte explique l'intérêt marqué du public chinois pour l'IA. Une majorité de l'opinion se déclare même favorable à la généralisation de son emploi, comme l'indique une étude publiée par le China Institute for Science and Technology Policy (CISTP), basé à l'université de Tsinghua[91]. Une autre étude conduite par Deloitte[92] confirme l'acceptation des technologies pilotées par l'IA. Comme l'illustre le graphique ci-dessous, elle montre que les utilisateurs chinois adoptent les applis pour mobiles basées sur l'IA dans des proportions bien plus élevées que ceux du reste du monde.

Comparaison des applications sur smartphone en Chine/monde basées sur l'intelligence artificielle

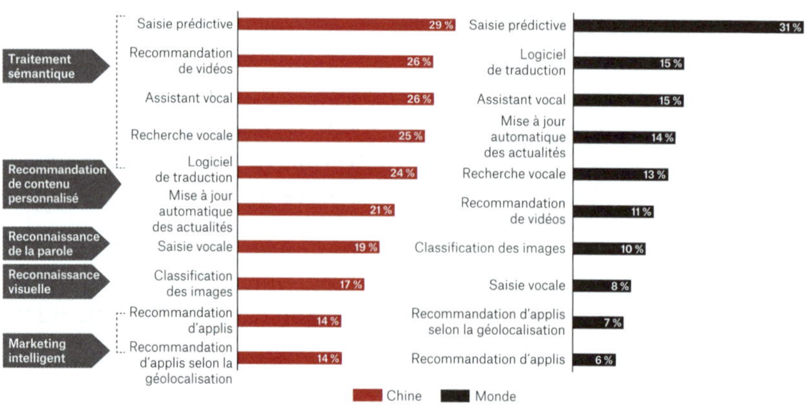

Source : Enquête sur les consommateurs de services mobiles, édition 2018, Deloitte.

Quand l'IA est un atout, pas un épouvantail

Il semblerait qu'on ne constate pas, dans l'opinion chinoise, le niveau élevé d'inquiétude que suscite l'IA ailleurs dans le monde. Selon l'enquête 2020 du MIT-BCG que nous avons citée précédemment, 86 % des utilisateurs en Chine font confiance aux décisions prises par l'IA, alors que seuls 39 % des Américains et 45 % des Européens sont de cet avis. Selon le rapport du CISTP également cité plus haut, ces préoccupations concernent les suppressions d'emplois et les crises sociales que pourrait provoquer l'introduction non contrôlée de l'IA. Au total, le public chinois n'apparaît ni trop optimiste ni trop pessimiste et fait preuve d'une attitude plutôt rationnelle à l'égard de l'IA.

Comme il va de soi, on n'attend pas d'un rapport de cette nature qu'il fasse état d'éventuelles inquiétudes de l'opinion chinoise face à l'emprise croissante de la surveillance étatique. Toutefois, si certains aspects de l'exploitation de l'IA par les autorités, tels que l'usage généralisé de la reconnaissance faciale, sont préoccupants et critiqués à juste titre dans le monde entier, il est essentiel de ne pas limiter le débat sur l'IA et son évaluation à ses questions.

L'univers de l'IA chinois est très divers et ses applications offrent de nombreuses avancées prometteuses. Il comprend, certes, la reconnaissance faciale et des systèmes de contrôle social, mais faut-il se limiter à ces aspects quand une bonne partie des développements sont destinés aux utilisateurs et fourniront des services utiles à l'humanité, comme nous l'avons déjà évoqué à propos de la lutte contre la pandémie de Covid-19 et, plus généralement, de la santé ? En outre, de nombreuses applications destinées au monde de l'entreprise ont une véritable valeur ajoutée.

La diffusion de l'IA en Chine s'explique aussi par son caractère généralement *user friendly*. Pour comprendre cette question, observons un instant le stade de développement auquel est parvenu l'IA. Selon l'expert Diatian Li[93], la majorité des applications développées en Chine fonctionnent en « IA faible », une forme d'intelligence artificielle qui résout des problèmes étroitement définis. Elle exige une connaissance spécifique du domaine et s'améliore à mesure de l'acquisition de données générées par les utilisateurs.

L'IA doit souvent être paramétrée pour des scénarios économiques spécifiques. Par exemple, un produit piloté par IA est mis au point – disons dans le domaine de la reconnaissance vocale. Il faut alors attirer les utilisateurs en grand nombre afin qu'ils génèrent des données. Ensuite, c'est le traitement des données, par le biais de l'apprentissage automatique, qui peaufine la fonctionnalité. Le produit s'améliore au gré de cercle vertueux.

Forts de leur approche centrée sur les utilisateurs et les solutions, les entrepreneurs chinois ont créé un marché dynamique, ouvert à ces nouveaux produits intégrant l'IA, et tendent à les mettre sur le marché dans des délais relativement serrés. L'adoption rapide de ces nouveaux produits et services par les consommateurs permet l'accumulation de données, nécessaire à leur perfectionnement ultérieur.

Dans son livre captivant, *I.A., la plus grande mutation de l'Histoire*[94] l'expert en sciences informatiques et en intelligence artificielle, Kai-Fu Lee, défend ce point de vue :

> *La culture des start-up en Chine offre avec celle de la Silicon Valley un contraste singulier, aussi marqué que l'opposition du yin et du yang. Les entreprises chinoises ne sont pas guidées par une mission, mais avant tout par le marché. Leur dessein ultime est de s'enrichir, et tout produit, modèle ou activité qui concourra à la réalisation de cet objectif est bon à prendre.*
> *[…]*
> *Alors que débute l'ère de l'IA appliquée, cet environnement entrepreneurial impitoyable va constituer l'un des atouts essentiels qui permettront à la Chine de bâtir une économie fondée sur l'apprentissage automatique. Ce ne seront pas des chercheurs enfermés dans leurs labos d'excellence du Massachusetts Institute of Technology (MIT) ou de Stanford, occupés à produire des résultats scientifiques inédits, qui concrétiseront les extraordinaires changements économiques mondiaux promis par le deep learning. Au contraire, ce seront des industriels pragmatiques et assoiffés de profits qui s'associeront à des experts de l'intelligence artificielle pour mettre en œuvre la puissance transformatrice du* deep learning *dans de multiples secteurs d'activité du monde réel.*
> *Dans les dix prochaines années, nous allons voir ces gladiateurs chinois investir des centaines d'industries et appliquer le* deep learning *à tous les domaines offrant des perspectives de gains importants. Si l'intelligence artificielle est la nouvelle électricité, c'est sans doute de Chine que viendront les magnats et les bricoleurs qui électrifieront nos vies dans leurs moindres aspects, des appareils électroménagers à l'assurance habitation. Parce que ces entrepreneurs ont le don de corriger à l'infini les modèles économiques et de flairer les bénéfices, ils vont concevoir un formidable éventail d'applications qui bouleverseront peut-être nos existences. Elles seront développées sur le sol chinois avant de partir à la conquête des pays étrangers, et pourraient bien s'imposer sur la plupart des marchés en développement.*

Pour étayer ces propos, nous avons recensé – de façon quelque peu aléatoire – une série d'exemples d'applications de l'IA qui nous paraissent significatifs en ce qu'ils préfigurent les bouleversements radicaux à venir pour l'économie d'entreprise. Loin d'être exhaustive, notre liste met l'accent sur des secteurs en relation directe avec les consommateurs. Nous avons négligé les exemples plus connus, tels que les haut-parleurs intelligents, les drones ou la robotique. Par ailleurs, nous ne revenons pas sur les applications dans le secteur de la santé, abordés précédemment.

Lutte contre la fraude : Maxent

Il s'agit d'un ensemble de technologies et de systèmes automatiques antifraude, pilotés par intelligence artificielle. Ils sont utilisés par les entreprises pour le traçage et l'analyse du comportement des utilisateurs et la détection automatique d'anomalies. Le but est d'identifier en temps réel des modes de fraude inédits. Le système se révèle efficace dans la lutte contre la cybercriminalité, les faux en écriture ou l'usurpation d'identité, sources de pertes massives pour les consommateurs et les institutions financières.

Services personnalisés pour la maison intelligente : Xiaomi, Midea et Haier

Les technologies de reconnaissance vocale et de traitement du langage naturel permettent le contrôle d'appareils domestiques : rideaux de fenêtres, éclairage ou téléviseurs réagissent aux commandes vocales. Les appareils intelligents apprennent à connaître l'utilisateur et, par le biais d'abonnements, gèrent les commandes d'achats ou recommandent des contenus médiatiques en relation avec son profil.

Reconnaissance faciale dans le commerce de détail : Sensetime et Suning

Suning, géant de la grande distribution, et SenseTime, leader de la reconnaissance faciale et corporelle, coopèrent à la mise au point d'une application d'identification pour les achats automatisés, la gestion des adhérents aux programmes de fidélité et les vérifications de paiement. Le programme explore aussi l'amélioration des expériences de shopping personnalisé au moyen de l'intelligence artificielle.

Aide à la décision : 6Estates

6Estates, acteur de premier plan dans le domaine de la consommation et de la finance est aussi expert de la netnographie et du social et sociétal *listening*. Fondée dans un cadre universitaire – NUS, à Singapour et Tsinghua, à Pékin – la société assiste les entreprises dans l'acquisition de connaissance. Elle contribue à accroître leur efficacité par une meilleure connaissance du consommateur, en matière de mode, d'attitudes et de contexte social.

Synthèse vocale : Panda Reader et Baidu

L'application Panda Reader lit livres et articles à ses utilisateurs. Par le biais d'un moteur de transcription du texte à la voix, exploitant l'IA de Baidu, le système assure non seulement la conversion vocale de l'écrit, mais il intègre aussi les pauses et les intonations adéquates, de façon à créer une expérience plus immersive et plus expressive. L'application IA sait aussi répondre aux demandes des utilisateurs.

Création artistique : Meitu

Meitu, appli populaire de retouche et de partage de photos, revendique la paternité du premier robot de dessin, l'« artbot » Andy. À la différence des filtres traditionnels qui ajoutent des effets aux images, Andy déconstruit les photos et en rassemble les éléments pour créer une image originale, ou une œuvre d'art. Il a fallu six mois d'apprentissage à Andy pour passer de la production d'images plus que sommaires au portrait d'une qualité « fait main ». Une large gamme d'options est désormais disponible et les images obtenues peuvent être transférées sur des supports physiques : coques de téléphone, tee-shirts ou autres. Point commun à ces exemples : tous offrent des solutions à l'utilisateur final. On retrouve ici l'attention soutenue pour le consommateur, ce trait distinctif grâce auquel les meilleurs entrepreneurs chinois sortent du lot et restent compétitifs.

6.2.2 La data permet une approche ultra-centrée sur le consommateur

Parce qu'elles n'ont pas à s'embarrasser des lourdeurs d'une architecture informatique préexistante, les firmes chinoises investissent avec appétit dans des systèmes qui collectent, rassemblent et interprètent divers flux d'informations.

Quand elle favorise la vitesse et la ténacité, ou encore l'apprentissage par l'expérience, aux dépens de plans à long terme, la data de qualité prend tout son sens et prouve son efficacité. Elle permet de valider ou de rejeter chaque essai. En cas d'échec, la décision de lancer l'essai suivant peut être prise sans attendre. Si l'expérience est probante, la puissance de la data autorise une amplification à une échelle jusque-là hors de portée.

Les entrepreneurs chinois se sont toujours distingués par leur proximité avec le marché et leur extrême réactivité au comportement des consommateurs. Comme l'attestent de nombreux exemples, la rapidité dont ils font preuve pour lancer de nouveaux produits n'a pas d'équivalent sur les marchés occidentaux.

Grâce à la richesse des données disponibles aujourd'hui en Chine, la capacité de comprendre la réception d'un nouveau produit et d'y réagir a augmenté dans des proportions considérables. Cette évolution confirme le bien-fondé de l'approche que privilégient les entrepreneurs chinois.

Leur ultrafocalisation sur le consommateur les rend mieux aptes à corriger le tir que la plupart de leurs rivaux occidentaux. En outre, ils disposent d'un accès beaucoup plus massif aux données, grâce à ces vastes écosystèmes, combinant médias sociaux et commerce en ligne, dont l'existence résulte de l'adoption exceptionnellement rapide des nouvelles technologies par les consommateurs chinois.

Banques de données

Les plateformes numériques géantes, telles que Tencent, Alibaba ou Baidu, ont accumulé d'énormes stocks de données pour nourrir leurs algorithmes d'apprentissage automatique. Cette abondance de données est une véritable manne, d'autant que la législation chinoise jusqu'à récemment relativement souple en matière de confidentialité des données ne limitait guère leur exploitation. Bien que la nouvelle législation introduite à l'été 2021 rende la protection de la vie privée plus stricte, les ensembles de données disponibles resteront probablement très complets et multidimensionnels.

Alibaba montre la voie à suivre

Dès 2017, le groupe Alibaba annonçait l'ouverture officielle de sa Brand Databank, un centre de gestion et de services des ressources de données consommateurs. Elle permet aux marques de gérer l'intégralité de leurs actifs de données consommateurs.

La Brand Databank d'Alibaba peut intégrer et stocker chaque interaction en ligne ou hors ligne entre les marques et leurs clients et suivre le consommateur dans toutes les étapes du parcours de l'entonnoir de conversion (conscience-intérêt-achat-fidélité).

Elle permet aussi à chaque marque de comparer ses propres données avec l'« Uni-Identity » qui appartient à l'écosystème du groupe Alibaba. La base de données intègre la gestion de la relation client, les données du commerce en ligne, de la publicité, des médias et les données d'attributs des médias sociaux, provenant, par exemple, de Weibo ou de Momo, ainsi que les commentaires produits de l'écosystème Alibaba, convertissant ainsi en temps réel les données consommateurs agrégés en actif pour la marque.

De cette façon, la Brand Databank aide les marques à accumuler et agréger en continu leurs ressources en données clients et à accroître leurs relations avec les consommateurs. De plus, elle leur offre une plateforme sur laquelle elles peuvent exploiter par elles-mêmes ces données, de façon à optimiser la gestion du cycle de vie client.

Grâce à ces quantités massives de données consommateurs, accumulées dans l'écosystème Alibaba, les marques peuvent observer leurs clients d'une manière plus compète et plus panoramique et enrichir leurs profils consommateurs. Ainsi, elles peuvent analyser et comprendre leurs clients dans différents contextes et développer des produits et des stratégies de commercialisation spécifiques.

Cette abondance de données, et l'aptitude croissance des entreprises chinoises à les exploiter, rationalise l'approche par essais et erreurs qu'elles ont toujours privilégiée et accentue à l'extrême leur focalisation sur le consommateur, comme l'illustrent les exemples exposés ci-dessous.

Mars China : l'invention du Snickers au piment grâce à la Brand Databank

La coopération entre le Alibaba Tmall Innovation Center (TMIC) et la filiale chinoise de Mars, est un exemple frappant : il a conduit au développement d'une nouvelle déclinaison de la barre de chocolat Snickers, le Snickers au piment, en Chine, pour la Chine. Mars a capitalisé sur la popularité croissante du 麻辣 (pinyin : málà, lit : engourdissant pimenté) et a créé une barre Snickers infusée au piment.

La collaboration a impliqué l'intégration d'analyses provenant des études de consommation de Mars, des données sur les plus de 500 millions d'utilisateurs des plateformes d'e-commerce d'Alibaba et d'une enquête auprès des clients visant à trouver une nouvelle saveur à mettre sur le marché. Le résultat a montré que les consommateurs chinois n'aimaient pas seulement la nourriture épicée, mais qu'ils étaient également prêts à essayer du chocolat avec une touche de piment.

Le Snickers épicé a immédiatement rencontré un grand succès et illustre parfaitement le processus de fabrication inversé rendu possible par les données et l'analyse – une approche client-entreprise (C2B) qui exploite les préférences et les commentaires des clients pour développer et concevoir des produits, plutôt que l'approche verticale traditionnelle[95]. Et en effet, au-delà de la création de nouveaux produits basés sur les données et l'IA, ce que nous constatons en Chine, c'est qu'en fin de compte, les données et l'IA entraînent une remise en cause des processus et des modèles commerciaux traditionnels.

Un autre exemple est la façon dont Xtep, une entreprise de vêtements de sport, a créé une ligne de produits pour une nouvelle cible de consommateurs.

Xtep : la Brand Databank met en évidence des opportunités inexploitées

Xtep s'est associé à la banque de données d'Alibaba afin de mieux identifier ses cibles, au-delà de sa base de clientèle habituelle plutôt masculine, de condition modeste et habitant dans des villes d'importance secondaire.

Les données par catégorie ont mis en évidence l'existence d'un groupe cible, caractérisé par un fort penchant pour les produits tendances et le streetwear d'inspiration hip-hop. À la grande surprise de la marque, il s'agissait d'une cible plutôt féminine, jeune, évoluant sur des marchés plus haut de gamme et disposant d'un pouvoir d'achat plus élevé.

L'étude révélait l'existence d'un nouveau créneau et un potentiel d'évolution de la marque au-delà de son cœur de cible. Une équipe *ad hoc* a été constituée pour créer des nouveaux produits visant ce segment, définir une démarche marketing spécifique – en partenariat avec *This Is Street Dance*, un reality show interactif – et mettre en place un service de vente en ligne.

Cette nouvelle ligne de produits, inspirée du hip-hop et des célébrités du genre, a rencontré un énorme succès. En exploitant un graphisme venu de l'univers des mangas, Xtep s'aventurait sur un nouveau territoire et rencontrait l'adhésion d'une nouvelle clientèle, jeune, féminine et sensible aux tendances de mode.

Une fois circonscrit ce groupe cible précis, bien défini grâce à une connaissance approfondie de sa demande et de ses préférences, tout le cycle de création a été revu et optimisé, ce qui a conduit à raccourcir dans des proportions significatives les délais de mise sur le marché pour toucher ce public plus réactif aux tendances et plus versatile.

Un prix, décerné par Alibaba, a réc ompensé Xtep pour cette initiative.

Perfect Diary : la perfection concentrée sur le consommateur, pilotée par intelligence artificielle

Dans le chapitre 3, nous avons examiné de près l'ascension exceptionnelle de Perfect Diary, un véritable phénomène dans l'univers des cosmétiques, et consacré à la marque un encadré qui détaillait les facteurs clés de son succès.

L'approche innovante de la marque se manifeste, en particulier, par son usage pertinent de l'intelligence artificielle avec la constitution de mini-groupes en ligne de clientes aux profils similaires, soit autant de plateformes très ciblées, sur lesquelles les jeunes femmes échangent et expriment leurs besoins d'utilisatrices.

Perfect Diary a créé une matrice de comptes numériques qui permet un service hautement personnalisé. Par divers biais – une carte à code QR dans un colis, une promesse de coupon de réduction ou des recommandations de KOL (*Key Opinion Leader*) – la marque incite ses clientes à la rejoindre sur son canal WeChat.

Une fois sur WeChat, les clientes sont prises en charge par Xiao Wanzi, un avatar piloté par intelligence artificielle, dont les traits physiques sont inspirés du public cible. Xiao Wanzi leur donne accès à leurs coupons de réduction et les invite à poster leurs commentaires sur WeChat Moments.

À ce stade, Perfect Diary indexe ses utilisatrices au moyen de *tags* et définit leur profil spécifique. La marque peut alors identifier des caractéristiques communes à diverses clientes – passe-temps ou autres – et adresse à chacune une invitation personnelle à rejoindre tel ou tel groupe affinitaire. Chacun de ces multiples groupes fait l'objet d'une communication et d'offres optimisées.

Voilà une démarche qui frôle la perfection *consumer centric*. Les clientes ont le sentiment d'être comprises et appréciées dans leurs échanges avec Xiao Wanzi, qui se comporte en amie fiable, possède l'expertise d'une consultante beauté et propose des services exclusifs aux membres de chaque groupe. L'approche personnalisée, combinée à l'optimisation du produit, accroît de façon notable le désir d'achat de l'utilisatrice.

En absence d'intelligence artificielle et d'une approche numérique automatisée, Perfect Diary ne pourrait pas engager ces interactions personnelles et constantes avec un aussi grand nombre d'utilisatrices.

PingDuoDuo : la demande générée par IA, moteur d'une hypercroissance

PingDuoDuo est un autre exemple de réussite né de l'attention portée au client par le biais de l'IA. Son *business model* est si performant qu'il n'a fallu que cinq ans à la firme pour ravir à JD.com la place de deuxième acteur du commerce en ligne, juste derrière Alibaba[96]. Comment PingDuoduo a réalisé un tel exploit? En poussant des recommandations de produits en fonction des intérêts de l'utilisateur.

Amazon ou d'autres places de marché laissent les acheteurs chercher leur bonheur parmi des sélections «illimitées» jusqu'à ce qu'ils identifient les articles satisfaisant leurs exigences. La démarche crée une demande dite «à longue traîne», c'est-à-dire une demande pour une grande quantité de produits de niche en petits volumes, recherchés par des clients très différents.

Amazon et ses concurrents répondent à la demande de longue traîne dont ils tirent des bénéfices significatifs en vendant des articles obscurs, difficiles à trouver et proposés par des vendeurs tiers, plutôt qu'en se limitant à des best-sellers populaires. Autrement dit, les places de marché du commerce en ligne offrent des produits de niche pour attirer un large éventail de consommateurs aux intérêts les plus divers.

PingDuoduo a choisi l'approche inverse. Plutôt que de monétiser une vaste diversité de consommateurs en élargissant sa sélection d'articles pour répondre à la demande de longue traîne, la firme agrège une demande largement partagée pour une variété restreinte de produits par le biais d'achats groupés. Une fois la demande agrégée, les articles sont disponibles à des prix plus bas grâce à des économies d'échelle dans le processus de production. Pour optimiser ce modèle, PDD a élaboré un nouveau modèle, le *consumer to manufacturer* (C2M).

Les premiers pas du C2M

Dès ses origines, PDD s'est donné pour mission de «bénéficier à tous». Avec le modèle C2M, les consommateurs payent moins cher, puisque la commande agrégée est adressée directement au fabricant, sans passer par les intermédiaires: distributeurs, magasins de détail ou supermarchés.

Les fabricants accroissent leur chiffre d'affaires, tout en consentant des remises, parce que:

- leurs coûts sont réduits grâce aux économies d'échelle induites par les commandes groupées;
- la relation directe avec les consommateurs finaux leur permet de vendre au prix de détail et non au prix de gros;
- ils réduisent leurs pertes en produisant «à la demande», celle-ci étant calibrée sur les données consommateur.

Le modèle C2M installe ainsi un cercle vertueux pour les producteurs comme pour les consommateurs. Les gains d'efficience induisent des prix plus bas pour les consommateurs, ce qui stimule la demande, par le biais de commandes groupées adressées aux producteurs.

Pas de C2M sans intelligence artificielle

PingDuoduo a mis au point une approche sophistiquée, qui lui assure une connaissance sans équivalent de l'utilisateur. Il s'agit d'une plateforme client sur mobile dont les données sont exploitées par IA. Ses fonctions sont consacrées à 80 % au commerce en ligne, à 20 % au jeu et aux médias sociaux.

PDD recourt à un flux Web de recommandations pilotées par IA pour pousser des produits auprès des consommateurs, plutôt que d'attendre qu'ils recherchent des articles. Un produit est recommandé aux clients en fonction de leurs intérêts ou, mieux encore, différents produits sont poussés auprès du même client pour répondre à ses besoins divers. Il est prouvé que ce flux de recommandations intelligent a pour effet une croissance spectaculaire des achats.

Le jeu en ligne, clé de la connaissance client

Alibaba et d'autres concurrents ont fini par copier ce flux de recommandation intelligent. Mais le secret de la croissance virale de PDD réside dans la dimension sociale des achats groupés et dans les liens noués avec WeChat[97].

PDD, se comparant à Disney, estime que le shopping doit relever de l'amusement. Les utilisateurs ont droit à des remises plus importantes, voire à des articles gratuits s'ils partagent leurs expériences d'achat avec leurs amis sur WeChat.

Initialement la formule des achats groupés concernait des produits bon marché de consommation courante, comme les fruits. Les remises incitaient les utilisateurs à partager fréquemment les produits avec leurs amis. Par le biais de ces partages sur WeChat, PDD acquiert une meilleure connaissance des préférences d'achat de ses utilisateurs et de leurs réseaux et peut améliorer les recommandations intelligentes.

PDD a aussi ouvert la voie de la «gamification» du shopping. *Duo Duo Orchard*, jeu disponible sur l'appli de la marque, est conçu pour inciter les clients à naviguer, partager et acheter au quotidien. Pour voir pousser leur arbre virtuel, les joueurs doivent acquérir eau et fertilisants qu'ils obtiennent en se connectant tous les jours, en partageant des articles, en naviguant sur l'appli et en achetant.

Quand l'arbre a atteint sa pleine maturité, PPD récompense le jardinier virtuel par un panier de fruits gratuits, livrés à domicile. Plus de 60 millions de joueurs se connectent chaque jour sur *Duo Duo Orchard*, si bien que PDD commande des tonnes de fruits à des agriculteurs en difficulté, ce qui améliorent ainsi leur niveau de vie et trouvent un débouché à leur récolte.

Cette « gamification » addictive est un autre exemple de solution gagnant-gagnant : les utilisateurs prennent plaisir à jouer, PDD fidélise les utilisateurs et les agriculteurs vendent leur production.

Shein démontre que le modèle peut s'exporter

Hormis les adolescents ou leurs parents, personne ou presque ne connaît cette marque chinoise. Elle donne pourtant du fil à retordre à Zara et aux autres acteurs de la *fast fashion* en raison de l'accent particulier qu'elle met sur le *fast*. De plus, Shein démontre qu'avec une approche numérique pertinente, une marque développée en Chine peut avoir une portée et une audience mondiale.

Shein bouleverse le secteur de la mode, à l'échelle mondiale, au moyen de campagnes habiles sur les médias sociaux et de promotions accrocheuses sur TikTok, Facebook et Instagram, pour vendre à très bas prix des vêtements destinés aux adolescentes ou étudiantes du monde entier. Les clics en ligne sont son principal canal de distribution. Aussi incroyable que cela puisse paraître, la marque est devenue le site Web le plus suivi au monde dans la catégorie *lifestyle*, mode et vêtements. Elle occupe la première place, devant des noms à la notoriété aussi bien établie que Nike, Zara, H&M, Uniqlo et Gap, selon l'institut de mesure d'audience Similarweb[98].

Selon un rapport récent de la banque d'investissement Piper Sandler sur les tendances de la mode, Shein est la marque la plus populaire chez les consommatrices adolescentes aux États-Unis. Sa mesure d'audience sur les médias sociaux donne une bonne indication de ce succès : elle compte 19 millions de followers sur Instagram et près de 2 millions sur TikTok. Elle le doit à ses achats d'espace sur Facebook et au recrutement de « micro-influenceuses » – rémunérées par des cadeaux, des vêtements ou de l'argent liquide – qui assurent sa promotion en ligne.

La firme a réussi à créer une marque et une offre de produits qui séduit un public international, elle est passée maître dans l'identification des nouvelles tendances partout dans le monde et elle a développé un modèle de production qui permet une expérience de consommation flexible et ultrarapide.

Shein propose chaque jour plus de mille nouveaux articles définis par ses algorithmes et, pourtant, la société ne possède pas le moindre lieu de production. Elle repère les tendances sur Internet, s'approvisionne auprès d'un réseau de fournisseurs et expédie directement dans le monde entier, à des prix imbattables.

L'évolution des mentalités en faveur de biens et de procédés durables n'affecte pas la croissance de Shein. Jusqu'ici, sa clientèle jeune et internationale semble indifférente aux conséquences indésirables – gâchis et atteintes à l'environnement – de la production en masse de vêtements à bon marché. Les utilisatrices sont ravies de poster des photos d'elles-mêmes, vêtues de leurs dernières acquisitions. Elles favorisent ainsi le perfectionnement des algorithmes, grâce auxquels Shein peaufine la stratégie ultra centrée-consommateur qui leur plaît tant.

• • •

Yum China Digital : les super-applis pilotées par AI qui inspirent le reste du monde

Mars 2020 : le magazine *Fast Company* désigne Yum China comme l'une des entreprises les plus innovantes au monde.

Qu'a-t-elle de si innovant ?

- Un écosystème numérique puissant, intégrant plateformes en ligne et restaurants en dur, pour améliorer l'expérience et l'engagement du client, pendant tout son parcours.
- Des capacités, en matière de données et d'intelligence artificielle, pour informer et éclairer les prises de décision, à tous les niveaux : menus, livraisons, marketing, gestion des restaurants et chaîne d'approvisionnement.

Un écosystème numérique puissant pour une expérience client immersive

- Au cœur de l'écosystème numérique de Yum China : les super-applis KFC et Pizza Hut.
- Elles permettent l'engagement avec le client, où qu'il se trouve. Au-delà de l'alimentaire, elles proposent musique, jeux, sports et divertissement et fournissent ainsi à Yum un profil très complet des goûts de ses clients.
- Elles intègrent une série de fonctions digitales : coupons, bons d'achat, offres d'adhésion, commerce en ligne, options de paiement et activités relevant de la responsabilité sociale des entreprises.
- Outre le règlement sur les plateformes Alipay et WeChat, elle offre l'option YUMC Pay, d'usage facile pour les clients, en partenariat avec Union Pay. Jusqu'à 97 % de tous les règlements sont numériques.

Générer des données exploitables et pertinentes

- Plus de 300 millions de membres numériques des applis KFC et Pizza Hut fournissent une mine inestimable de commentaires et d'informations clients dans de nombreuses villes.
- Ces données contribuent à évaluer les formats de restaurants, les emplacements et les menus les plus appréciés et les plus efficients.

- Elles permettent aussi une plus grande efficacité des campagnes de marketing, aident à établir la notoriété de la marque et la fidélité des clients.
- De plus, les offres séduisantes du programme privilège favorisent la fréquentation, la valeur perçue et la fidélité des clients.

Une expérience numérique disruptive de *new retail*

- Des kiosques de commande automatique équipés de la technologie de paiement par reconnaissance faciale « Smile-to-Pay » d'Alipay sont disponibles dans plus de 1000 restaurants KFC. Certaines adresses proposent aussi des buffets de desserts entièrement automatisés.
- « Delivery 3.0 », la plateforme intelligente de Yum China, dédiée aux zones commerciales, optimise les livraisons et améliore l'efficacité du service. Son système de répartition et de régulation des flux logistiques, piloté par IA, transforme la relation entre clients, livreurs et restaurants.

La data et l'IA stimulent les ventes et l'efficacité opérationnelle

- La data permet une approche marketing à la fois ciblée et flexible, adaptée aux préférences du client.
- Yum China a introduit des recommandations et des menus gérés par IA, pour toutes les précommandes sur mobile, permettant ainsi des interactions personnalisées et des modifications au souhait du client.
- Grâce à une technologie basée sur l'IA, Yum China a largement amélioré ses prévisions de vente, facilitant ainsi la gestion des stocks et les emplois du temps des équipes dans les restaurants.
- Yum China a développé ses propres algorithmes pour évaluer avec plus de précision les schémas de données à l'échelle des restaurants, en tenant compte de paramètres tels que l'emplacement, les performances de vente, la météo, les promotions et les fêtes.
- Autre nouveauté : les responsables de restaurants sont équipés de montres connectées pour contrôler les commandes et le service, afin d'identifier et de corriger chaque problème.

Des retombées bénéfiques au niveau mondial

- En 2019, inspirée par l'exemple de Yum China, Yum Brands inaugurait son laboratoire international d'innovation numérique pour mieux cerner les préférences client et y répondre plus vite.
- L'année suivante, KFC et Pizza Hut ont pu s'adapter aux conditions créées par la pandémie, quand les salles ont dû fermer leurs portes sur de nombreux marchés.

Source : Yum China.

6.2.3 Les consommateurs deviennent des utilisateurs

Derrière nos écrans de fumée (2020), docudrama captivant de Netflix, explore le caractère addictif des médias sociaux. On y voit Edward Tufte, informaticien et professeur émérite en sciences informatiques, sciences politiques et informatique à l'université de Yale déclarer : « Seules, deux activités appellent leurs clients des "utilisateurs" : le trafic de drogue et l'industrie du logiciel. »

Pony Ma, le fondateur de Tencent, l'a reconnu très tôt : dès 2012, il commençait à nommer ses clients des utilisateurs. À juste titre, dans la mesure où les écosystèmes numériques, les applications mobiles et la connaissance client par le biais des données transforment la relation avec le consommateur : d'un achat occasionnel, on passe à une connexion permanente.

À la différence du trafic de drogue, toutefois, cette relation est à double sens : les marques cherchent par tous les moyens à cerner les réactions du consommateur afin d'optimiser leur offre et les systèmes d'intelligence artificielle vont être de plus en plus à même de déterminer quand un client est prêt à acheter et à quelles conditions.

Son avance dans la technologie du mobile, l'abondance de données dont elle dispose et l'aval donné par la population à la transformation numérique placent la Chine en tête de cette grande conversion : les consommateurs y deviennent, ou sont déjà devenus, des utilisateurs. Cinq éléments nourrissent cette mutation générationnelle et radicale :

1. **La part élevée du commerce de détail en ligne :** les achats en ligne représentent une part majoritaire de la consommation de détail. En 2021, elle devrait dépasser les 50 %, selon eMarketer[99].

2. **Une forte concentration des plateformes :** l'essentiel de la data se concentre dans une poignée d'écosystèmes connectés. Les trois principaux, Tmall, JD et PDD couvrent plus de 90 % des transactions B2C.

3. **Des écosystèmes divers :** les plateformes ne sont pas spécialisées. Entre communications marketing, médias sociaux, commerce social, e-commerce, les frontières sont poreuses et toutes les activités recourent au paiement sur mobile.

4. **Le consommateur chinois est jeune :** contrairement à la situation qui prévaut en Occident, le pouvoir d'achat est du côté des jeunes générations, soutenues par leur famille (par exemple, 13 % des dépenses des ménages sont consacrées aux enfants, contre 4 % en France).

5. **Un marché fortement centré sur le consommateur :** tout ce que réclame le consommateur voit le jour (à la différence d'une approche *top-down* par la marque), raison pour laquelle la data est essentielle.

Créer des utilisateurs : nous n'en sommes qu'au début

Nous sommes convaincus que l'évolution vers la notion d'utilisateur n'en est encore qu'à un stade initial. L'innovation numérique va enfanter toute une variété de *business models* et la Chine jouera un rôle précurseur dans ce domaine. Imaginons une firme de cosmétiques, capable, grâce aux avancées de la thérapie génique, d'adresser chaque jour la composition personnalisée d'une crème hydratante vers l'appareil Haier d'une cliente. La machine va mélanger les ingrédients pour produire la dose quotidienne d'émollient. Sans pousser le bouchon trop loin, on peut même envisager que Haier ou une start-up dans son écosystème choisisse de se spécialiser dans les cosmétiques ou la pharmacie.

Imaginons cette fois une société spécialisée dans le sport qui concocte des programmes d'exercices quotidiens sur-mesure et les projette sur écran, au domicile d'un convalescent relevant d'une blessure. Le service est gratuit, comme il va de soi, pour les utilisateurs affiliés au programme de fidélité dans la catégorie « élite ».

Si l'on y pense, plus notre environnement se numérise, plus il incorpore d'intelligence artificielle et d'optimisation pour chaque profil d'utilisateur et plus les *business models* resserrent les liens de dépendance entre les individus et les firmes. Abandonner un fournisseur de services pour un de ses concurrents à un coût de plus en plus élevé pour chaque utilisateur.

Cette évolution du statut des clients n'a pas échappé aux marques chinoises. Elles sont nombreuses à s'être dotées des stratégies numériques nécessaires pour en tirer parti. Au-delà des grandes plateformes Internet dont les écosystèmes sont conçus pour s'assurer la fidélité des utilisateurs, les chaînes de *fast-food* ou de boissons ont sauté sur l'occasion.

Nous avons déjà mentionné la chaîne de café Luckin qui a su créer un service continu du *online* au *offline* (voir chapitre 2, partie 2.2). Heytea, chaîne concurrente spécialisée dans le thé, a, elle aussi, une stratégie numérique utilisateur notoire. Perfect Diary puise dans la même veine avec son service de relations clients « toujours ouvert ».

Certains acteurs étrangers opérant en Chine ont, eux aussi, perçu très tôt cette nouvelle tendance et ont su la chevaucher. C'est le cas de Starbucks et de KFC. Ces deux exemples méritent qu'on s'y arrête.

Dans le premier chapitre, nous avons montré comment Starbucks avait réussi à se faire une place avec une stratégie élaborée autour d'un axe clair: «la Chine pour la Chine». Le rôle prêté au numérique a été un élément clé de cette approche, mise en œuvre, qui plus est, quasiment sans erreur.

Starbucks: une intégration totale des systèmes, l'utilisateur placé au centre

Conçues à partir d'une table rase, en 2015, sans modèle préexistant dont tirer des enseignements, les capacités numériques de Starbucks-Chine ont évolué jusqu'à devenir l'approche de référence et définir désormais la norme internationale de la marque, mise en œuvre avec succès aux États-Unis et sur d'autres marchés. C'est un exemple dont peuvent s'inspirer de nombreuses entreprises, en Chine comme ailleurs dans le monde.

Commandes, livraisons, vente et cadeaux en ligne: Starbucks-Chine a intégré tous ses services aux abonnés et leurs transactions en ligne dans ses propres applis et sur des plateformes extérieures, mettant ainsi en place une stratégie multicanaux intégrée. Management, service clientèle, gestion des points de vente, facturation et activités des divers points de vente sont tous combinés par le numérique.

Cette intégration procure une grande agilité. De plus, l'expansion des canaux numériques a accéléré la croissance de l'activité en ligne, favorisant un rétablissement rapide, à la suite des difficultés provoquées par la pandémie de Covid-19, en 2020.

La conversion au numérique de Starbucks-Chine a connu une première phase d'accélération en réponse à la menace posée par le succès de Luckin Coffee (voir chapitre 2, partie 2.2), puis une seconde, plus rapide encore, lorsque le Covid-19 a contraint les points de vente à fermer. C'est aussi pour faire face à la pandémie que le modèle inédit, élaboré en Chine, a été déployé dans le monde entier. Par exemple, la livraison de café, longtemps exclusivité des opérations chinoises a été adoptée ailleurs.

L'approche numérique de Starbucks-Chine est entièrement multicanale, depuis la collaboration avec Tencent (APP) et Alibaba (livraisons, boutique Tmall, participations aux grands événements commerciaux, comme la Journée des célibataires) jusqu'à l'intégration *online-offline* (O2O) qui permet d'obtenir, au comptoir ou par livraison, le café commandé en ligne. Le paiement mobile est, lui aussi, intégré (*via* WeChat et Alipay). Aspect plus remarquable encore, cette infrastructure numérique est couplée à un programme de fidélité, considéré comme l'un des meilleurs en Chine aujourd'hui.

Le secret : enrichir l'expérience utilisateur numérique d'une dimension émotionnelle

Lorsqu'on parle d'innovations numériques, on pense d'abord canaux, trafic, opérations utilisateurs, technologie, *widgets* et *big data*. Il s'agit là des capacités de fond qu'une firme doit acquérir pour entreprendre son expansion numérique.

Mais, selon Belinda Wong, PDG de Starbucks-Chine, cette expertise n'est que la partie immergée de l'iceberg. Encore faut-il savoir mettre cet outillage et ces compétences technologiques au service des produits, de la culture et des valeurs d'une marque, parvenir à leur intégration organique. C'est alors que l'iceberg émerge, s'impose à la vue de tous et impressionne les utilisateurs.

Outre la maîtrise de ces capacités de base, Starbucks se préoccupe des besoins de ses clients quand ils se connectent à la marque par ses différents points d'entrée. Ces besoins sont pris en considération dans la réflexion sur les « positions », applis ou points de vente. Starbucks enregistre numériquement les préférences de ses utilisateurs fréquents et crée des expériences personnalisées, adaptées aux caractéristiques de chaque plateforme.

Quand ils sortent de chez eux, le matin, les utilisateurs peuvent se rendre à l'adresse où le service sera le plus rapide, selon les indications de l'appli, ou ils peuvent aller jusqu'au *flagship store* de TMall pour tenter d'obtenir, de haute lutte, une tasse du café en édition limitée ou, encore, passer commande sur l'applet WeChat et partager le thé de l'après-midi entre amis. L'appli leur propose aussi un plan numérique indiquant le meilleur itinéraire pour rejoindre une adresse Starbucks, où les attendra leur café commandé en ligne, un service apprécié par les gens très actifs.

Le social gifting

En 2017, pour renforcer la connexion émotionnelle, Starbucks a introduit le concept de « cartes cadeaux sociaux », aussi appelées « Parler avec les stars », en référence aux « starpoints » dont la valeur peut être attribuée à des amis plutôt que convertis en remises ou en services pour soi-même. Cette formule de *social gifting* ou « cadeau social », qui permet au client d'adresser facilement un bon pour un café ou une carte-cadeau en ligne, ajoute une dimension supplémentaire à la relation entre l'utilisateur et la marque.

En août 2020, une nouvelle déclinaison de la formule « Parler avec les stars » a été introduite. Sous le nom de « Heart Delivery », elle permet de commander en ligne une boisson pour un proche et d'y associer un message, qui accompagnera le gobelet. Délicate attention qui surprendra le destinataire[100] !

La data fait la différence !

Hormis les revenus supplémentaires qu'elle génère, la vraie valeur de l'appli réside dans l'exploitation potentielle de la vaste quantité de données collectées et dans les innovations qui peuvent en découler. Cet aspect est au fondement de la stratégie numérique de Starbucks.

Starbucks expérimente déjà l'affichage de menus piloté par IA dans ses points de vente en dur, pour proposer des formules évolutives, répondant aux préférences de ses clients (variant selon les usages régionaux ou le moment de la journée). Idéalement, le dispositif devrait continuer à stimuler les ventes en restaurants. Les données utilisateurs sont aussi prises en compte dans les décisions relatives à l'emplacement des nouveaux points de vente et à l'extension du réseau.

L'exploitation de cette connaissance utilisateur, sous des formes diverses, est appelée à prendre une importance croissante à mesure que le commerce de détail développe la personnalisation du service et que les utilisateurs souhaitent non plus qu'on s'adresse à eux, mais qu'on les inclue dans la conversation.

Plus Starbucks accède aux données clients et plus la marque dispose de ressources pour continuer à instaurer des relations personnalisées et pertinentes qui convertissent ses clients en véritables utilisateurs réguliers.

On pourrait penser que ce type de stratégies apparaît plus urgent, ou peut-être plus accessible, aux marques qui diffusent un produit d'usage quotidien, comme le café, dans la mesure où tant d'acteurs du secteur de la restauration rapide et des boissons recourent, eux aussi, à des stratégies numériques centrées sur l'utilisateur. Selon nous, toutefois, il ne s'agit probablement là que de la partie émergée de l'iceberg.

Nike s'appuie aussi sur des stratégies digitales fortement centrées sur l'utilisateur. D'autres entreprises, telles que L'Oréal, comme nous l'avons vu précédemment, ont adopté une démarche pionnière dans laquelle l'approche centrée sur l'utilisateur est en parfaite cohérence avec l'environnement numérique dans lequel elles opèrent en Chine. Ces stratégies vont au-delà des modèles existants. Elles sont conçues pour une économie de l'utilisateur dans l'univers numérique.

Le parcours numérique du client dans l'univers du luxe

À l'échelle mondiale, un secteur a compris ce changement radical : le luxe. D'abord sceptiques quant à la nécessité d'intégrer les plateformes numériques et la vente en ligne dans leur mix marketing – elles ont sans doute été les dernières à admettre le caractère inévitable d'une présence sur des plateformes telles qu'Alibaba ou JD.com – plusieurs marques du luxe ont fini par développer en quelques années des connexions numériques de pointe avec les utilisateurs.

Conscients que la catégorie des moins de 30 ans, autrement dit les *digital natives*, représente aujourd'hui 47 % des dépenses dans le commerce du luxe en Chine[101], les acteurs du secteur ont oublié leurs réticences, pour se ruer sur les solutions en ligne. Le résultat est que la pénétration numérique atteint aujourd'hui 33 % de l'ensemble des ventes du luxe. Mieux encore, les marques rivalisent pour être à l'origine de « premières » numériques. Burberry a ainsi été l'une des premières marques du secteur à s'essayer au *live streaming*, avant d'ouvrir en 2020 le premier *concept store* de shopping social (voir encadré) qui associe et intègre la vie de ses utilisateurs sur les réseaux sociaux et leurs engagements hors ligne.

• • •

La boutique de shopping social de Burberry : le parcours de l'utilisateur sur et hors écran

« Burberry's a toujours été une marque connue pour ses premières. Nous testons des idées inédites et nous repoussons les limites du possible. Concernant l'innovation autour des médias sociaux et du commerce de détail, un choix s'imposait : la Chine et sa clientèle du luxe, particulièrement au fait des usages numériques. Le concept que nous avons élaboré, en partenariat avec Tencent, va redéfinir les attentes dans le domaine du commerce de luxe. Notre boutique sociale, à Shenzhen, est un lieu de découvertes, qui connecte et récompense les clients, au cours de leur exploration, en ligne ou sur place. C'est un tournant dans notre manière d'interagir avec nos clients. »

Marco Gobbetti
PDG Burberry

La première boutique de luxe dédiée au shopping social associe monde physique et univers social pour une expérience d'achat immersive. Dans cet espace d'exploration, conçu pour inspirer et divertir, les clients interagissent avec la marque et ses produits sous des formes inédites et séduisantes, en personne ou sur les médias sociaux.

Le concept reprend les interactions des médias sociaux et les transpose dans l'environnement d'une boutique en dur. Par le biais d'une mini-programme dédié sur WeChat, les clients peuvent débloquer des contenus exclusifs et des expériences personnalisées, puis les partager avec leur communauté.

La boutique de 539 m² abrite une série d'espaces que les clients peuvent explorer. Chacune des dix pièces correspond à un concept et à un style particulier et propose une expérience interactive unique.

Le mini-programme donne vie à la boutique au moyen de contenus exclusifs et d'expériences personnalisées qui peuvent être débloqués sur WeChat, que les clients se trouvent dans la boutique virtuelle ou dans l'espace physique. L'appli leur propose diverses fonctionnalités, telles que la visite de la boutique ou les informations sur les articles. Elle donne aussi accès à une plateforme offrant des services au client, des rendez-vous en boutique, des événements ou la réservation d'une table au Thomas'Café, un espace partagé situé dans le magasin.

Monnaie sociale, contenu exclusif et expériences personnalisées

Plus le client multiplie les interactions avec Burberry et plus son expérience s'enrichit.

- Chaque client se voit attribuer un avatar ludique aux traits d'un animal. Au gré des engagements du client, en boutique ou sur les médias sociaux, son avatar évolue et il est invité à découvrir de nouveaux personnages et de nouveaux vêtements.
- Le parcours du client est guidé par un système des points numériques, la « Burberry's Social Currency » [monnaie sociale de Burberry]. Ils s'additionnent à mesure des activités du client en boutique et de ses engagements sociaux avec la marque.
- Grâce à cette monnaie sociale, le client obtient des cadeaux et peut débloquer des contenus exclusifs et des expériences personnalisées.
- Les cadeaux se traduisent par des plats exclusifs au menu du café ou des contenus du mini-programme.
- Chaque cabine d'essayage a sa propre bibliothèque de playlists. Le client peut réserver sa cabine de prédilection avec le mini-programme.
- La « Trench Experience » est un espace exclusif que le client peut débloquer en accumulant de la monnaie sociale. Hommage au trenchcoat emblématique de la marque, conçu pour protéger contre les éléments, cette pièce offre une expérience immersive au cœur de la nature. Rappelant le passé de la marque et son association avec les voyages d'exploration, elle offre au client un contenu personnel unique qu'il peut partager sur les médias sociaux.

Interactivité et QR codes

Dès qu'ils pénètrent dans la boutique, les clients découvrent une première expérience numérique. Ils peuvent scanner les QR codes apposés sur les étiquettes des articles, ce qui ajoute une couche numérique à la découverte des lieux.

- Une vitrine interactive à l'entrée réfléchit la silhouette de l'observateur sous la forme d'une sculpture vivante et réplique ses mouvements, créant ainsi un moment unique qui peut être enregistré et partagé avec ses amis.
- La vitrine change au gré des saisons, en accord avec les dernières collections.

- Tous les articles présentés sont étiquetés avec un QR code, connecté aux écrans numériques, pour améliorer l'expérience en boutique.
- Les clients peuvent voir de près les dernières collections de la marque et les articles de saison. Ils découvrent aussi des exclusivités, créées pour la seule boutique de Shenzhen.
- Lorsqu'ils scannent le QR code, ils débloquent des contenus additionnels et un texte conçu autour de chaque article sur le mini-programme ; ils acquièrent aussi de la monnaie sociale.

Espace social

- Le Thomas Café, nommé en hommage à Thomas Burberry, le créateur de la marque, est un espace dédié où la communauté Burberry peut se connecter.
- Le café est conçu comme un espace polyvalent. Modulable, il peut accueillir des conférences, des ateliers, des expositions et des représentations, auxquels on assiste en réservant sa place sur le mini-programme.
- Le menu du café réserve, lui aussi, des surprises. L'activité des clients sur le mini-programme WeChat et leurs gains en monnaie sociale débloquent de nouvelles propositions.

Source : Burberry[102].

L'engagement personnalisé a toujours été au cœur de l'approche du marketing et de la vente pour les marques du luxe, mais, avec la technologie, cette expérience individualisée peut être affinée.

Les leaders du secteur, Prada, LVMH ou Burberry, par exemple, maîtrisent désormais tout le parcours intégré du client *online/offline* et parviennent ainsi à un haut degré de personnalisation, grâce à leur compréhension en profondeur de l'utilisateur.

Le marquage par *tags* des individus aux divers points de contact de l'expérience client omnicanale, l'approche OTO (*one-to-one*) de la vente et l'intégration totale par les systèmes GRC permettent une interaction continue avec l'utilisateur qui stimule la fidélité et les achats répétés. Les médias sociaux, tels que WeChat, Weibo ou Xiaohinghsu, servent de plateformes pour étendre l'influence sociale d'une marque, accroître sa visibilité, attirer de nouveaux clients et augmenter le taux de conversion.

Comme nous l'avons vu à plusieurs reprises, en particulier dans le cas de Perfect Diary, WeChat joue un rôle crucial dans la personnalisation de l'interaction avec l'utilisateur. La plateforme instaure une connexion numérique permanente entre la marque et l'utilisateur, permettant, par exemple, une relation directe en face-à-face avec le vendeur de son choix présent dans une boutique en dur, le partage d'une expérience personnelle sur WeChat Moments, ou un achat par les biais des mini-programmes de WeChat.

Entretenir une relation suivie avec des clients très fidèles est souvent le secret du succès pour les marques du luxe. Leur croissance et leur prospérité commerciale dépendent de l'attachement à la marque d'un public relativement restreint, disposant d'un fort pouvoir d'achat. Les ressources numériques développées en Chine aident ces marques à accentuer la dimension personnelle de ce parcours de l'utilisateur. Dans le secteur du luxe aussi une relation numérique étroite et patiemment cultivée convertit le client en utilisateur.

Le développement du numérique nous place sur le seuil d'une nouvelle ère d'innovations, centrées sur l'utilisateur. Sur fond de connexions entre les univers sociaux et le monde du commerce de détail, des services numériques innovants et des expériences convaincantes pour les utilisateurs sont créés. Elles aident les marques à tisser des liens émotionnels forts et posent les fondations d'une croissance poursuivie sur le long terme.

6.3 Les leçons de l'intelligence

Plus que tout autre pays, la Chine, ses autorités, sa population et ses entrepreneurs adoptent les innovations technologiques, dans lesquelles ils voient le moteur du progrès et du succès commercial et qu'ils considèrent donc comme une priorité stratégique.

Les technologies fondamentales sur lesquelles s'appuie la révolution numérique chinoise se distinguent peu, voire pas du tout, de celles disponibles dans le reste du monde. Si le pays creuse son avance dans la marche vers une société numérisée et fonctionnant à l'IA, s'il peut même aspirer à un leadership mondial, c'est en raison de la vision (à long terme) de la puissance publique, de son ambition et de son action *top-down* conjuguée aux tactiques du dragon de ses entrepreneurs. Parmi celles-ci, compte tout d'abord leur approche centrée sur l'utilisateur, mais aussi leur penchant pour l'expérimentation et l'innovation, leur souci de la vitesse d'exécution et leur adaptabilité permanente.

En outre, certains traits de société chinoise – sa relative homogénéité[VII], son appétit pour la nouveauté et son attrait pour les avantages quotidiens qu'offre le numérique –, facilitent le déploiement du numérique, sur un rythme plus soutenu que partout ailleurs.

Autres spécificités, l'adoption précoce de la 5G et la présence d'une série d'écosystèmes intégrés, ces mines de données de toute nature, vont faciliter les expérimentations autour de *business models* inédits et innovants.

C'est précisément ces réserves de données, par leur richesse et leur diversité, qui sont appelées à changer la donne. Comme le démontrent les exemples que nous avons examinés dans ce chapitre, plus on jouit d'une vue panoramique sur le contexte social d'une personne, plus l'ensemble de données qu'on acquiert est robuste.

Véritables gisements, ces écosystèmes chinois très intégrés, couvrant un large spectre de comportements des utilisateurs, combinant commerce et divertissement, donnent accès à de riches ressources de données multicouches, indispensables pour optimiser l'apprentissage automatique et les solutions d'intelligence artificielle.

À l'Ouest, les géants de l'Internet, américains pour la plupart, collectent eux aussi des données sur leurs plateformes. Pour l'essentiel, toutefois, ils se concentrent sur les comportements en ligne : nature des recherches, types de photos téléchargées, genres des vidéos YouTube regardées, contenus des posts « likés ». Les firmes chinoises, elles, recueillent aussi des données issues du monde physique notamment grâce au *mobile payment* : les circonstances de lieu et de temps des activités *offline* ou leur objet, qu'il s'agisse d'achats, de repas, d'activités sociales ou de déplacements.

VII. Voir le commentaire page 17.

L'apprentissage automatique ne peut optimiser que ce qu'il « voit », par le biais de données. L'écosystème technologique chinois a l'avantage de fournir à ces algorithmes beaucoup plus d'yeux, observant le contenu de nos vies quotidiennes. Ou, comme le dit Kai-Fu Lee : « Au moment où l'IA commence à "électrifier" de nouveaux secteurs d'activité, l'attention que porte la Chine aux détails du monde réel lui procure un avantage sur la Silicon Valley[103]. »

L'avenir des modèles numériques chinois sur les marchés internationaux

Les innovations chinoises ne suscitent pas l'approbation spontanée de l'Occident. Souvent ignorées, qualifiées au mieux de simples copies dans un premier temps, elles finissent par être reconnues avec réticences et adoptées par le monde entier.

On assiste au même phénomène avec les progrès du numérique. Les premiers acteurs chinois de l'Internet ont été observés avec dérision et taxés de plagiaires. L'évidence commence pourtant à s'imposer : le marché chinois est désormais reconnu comme le lieu de naissance des *business models* – pour le mobile – innovants et des avancées de l'IA, l'arène où sont mises au point des solutions valides pour le monde entier.

Dans le même temps, les penchants et les usages des consommateurs chinois commencent à franchir les frontières. Cela au moment même où la Chine promeut la mondialisation en se voulant partie prenante de la croissance des pays en développement. Porteuse de sa propre vision du progrès et de l'aide internationale, la Chine est vouée à susciter l'adhésion (de régions entières) de la planète à ses initiatives comme à sa technologie.

Cette tendance est manifeste dans l'attitude des entrepreneurs chinois qui s'aventurent à l'étranger. En général, leurs investissements consistent à mettre leur expertise et leurs technologies au service de solutions locales qui amélioreront leurs capacités, et non à imposer leurs produits existants, en s'efforçant de les adapter aux conditions locales. C'est, par exemple, exactement l'approche adoptée par Alibaba lorsqu'il a pris une participation majoritaire dans Lazada (en 2016), la plus grande plateforme de commerce en ligne d'Asie du Sud-Est. Ils l'ont laissée fonctionner avec ses processus existants et ce n'est qu'après quelques années d'observation qu'Alibaba a commencé à y exporter sa technologie pour améliorer les capacités de Lazada, sans pour autant changer son nom de marque ni ses caractéristiques spécifiques. La comparaison avec d'autres acteurs du numérique – essentiellement américains – qui prônent l'approche « une taille unique pour tout le monde », offre un contraste frappant.

À terme, la diffusion et l'adoption à grande échelle des solutions numériques chinoises paraissent inévitables. Dans le reste du monde, dirigeants politiques et entrepreneurs devraient s'en alarmer, s'ils tiennent à jouer un rôle dans la société numérique de demain.

L'essor de l'intelligence artificielle est porteur de la menace – plus prégnante qu'avec tout autre domaine – qu'un nombre restreint de joueurs raflent la mise, aux dépens de perdants, voués à ne jamais combler leur retard.

Le risque pour l'Occident, et pour l'Europe en particulier, de se laisser distancer, est bien réel. Le coût de ce retard suit une courbe exponentielle, comme le formule la sombre prédiction de Kai-Fu Lee dans son livre, *I.A., la plus grande mutation de l'Histoire*:

> *Jusqu'à présent, la prédominance des biens de consommation physiques et les contraintes géographiques ont contribué à freiner la constitution de monopoles. (Les lois antitrust américaines n'ont pas fait de mal non plus.) Mais, à l'avenir, les produits et services numériques vont représenter une part croissante de la consommation mondiale; parallèlement, les camions sans chauffeur et les drones autonomes vont faire dégringoler les coûts de transport des biens physiques. Au lieu de voir les profits de l'industrie se répartir entre différentes entreprises et différentes régions, nous allons assister à une concentration de plus en plus massive de ces sommes astronomiques entre les mains d'une poignée d'individus. Pendant ce temps-là, les files de demandeurs d'emploi ne cesseront de s'allonger.*

La confidentialité des données, une éternelle pierre d'achoppement pour la compétitivité occidentale ?

Les avancées technologiques de la Chine ne sont pas toutes transférables aujourd'hui en raison des législations nationales sur la protection de la vie privée et la confidentialité des données. Cependant, divers signes indiquent que la barrière qu'oppose ce cadre légal dans le monde numérique ne sera pas toujours infranchissable.

En février 2020, l'Union européenne rendait publique sa toute première stratégie pour les données. Se donnant pour injonction d'établir un cadre unique pour la conception, la gestion, l'accès et le partage des données, elle affirme son ambition de mettre en place un marché commun européen de la data pour la circulation de données réutilisables, interopérables et réplicables (mise en commun et partage) dans tous les secteurs stratégiques. Une approche plus intégrée « paraît indispensable pour améliorer la compétitivité interne aussi bien qu'externe de l'UE», souligne le Royal Elcano Institute, un think-tank bruxellois d'études stratégiques et internationales[104].

Dans le même temps, le gouvernement chinois se montre sensible aux appels de l'opinion à mieux protéger les consommateurs. En août 2021, la dernière loi sur la protection des données personnelles, l'une des plus strictes au monde, a été adoptée. Elle vient compléter les dispositions antérieures, telles que celles inscrites dans la loi sur la cybersécurité de 2017 et dans la loi relative au commerce électronique, de 2018, pour constituer un ensemble cohérent de protection des droits sur les données individuelles, inspiré, pour l'essentiel, du règlement général sur la protection des données (RGPD), adopté en 2018 par l'Union européenne.

Aux États-Unis, si la question de la confidentialité des données est un sujet de préoccupation croissant pour les consommateurs, les principaux acteurs de la data s'efforcent de prendre les devants. Ils élaborent des modèles innovants qui continueront à exploiter les données individuelles mais éviteront une personnalisation trop poussée de certaines sources spécifiques de données.

Une meilleure appréhension des conditions à remplir par chaque pays, pour rester dans la course et tendre vers le leadership dans le domaine de l'intelligence artificielle, combinée à des innovations telles que FLoC, de Google (cette technologie, la Federated Learning of Cohorts, vise à constituer des groupes – ou cohortes – en fonction des habitudes des individus sur Internet, mais sans partager les données réelles au-delà du smartphone ou de l'ordinateur de la personne), devraient permettre d'apaiser les inquiétudes d'une fraction significative de l'opinion, quant aux atteintes perçues à la vie privée.

Qu'il s'agisse du cadre légal ou des technologies de contournement, une convergence s'esquisse entre les trois continents. À moyen terme, la protection de la vie privée devrait relever de traitements similaires dans ces différents environnements, au bénéfice des *business models* et des produits chinois, exploitant les données, qui gagneront en pertinence, à l'échelle mondiale.

À nouvelle génération de consommateurs, nouvelle donne ?

Les modèles de protection de la vie privée qui prévalent en Occident répondent aux aspirations de l'*establishment*. Ils sont défendus par des organisations et des individus nés avant l'irruption du numérique. Les réglementations évoluent pour tenir compte de l'existence des nouveaux médias et de la numérisation dans le monde qu'ils connaissent.

En Chine, le développement des solutions numériques est généralement le fait d'un public plus jeune. Ce public ne représente pas une part plus élevée dans l'ensemble de la population, mais en termes économiques, ce sont les jeunes qui ont le pouvoir et, avant tout, le pouvoir d'achat. Les modèles conçus à leur intention se répandent déjà au-delà des frontières et sont adoptés avec enthousiasme en Occident par les nouvelles générations, moins sensibles au respect de la vie privée. Elles sont prêtes à s'en satisfaire – comme le montrent l'engouement mondial pour TikTok et le succès de Shein (voir la partie 2.2 de ce chapitre) et de sa *fast fashion* – si les acteurs du numérique de leur propre pays ne développent pas des modèles équivalents.

Parce qu'elle paraît appelée à se poursuivre, la convergence entre les penchants et les habitudes de consommation numériques des jeunes générations, d'une part, et les solutions et les plateformes chinoises disposant d'un accès à des ressources en données plus robustes et plus complètes que leurs concurrents occidentaux, d'autre part, confère un avantage aux applications chinoises, mieux à même de cerner les aspirations des consommateurs. Les entrepreneurs chinois sont en bonne position pour exporter leurs *business models* et leurs produits.

Que doit donc faire une entreprise non chinoise pour rester compétitive ? En dernier ressort, les questions liées à la confidentialité des données, aux politiques industrielles et aux investissements dans l'IA et la société numérique relèvent du niveau macroéconomique et des orientations gouvernementales. Ces enjeux dépassent le cadre de ce livre. Ici, à destination des entreprises, nous voulons tirer les leçons de l'approche chinoise et de ses succès.

Nouer des alliances et bâtir des écosystèmes

Des données multicouches et diversifiées sont un facteur décisif de la compétitivité en IA. Dans son livre, Kai-Fu Lee souligne, en ne plaisantant qu'à moitié, qu'il n'y a pas de meilleures données que plus de données.

Avec l'invention de l'apprentissage profond, conclut-il, nous passons de l'ère de l'expertise à l'ère de la data. Les bons algorithmes d'apprentissage profond exigent de la puissance informatique, du talent technique et de grandes quantités de données. Mais, de ces trois critères, le dernier sera de plus en plus décisif. À partir d'un certain seuil, la maîtrise technique aura un rendement décroissant. Une fois ce palier passé, les données feront la différence.

Plus un réseau est exposé à des occurrences successives d'un même phénomène, et plus il reconnaît précisément des motifs et parvient à identifier les réalités du monde. Un ingénieur très ordinaire peut mettre au point des algorithmes plus performants que ceux d'un expert mondial s'il a accès à des quantités largement plus importantes de données[105].

Quiconque veut développer des solutions innovantes, fonctionnant avec l'IA, doit avoir à l'esprit cette règle d'or. Comme l'illustre le marché chinois, dans un monde véritablement numérique, les relations ne sont plus linéaires mais connectées. Une entreprise ne vit plus en vase clos, s'appuyant sur ses seuls actifs. Il est vital qu'elle constitue un écosystème autour de son activité ou se branche sur une structure existante pour baigner dans un environnement multidimensionnel. Starbucks ou KFC n'aurait pu réussir leur transition numérique dans des délais aussi courts sans de solides partenariats avec Alibaba ou Tencent, ou sans adjonction de musique ou d'autres éléments culturels dans leurs applis.

Malgré les restrictions liées à la confidentialité des données, des partenariats visant à l'intégration des données multicouches se nouent en Occident, aujourd'hui. Annoncée en juin 2021, l'alliance entre LVMH et Google en est un exemple remarquable. Destiné à maintenir l'ultrapersonnalisation de l'offre au sein de l'environnement numérique, ce partenariat devrait permettre au géant du luxe de peaufiner le type d'expérience client sur mesure qu'il propose en ligne.

Adopter un état d'esprit relationnel

Les programmes de fidélité constituent un formidable point de départ, et cela pour deux raisons. Tout d'abord, ils offrent une excellente plateforme pour nouer des alliances et des partenariats multidimensionnels. Par ailleurs, ils sont, de toute façon, condamnés à évoluer pour s'adapter aux nouvelles réalités. En Occident, un trop grand nombre de ces programmes continuent à privilégier les achats et fonctionnent par des offres de remises. Dans un monde où les acheteurs deviennent des utilisateurs, la fidélité se jouera de plus en plus autour de l'expérience client, qui s'enrichit à chaque point de contact, y compris à l'occasion d'épisodes où l'entreprise ne doit plus se concentrer sur la vente.

Les firmes doivent adopter un état d'esprit relationnel, et non plus transactionnel. Une telle disposition les incitera à placer leur marque dans un contexte culturel plus large et ainsi – quoi qu'il en soit des limites imposées par la confidentialité des données – à acquérir une meilleure compréhension de leur public cible et de l'environnement dans lequel leur marque interagit. Plus important encore, elles y gagneront une plus grande confiance de l'utilisateur qui consentira alors plus aisément à l'utilisation de ses données.

Connecter ses données, sans les centraliser

Un autre enseignement important concerne la gestion des données au sein d'une organisation. Les entreprises occidentales ont toutes les peines du monde à agréger les données et à s'efforcer de connecter des sources de données issues de standards différents et difficilement compatibles. Pour surmonter ces difficultés, une gestion centralisée leur apparaît spontanément comme la solution évidente.

Cette option peut toutefois être une source de délais, et surtout, elle crée le risque d'une perte de proximité avec le cœur de l'activité. L'éloignement peut conduire à des décisions peu pertinentes voire biaisées. À l'inverse, une gestion décentralisée des données (par domaine d'activité, par exemple), peut entraîner des incohérences, par absence d'une vue d'ensemble, et affecter l'infrastructure informatique de l'entreprise.

Les entrepreneurs chinois se montrent peu soucieux des éventuels inconvénients d'une gestion décentralisée. Comme nous l'avons montré dans les précédents chapitres, les organisations chinoises se fondent souvent sur un modèle *top-down*, mais elles fonctionnent en réseau et opèrent par le biais de multiples nœuds de connexion. L'exploitation des données répond, elle aussi, à ce schéma.

Leur penchant naturel à se centrer sur l'utilisateur et leur faculté d'adaptation excluent une structuration trop rigide et, par conséquent, un filtrage centralisé des données. Celles-ci sont donc collectées, analysées et exploitées d'une manière plus organique. Les ressources en données sont connectées mais d'abord disponibles là où elles sont collectées et utilisées.

On n'expérimente jamais assez

En général, les *business models* numériques très innovants conçus par les entreprises chinoises résultent d'une succession d'améliorations par paliers, destinées à mieux se centrer sur l'utilisateur, et non de percées soudaines et radicales, remettant en cause les modèles en vigueur. Bien souvent, ils résultent du recyclage pragmatique de dispositifs préexistants, appliqués à des contextes différents. Dans sa version chinoise, l'innovation puise peu dans la recherche fondamentale, elle lui préfère l'expérimentation et la mise en œuvre rapide.

Tout au long de ces pages, nous avons montré combien les entreprises chinoises progressaient par essais et par erreurs, combien elles s'appuyaient sur la réflexion collective, interne à l'organisation, par la convergence d'idées venues de la base avec la vision définie au sommet, par exemple, ou encore au moyen de séances de brainstorming, destinées à formuler des solutions pour répondre aux problèmes quotidiens.

Il s'agit, à nos yeux, d'une approche extrêmement bénéfique, aussi bien pour le développement d'une stratégie centrée sur l'utilisateur que pour l'innovation. Les changements que porte une société numérique ont un caractère disruptif, mais, comme le montre l'expérience chinoise, ils ne surviennent pas du jour au lendemain. Avancer pas à pas, en impliquant des pans entiers de l'organisation, partir des infrastructures et des process en place pour aller de l'avant semble l'approche la plus appropriée.

Les process innovants sont souvent suggérés à la base de l'organisation, là où les acteurs sont plus proches des réalités quotidiennes. Pour discerner comment et où commencer la numérisation et les expériences d'apprentissage automatique, les séances régulières de *brainstorming*, impliquant une large diversité d'employés, sont riches d'enseignement. La génération Z va porter la révolution numérique, au cours des prochaines années, c'est une bonne raison pour s'appuyer sur ses représentants afin de réorienter les organisations.

Il existe mille manières d'entamer la mise en place expérimentale de lacs de données multicouches et d'apprentissage automatique à partir des données. Pour les entreprises qui y ont une filiale, la Chine apparaît comme un choix logique pour tester de nouvelles approches, en suivant la voie déjà empruntée par Starbucks, Burberry ou KFC. Ou encore comme le constructeur automobile BMW, qui ouvre son incubateur Garage aux start-up chinoises, afin de se frotter aux technologies innovantes qui trouvent des applications en Chine, bien plus vite qu'en Occident[106].

Que peuvent faire les firmes chinoises ?

Alors que l'avance de la Chine dans la 5G se confirme et que le pays devient une superpuissance de l'IA, le reste du monde (occidental) s'emploie à critiquer toujours plus vertement les technologies qui y fleurissent, à commencer par celles susceptibles de favoriser des formes d'oppression, comme la reconnaissance faciale ou d'autres applications relevant de la sécurité.

Dans bien des cas, cette approche pèche par simplisme. Même la technologie de reconnaissance faciale peut avoir une utilité, comme l'a récemment établi une équipe de l'université de Hong Kong, au début de 2020, en lançant une appli capable d'identifier les labres géants, ou napoléons, pêchés illégalement. Cette action accroît la pression sur les restaurants hongkongais et les accule à se procurer des poissons issus de pêches légales ou des spécimens importés de cette espèce menacée[107].

Dans ce climat de défiance, à l'échelle macroéconomique, les entreprises chinoises actives hors des frontières sont condamnées à redoubler d'efforts pour établir leur crédit auprès des pouvoirs publics et des consommateurs. La tâche ne sera pas facile, tant la cybersécurité est un sujet brûlant pour les gouvernements, comme le sont la confidentialité des données pour les consommateurs et la concurrence chinoise pour les firmes occidentales.

Mais soyons réalistes : aussi sensible que soit la question des technologies de surveillance en Occident, la crainte que Pékin impose un régime autoritaire par le biais d'équipements exportés relève du fantasme et ne saurait être prise au sérieux !

L'enjeu, pour la Chine et ses entreprises, va consister à convaincre qu'elle est animée par une volonté sincère de favoriser des situations gagnant-gagnant, par le biais de partenariats aux retombées mutuellement bénéfiques, en Chine comme à l'extérieur. En attendant, le reste du monde devrait jouer la décrispation. Avoir deux – sinon plusieurs – moteurs de l'innovation n'est pas une mauvaise chose.

Améliorer l'image de la Chine, gagner les cœurs et les esprits

Outre les conflits commerciaux et les débats alarmistes sur les questions de sécurité, le label *made in China* est un handicap supplémentaire à l'acceptation des innovations technologiques chinoises, en raison de son image passée et de la perception dont il continue à faire l'objet.

Malgré l'évolution de l'image de la Chine quant à la qualité de ses produits, nous voyons bien que la transition dans laquelle le pays est largement engagé, rompant avec son statut de pays à bas coûts et de faible qualité, pour celui de nation aux prix élevés et, surtout, à haute valeur technologique ajoutée, n'est pas encore un fait unanimement reconnu. Autre obstacle à surmonter pour les compagnies chinoises de tech dans leur expansion hors de Chine.

Sur ce terrain aussi les partenariats peuvent apporter des solutions. Comme le montre l'exemple de la *joint-venture* avec 3Com, signée par Huawei lors de son entrée sur le marché américain (voir la partie 2.2 du chapitre 2), l'alliance avec un partenaire local fiable peu changer la donne et aider à surmonter les idées préconçues.

Au niveau politique, surmonter les tensions restera un défi, en particulier sur le court et peut-être même le moyen terme, comme nous le verrons dans le prochain chapitre. Toutefois, une communication proactive et une intégration commerciale plus poussée peuvent aider à combler le fossé : les entreprises chinoises peuvent jouer un rôle décisif pour gagner les cœurs et les esprits et, au bout du compte, conquérir les marchés internationaux.

Un développement organique, des écosystèmes élargis

L'Europe, en particulier, doit intensifier l'innovation en IA et encourager la création de start-up et de PME. Voici encore une opportunité à exploiter.

Plutôt que d'imposer ses propres produits, les entreprises chinoises peuvent contribuer à l'innovation en Europe. Elles y trouveront l'occasion d'élargir leurs écosystèmes en procurant financement et expertise aux entrepreneurs en herbe.

Entre la Chine et l'Europe, le contexte créé par la convergence des réglementations en matière de données ouvre des perspectives mutuellement bénéfiques. Il pourrait être judicieux, pour les entreprises chinoises, de tester des solutions innovantes dans un environnement plus restreint. En développant des produits adaptés au marché européen, elles optimiseraient de futurs produits destinés au marché chinois.

Comprendre les limites possibles des tactiques du dragon

L'avenir des nombreux acteurs chinois du numérique qui s'aventurent à l'étranger passe inévitablement par des coopérations. Ils devront nouer des alliances et des partenariats, étendre leurs écosystèmes et établir un climat de confiance pour accéder à de nouveaux marchés. Cette démarche les contraint à entrer en interaction, de façon plus soutenue, avec d'autres valeurs culturelles et d'autres réalités. Elle pose cependant un défi qui va bien au-delà du seul univers numérique et que toutes les firmes chinoises devront relever pour assurer leur succès international à long terme.

Les entrepreneurs chinois vont devoir admettre que toutes les tactiques du dragon ne sont pas transférables. Certaines des méthodes qui leur ont si bien réussi sur le marché national pourraient bien ne pas se révéler aussi efficaces pour confirmer leur succès, une fois passées les frontières. Plusieurs aspects de la culture du loup, qu'on pense à la mentalité 996, à certaines approches stratégiques ou aux méthodes de constitution des équipes dirigeantes sont des sources possibles de tensions dès lors que leurs adeptes s'impliqueront dans des sociétés étrangères. Les entrepreneurs chinois vont devoir apprendre à s'accommoder des possibles limitations à leur approche de prédilection – aussi efficace soit-elle sur le terrain chinois – et apprendre à surmonter les barrières culturelles qui feront obstacle à la poursuite de leur brillante trajectoire au-delà des frontières.

Dans notre dernier chapitre, nous examinerons cette question de façon plus détaillée.

PRATIQUER

LES TACTIQUES DU DRAGON

7.

Attributs fondamentaux et autres considérations essentielles

7.1 Les attributs fondamentaux des tactiques du dragon

Les seize notions abordées ci-dessous sont les composants clés des tactiques du dragon décrites tout au long de ces pages. Chaque entrée renvoie aux exemples abordés plus haut et aux développements plus précis sur le sujet.

Adaptabilité/flexibilité

L'idée selon laquelle le changement est la seule constante en ce monde est au cœur de la culture chinoise. Depuis son émergence, voici trois décennies, l'économie de marché en Chine connaît un développement phénoménal, quel que soit l'angle considéré. En outre, la demande du marché pour l'innovation y est inextinguible. Seuls un entêtement sans faille et une capacité d'adaptation permanente peuvent garantir la survie d'une entreprise.

→ Première partie : chapitre 1.
→ Deuxième partie : chapitre 3 ; chapitre 4.2.4 et 4.3 ; chapitre 6.3.

Agilité/rapidité

Aucun autre marché n'évolue aussi vite que celui de la Chine. Et certainement aucun de la taille de la Chine. Bien peu sont l'arène d'une concurrence aussi acharnée et seules les entreprises qui devancent les tendances ont un avenir. Nourris d'une culture qui privilégie l'engagement sans relâche dans le travail, partisans d'une approche de l'innovation et de la qualité « 80/20 », animés par un fort instinct de survie et par la peur de se laisser distancer, les entrepreneurs chinois sont passés maîtres dans la rapidité d'exécution.

→ Première partie : chapitre 1.
→ Deuxième partie : chapitre 2.2.2 ; chapitre 3 ; chapitre 4.2.1, 4.2.3, 4.2.4 et 4.3 ; chapitre 6.2.2.

Le client au centre

Si l'injonction première de la philosophie occidentale est de bien penser, l'essentiel en Chine est de bien observer. Cet impératif prévaut toujours dans cet environnement commercial hyperconcurrentiel caractérisé par l'inconstance des consommateurs et la succession de tendances éphémères. Pour survivre, il faut rester en tête et, pour cela, faire preuve d'une extrême sensibilité aux attentes du client. Seuls les produits conçus pour un public précisément ciblé ont leur chance. Toute erreur se paye au prix fort : perte de parts de marché, voire disparition pure et simple. Nombre d'entreprises chinoises ont acquis leur avantage compétitif en insufflant une mentalité centrée sur le client à l'échelle de l'organisation tout entière. Grâce à la richesse des données numériques disponibles à l'échelle du pays, la capacité de comprendre le comportement des consommateurs et d'y réagir a progressé dans des proportions significatives et accroît encore la précision du ciblage.

→ Deuxième partie : chapitre 2.2.1 ; chapitre 3.2.1 ; chapitre 6.2.2 et 6.2.3.

Les compétences pour la survie

Les représentants de la première génération d'entrepreneurs ont grandi dans un contexte d'extrêmes difficultés en Chine. Ils opèrent aujourd'hui sur un marché qui évolue à une vitesse vertigineuse dans un contexte hyperconcurrentiel. La survie des plus aptes est un postulat unanimement accepté. Elle suppose des compétences qui sont continuellement affinées et dont la nécessité est une composante de la culture d'entreprise.

→ Deuxième partie : chapitre 2.1 ; chapitre 3.2.2 ; chapitre 4.2.3.

Le crédit accordé aux données

La Chine dispose de plus de ressources en données que tout autre marché. Elle doit cet avantage considérable à la taille de sa population, à la relative homogénéité[VIII] de son marché intérieur et à sa conversion rapide au numérique. N'ayant pas à s'encombrer d'une architecture informatique existante, les entrepreneurs chinois investissent sans compter dans des systèmes qui recueillent, agrègent et analysent des flux de données de sources multiples. La richesse des ressources en données numériques dont ils disposent a encore accru l'extrême proximité qu'ils cultivent avec le marché et la précision de leurs réactions aux attentes du consommateur.

→ Deuxième partie : chapitre 3.2.1 ; chapitre 4.2.3 et 4.2.4 ; chapitre 6.

VIII. Voir commentaire page 17.

La famille et le collectif

Dans la longue histoire de la Chine, les penseurs ont toujours privilégié la collectivité sur l'individu. Aujourd'hui encore, cette préséance reste valide. Aucune collectivité n'est aussi soudée que la famille, c'est même l'une des rares entités où la confiance a sa place. Par prédisposition culturelle, les chefs d'entreprise tendent à percevoir l'organisation qu'ils dirigent comme un cercle familial. En contrepartie, ils exigent beaucoup de ses membres.

→ Deuxième partie : chapitre 2.2.3 ; chapitre 5.1, 5.2.2 et 5.3.

La loyauté

Dans l'histoire et la culture chinoises, le pouvoir absolu est la norme. Si le souverain doit veiller au bien-être de ses sujets, en contrepartie de la loyauté qui lui est due, celle-ci ne souffre aucun écart. Le chef de meute attend une totale allégeance. Une loyauté sans faille à la cause commune est indispensable pour gagner la confiance des dirigeants et des collègues. Il n'est pas rare qu'elle l'emporte sur les compétences.

→ Deuxième partie : chapitre 2.2.4 ; chapitre 4.1 et 4.3 ; chapitre 5.2.2.

Opportunisme et agressivité

Dans de nombreuses firmes, l'instinct de survie a façonné la culture maison. Pour le meilleur et pour le pire, cette pression impérieuse favorise les conduites opportunistes. Quand la survie est en jeu, le risque s'apprécie à une nouvelle aune. Le bien et le mal aussi. La conviction qui s'impose est qu'il est possible de gagner contre toute probabilité, que l'on peut adopter sa propre ligne de conduite, à l'écart des règles en vigueur. Les entrepreneurs chinois sont prêts à tout pour assurer leur survie.

→ Deuxième partie : chapitre 2.2.1 et 2.2.2, ; chapitre 3.2.4.

L'organisation top-down

Tout au long de son histoire ou presque, la Chine a eu à sa tête un souverain assimilé à un demi-dieu. Parce qu'il détient le mandat du Ciel, son pouvoir absolu est légitime aux yeux de tous, y compris des philosophes chinois, tel Confucius. Aujourd'hui encore, dans cette veine confucéenne, les structures organisationnelles *top-down* ont la préférence des firmes chinoises. Mais, dans un univers économique très instable, où les prises de décision rapides et l'improvisation sont souvent les clés du succès, les patrons de droit divin parviennent à maintenir une surprenante agilité au sein de leurs entreprises.

→ Deuxième partie : chapitre 2.2.4 ; chapitre 4.1 et 4.2.1 ; chapitre 5.2.2 ; chapitre 6.1.

Penser à grande échelle

Une superficie de 9, 6 millions de km2, 1,4 milliard d'habitants : les dimensions du marché chinois sont sans équivalent. Pour une entreprise opérant dans cette arène, cette échelle est à la fois un défi et une source d'opportunités. Dans un contexte d'hyperconcurrence, l'envergure est souvent synonyme de puissance, ce qui nourrit une course perpétuelle à l'expansion. En outre, les marges sont, elles aussi, en relation directe avec l'échelle. Opérant sur un vaste marché intérieur, enclins à nouer des alliances et à constituer des écosystèmes, les entrepreneurs chinois parviennent à changer d'échelle dans des délais très courts. Forts de leur goût du risque, de leur aptitude à s'adapter et des ressources que la taille du marché leur procure, ils ont toutes les raisons d'envisager leur expansion au-delà des frontières.

→ Première partie : chapitre 1.2.
→ Deuxième partie : chapitre 2.2.2 ; chapitre 3.2.2 ; chapitre 4.2.4 ; chapitre 6.1.

Le pragmatisme

Les évolutions rapides de la société et du monde économique chinois provoquent de profondes mutations et engendrent un climat d'incertitude. L'accent mis sur la planification à long terme, hors d'un carcan stratégique détaillé et inflexible, laisse toute latitude pour agir en fonction des circonstances et tirer parti des occasions. Chaque initiative doit avoir une traduction pratique qui permette un retour d'expérience rapide. C'est l'expérimentation qui commande. La théorie et la recherche fondamentales ne viennent qu'en second lieu. Le pragmatisme, guidé par l'instinct de survie, se traduit par l'aptitude aux ajustements rapides et par la résolution sans délai des problèmes, au moyen du brainstorming. Attitude terre à terre et expériences concrètes sont au cœur de cette méthode qui privilégie l'innovation à petits pas.

→ Deuxième partie, chapitre 3.2.3 ; chapitre 6.1 et 6.3.

Le principe « 80/20 »

L'hyperconcurrence pousse à l'innovation. Arriver le premier sur le marché est un enjeu crucial. Les entrepreneurs chinois privilégient la vitesse d'exécution sur la perfection. Ils maîtrisent à la perfection le principe « 80/20 ». En interne, en favorisant le concept initial sur les plans détaillés. En externe, en préférant l'accès rapide au marché à la mise au point impeccable du produit. La perfection n'est pas de ce monde. C'est d'ailleurs une notion superflue. Dès leurs premiers stades de développement, les produits sont lancés puis améliorés grâce aux leçons tirées des retours du marché.

→ Deuxième partie : chapitre 3.2.3.

La prise de risque et sa gestion

La prise de risque, y compris de grande envergure, est un trait notoire des entrepreneurs chinois. Dans un univers économique mouvant, où l'hyperconcurrence est la règle plutôt que l'exception, esquiver le risque ou préférer la prudence sont souvent vus comme des options dangereuses, voire fatales. Le niveau d'optimisme élevé et la tendance générale à présumer sur le succès influent sur les critères d'évaluation du risque.

→ Deuxième partie : chapitre 2.2.1 ; chapitre 3.2.2 ; chapitre 4.2.4.

Le respect du savoir

Le respect pour la connaissance est profondément ancré dans les mentalités. Dans l'histoire et la culture chinoise, le savoir est une source d'avantage compétitif. Les entrepreneurs et leur entourage cherchent en permanence à améliorer leur éducation par des formations ou par le partage permanent de données internes et externes. Le numérique accélère la circulation de l'information et les possibilités d'exploitation des données.

→ Deuxième partie : chapitre 2.2.2 ; chapitre 3.1 et 3.3.

Les stratégies d'alliances

Disposant de peu d'accès aux liquidités et opérant sur des marchés à peine structurés, les premiers entrepreneurs ont cherché à minimiser les risques et à accroître leurs ressources et leurs capacités pour faire face à une croissance rapide. Nouer des alliances est devenu la norme et le reste aujourd'hui. Les turbulences nées de la conversion au numérique ont encore accentué la nécessité de réponses rapides et de coopération. Les organisations se transforment en écosystèmes, brouillant les frontières entre l'interne et l'externe.

→ Deuxième partie : chapitre 4.2.4 et 4.2.5 ; chapitre 6.2.2 et 6.3.

La ténacité

Survivre signifie surmonter chaque problème qui se présente. Savoir se relever après chaque échec. Les entrepreneurs chinois font preuve d'une invraisemblable résilience. Essayer. Échouer. Essayer encore et essuyer un nouveau revers. S'acharner jusqu'à rencontrer le succès. Dans un contexte où la seule alternative se résume à s'adapter ou mourir, une aspiration désespérée à réussir et un courage à toute épreuve sont nécessaires pour ne jamais jeter l'éponge. Dans l'arsenal des entrepreneurs chinois, l'obstination, une éthique du travail toute puissante et la capacité de faire se réaliser ses projets sont des armes de choix.

→ Deuxième partie : chapitre 2.1 ; chapitre 3.1 et 3.2.2.

Notre expérience personnelle nous l'a souvent montré : les conduites qui relèvent des tactiques du dragon sont rarement comprises hors de Chine, malgré le respect croissant pour les entreprises chinoises et l'intérêt que suscitent leurs succès. L'éloignement culturel fait que certaines de leurs pratiques donnent lieu à des interprétations erronées. Avec ce livre, nous espérons mettre en lumière les raisons qui motivent ces méthodes. D'autres traits propres à ces tactiques sont jugés malhonnêtes ou excessivement agressifs, des qualificatifs souvent valides pour la culture du loup. De plus, il va de soi que certains de ces composants ne sont ni transférables ni désirables.

Dans un souci d'impartialité, nous résumerons donc dans la partie suivante les inconvénients possibles des tactiques du dragon et les conséquences que leur adoption pourrait avoir en Chine comme à l'étranger, d'une part, et nous partagerons nos réflexions sur les remèdes envisageables pour corriger ces effets indésirables, d'autre part. Enfin, nous terminerons par une série de recommandations sur le bon usage des tactiques du dragon. Nous verrons comment elles peuvent aider chaque entreprise à faire la différence. Ici et maintenant.

7.2 Les tactiques du dragon ne sont pas toutes recommandables, surtout hors de Chine

Comme nous l'avons vu précédemment, les compétences liées à la survie ont été à l'origine du succès de nombreuses entreprises chinoises au cours des dernières décennies. Mais bien d'autres ont péri. Par ailleurs, dans un environnement (changeant) ou de nouveaux enjeux prennent le pas sur la survie, une conduite dictée par ce seul impératif sera perçue comme inconvenante par la plupart des acteurs. Cela, d'autant, que l'obsession de la survie promeut une mentalité « nous contre le reste du monde » aux inévitables conséquences indésirables.

La génération Billibilli et la culture du loup

Nous avons déjà évoqué quelques-unes des conséquences de la culture du loup au chapitre 2 (partie 3). En Chine, la génération des milléniaux et plus encore la génération Z y sont particulièrement sensibles comme nous l'avons vu avec l'exemple de la « culture 996 » et les réticences qu'elle suscite.

Pour avoir grandi dans une relative prospérité, épargnés par les épreuves qu'a enduré la génération de leurs parents, les jeunes Chinois ont moins faim, au sens propre comme au sens figuré. Souvent élevés comme des « petits empereurs », ils ont développé une mentalité plus individualiste et se préoccupent de leur propre sort avant de songer aux intérêts de la collectivité. S'il est encore trop tôt pour estimer les effets de cette évolution sur l'éthique du travail ou la culture d'entreprise, il paraît inévitable que les firmes chinoises soient contraintes de s'adapter à cette nouvelle réalité.

Cette génération, qui a grandi dans un pays accédant à la prospérité et s'affirmant sur la scène internationale, se distingue par un trait plus inquiétant pour la Chine comme pour le reste du monde : un penchant nationaliste affirmé, au point d'être parfois qualifié d'irrationnel. La confiance en soi peut tourner à l'arrogance.

À terme, si les membres de cette nouvelle génération devaient devenir les ambassadeurs de leurs entreprises à l'étranger, leur attitude pourrait faire obstacle à des collaborations et à la recherche d'un terrain d'entente.

Quand les diplomates se transforment en guerriers

Il faut bien le déplorer, ce phénomène se manifeste déjà sur le terrain diplomatique. La récente détérioration des relations sino-européennes, par exemple, semble être une conséquence de ce style plus ferme et nationaliste. De même que les dirigeants chinois encouragent une plus grande confiance en soi, à l'intérieur, ils incitent leurs diplomates à se montrer plus combatifs. Cette posture laisse peu de place à l'écoute, encore moins aux compromis.

Outre ses possibles conséquences indésirables, cette hostilité affichée ne sert pas les intérêts de la Chine, qui aurait tant à gagner d'une relation forte avec l'Europe. Face aux enjeux actuels, qu'il s'agisse du commerce international ou de questions sur lesquelles l'Union européenne assume un rôle de premier plan, tels que le changement climatique et les maladies infectieuses, il faut espérer que cette diplomatie de combat ne devienne pas la nouvelle norme. Pour le monde comme pour la Chine, la recherche de solutions communes à toute une série de questions internationales sensibles aurait des retombées positives.

Nous ne saurions trop adjurer les représentants des firmes chinoises de ne pas suivre l'exemple de leurs diplomates. Nombre de grandes figures du monde chinois de l'entreprise sont réputées pour leur modestie. On ne saurait trop recommander à leurs successeurs d'aujourd'hui ou de demain de faire leur ce trait de caractère. Ils éviteraient ainsi les retours de bâton qui punissent souvent l'hubris et peuvent conduire à l'échec, surtout dans un environnement économique étranger.

Au cours des dernières décennies, les milieux d'affaires chinois ont tissé de solides relations dans le monde entier. Ils en ont tiré de nombreux avantages, pas toujours réciproques, du fait des difficultés d'accès aux marchés chinois et de sa moindre ouverture. Les entreprises qui sauront adopter le ton adéquat pour mener leur activité à l'étranger en cueilleront les fruits.

L'efficience offre aussi des opportunités

La recherche des opportunités aux dépens de l'efficience est un des traits distinctifs de la culture du loup. Comme nous l'avons expliqué, c'est un choix que nous jugeons approprié sur un marché en évolution rapide, comme la Chine, mais il ne nous échappe pas qu'il peut nuire à une bonne allocation des ressources.

Les décisions venues du sommet, concernant les investissements – publics et privés – et la production peuvent faire excessivement pencher la balance d'un côté et conduire les entreprises à se fixer des objectifs hors de portée. Ces dernières années, la Chine a connu de véritables phénomènes de surproduction et d'accumulation de dettes, à des niveaux insolvables. Divers secteurs d'activité ont été concernés, avec la constitution de bulles suivie de leur explosion, comme les panneaux solaires ou le vélopartage.

Confrontées à des coûts de production croissants, les entreprises chinoises peuvent-elles encore longtemps accorder la préférence aux opportunités ? Pour nombre d'entre elles, ce parti pris relève presque du réflexe. Nous sommes donc convaincus qu'il n'est pas près de disparaître, aussi bien sur le marché intérieur que parmi les firmes chinoises implantées à l'étranger. Toutefois, à mesure de l'inévitable baisse des taux de croissance en Chine, nous assisterons à une allocation plus rationnelle des capitaux. Ce sera le cas, en particulier, pour les sociétés cotées en Bourse qui tableront sur les efficiences pour protéger leur bilan

La question peut aussi entraîner des conséquences sur la stratégie d'expansion internationale des firmes chinoises. Cependant, tant que leur activité sur le marché intérieur génère des liquidités suffisantes et que les objectifs de croissance à l'international sont jugés décisifs, les efficiences compteront moins que les opportunités qui se présenteront à l'étranger.

Quand l'empereur règne, mais bride les véritables innovations

La culture chinoise de l'empereur et sa démarche *top-down* ont leurs limites, surtout quand elles se conjuguent à la posture ferme, voire agressive de la Chine sur la scène internationale. C'est, en particulier, quand l'innovation doit répondre aux besoins du marché que les limites du *top-down* sont susceptibles de se manifester.

La Chine est très forte pour l'innovation progressive et l'amélioration graduelle de concepts existants. Mieux encore, elle n'hésite pas à expérimenter. Mais, conséquence de ses méthodes éducatives fondées sur le « par cœur » qui privilégient la reproduction des savoirs existants sur leurs applications à des situations inédites, ses firmes manquent parfois de ressources en créativité brute, laquelle est pourtant à l'origine des innovations de rupture, les plus ingénieuses et les plus sophistiquées. La culture *top-down*, qui fixe pour norme l'adhésion aux orientations prédéterminées et dissuade toute velléité de non-conformisme, tend à favoriser les mentalités grégaires et la reproduction des modèles éprouvés aux dépens de la créativité disruptive

L'innovation disruptive suppose, elle, la confrontation. Des conduites et des initiatives en rupture avec les règles. Pour s'épanouir, les idées nouvelles ont besoin d'un milieu où chacun est libre de poursuivre ses rêves et ses intuitions, y compris en opposition à l'opinion majoritaire.

Les véritables leaders créent les tendances. Mais, pour ouvrir une nouvelle voie, la disruption est souvent indispensable. Bien des innovateurs de la période récente, un grand nombre des fondateurs et des dirigeants des entreprises innovantes ont vécu, étudié et travaillé à l'étranger. L'expérience les a non seulement exposés à toutes sortes de stimulus et à des méthodes atypiques d'exploitation des connaissances, mais elle les a aussi aidés à mieux comprendre comment tirer le meilleur de leurs collaborateurs.

Si elles veulent assumer les premiers rôles mondiaux, au-delà de leur contribution au plus gros PIB de la planète, les entreprises chinoises doivent être prêtes à acquérir et développer plus de talents capables d'innover. Depuis plusieurs décennies, les pays occidentaux accueillent les étudiants chinois en nombre dans leurs meilleures écoles. La Chine peut encore apprendre beaucoup des méthodes d'enseignement en vigueur à l'étranger pour améliorer ses propres pratiques. Sur ce terrain, aussi, les postures agressives et nationalistes se révéleront vite contre-productives.

Une culture de la confiance ne s'exporte pas aisément

Dans les cultures à faible niveau de confiance, les relations sociales tendent à s'organiser autour de la parenté. C'est au sein du cercle familial que se traitent les questions entrepreneuriales, encore plus dans un contexte marqué par l'hyperconcurrence et un cadre légal assez flou pour laisser place à des sanctions arbitraires ou imprévisibles.

Il sera intéressant de voir comment les entrepreneurs nourris de cette culture s'arrangeront de ces questions dans un contexte différent. À qui seront-ils prêts à se fier et à déléguer des pouvoirs ? Pourront-ils acheter des allégeances en échange de faveurs dans des milieux où les relations professionnelles obéissent à des normes plus formelles ? Pourront-ils escompter une loyauté inconditionnelle et une obéissance de principe à leurs décrets dans des sociétés qui privilégient l'individualisme et l'indépendance d'esprit ?

Un recrutement multiculturel ou des enclaves chinoises ?

Jusqu'ici, ces questions ont pu être éludées par la constitution d'équipes d'encadrement déléguées en territoire étranger. Composées d'expatriés chinois venus du siège ou recrutés sur place à l'issue de leurs études, elles veillent à perpétuer les usages en vigueur dans l'entreprise. Cette méthode n'est pas tenable sur le long terme.

De nombreuses multinationales ont essuyé un échec en Chine pour n'avoir pas su s'adapter aux conditions locales. Certaines ont trop tardé, d'autres n'ont pas pris la question au sérieux. Elles ne se sont pas préoccupées de recruter des compétences locales, des candidats au fait des réalités du marché chinois. Les entreprises chinoises hors de Chine adeptes du repli sur soi se heurteront aux mêmes obstacles. En outre, dans un contexte où la Chine doit gagner les cœurs et les esprits, cette forme d'autisme culturel contrevient aux objectifs de ses entreprises qui s'implantent à l'étranger : être acceptées par le marché et acquérir une connaissance fine des consommateurs locaux.

Hors de leurs frontières nationales, les entreprises chinoises devront adopter une approche multiculturelle. Celle-ci tend déjà à devenir la norme dans les milieux d'affaires occidentaux. Le défi est de taille, il met en jeu non seulement les questions liées aux relations de confiance, mais aussi d'autres différences culturelles et plusieurs éléments clés des tactiques du dragon.

Les compromis, clés d'une adaptation réussie

Une des toutes premières exigences sera d'apprendre à travailler avec des collaborateurs – ceux situés au bas de l'échelle hiérarchique, en particulier –, habitués à penser par eux-mêmes et rétifs à l'idée d'abandonner cette prérogative. L'encadrement local devra donc disposer d'une marge de manœuvre suffisante pour prendre des initiatives internes, ce qui suppose des délégations de pouvoir assez larges, remettant en cause les processus habituels de décision *top-down* et une stricte supervision.

Les entreprises chinoises ont l'habitude d'avancer sans se plier à une stratégie claire et linéaire. Pourront-elles imposer cette méthode dans de nouveaux environnements culturels ? Le défi peut être relevé au prix d'ajustements réciproques. Redéfinir les objectifs chaque fois que nécessaire, confronter les résultats à la vision de long terme… voilà de quoi désarçonner les employés peu familiers de ces usages. Ils peuvent certes s'y adapter, mais, afin d'éviter les révisions de plans trop fréquentes, la direction chinoise devra brider ses penchants aux changements de cap permanents. Ce faisant, elle ne prendra pas de risques démesurés, puisque les marchés concernés évoluent moins brusquement.

Cette notion de rapidité nous amène à évoquer un autre défi. Il est lié à l'absence (apparente) de tout sentiment d'urgence en Occident. Pour avoir travaillé si longtemps en Chine, nous sommes constamment étonnés, et souvent déconcertés, par la relative nonchalance qui prévaut au travail, particulièrement en Europe. Si, pour nous, le constat est parfois une source de frustrations, il sera simplement inacceptable pour un patron chinois, pour qui il va de soi que chaque tâche doit être exécutée sur-le-champ. Là encore, des ajustements réciproques seront indispensables.

Il sera intéressant de voir dans quelle mesure les solutions « vite fait, mal fait » (*quick and dirty*) seront adoptées à tous les niveaux de l'activité d'une entreprise. Dans le contexte chinois, en évolution permanente, cette approche donne d'excellents résultats y compris pour les lancements de produits.

Nous sommes convaincus qu'au prix de compromis et d'efforts d'adaptation, une approche plus rapide du marché par essais et erreurs peut s'imposer. Bien entendu, elle devra tenir compte des attentes du client, mais, dans un environnement numérique, des améliorations peuvent être introduites rapidement. En anticipant la demande, en communiquant clairement et en favorisant l'acceptation du risque par le biais d'incitations, la méthode « avancer en essayant » devrait, en Occident aussi, se révéler fructueuse.

7.3 Regarder la réalité en face

Deux tendances de fond président aux évolutions du moment. Leur dynamique crée un contexte propice à la mise en œuvre des enseignements de ce livre. À l'échelle de la planète, le rythme d'expansion toujours plus soutenu des capacités numériques et technologiques transforme en profondeur nos modes de vie, de consommation, de travail. Par ailleurs, le changement climatique nous contraint à chercher des alternatives à la chimie du pétrole, à réinventer de nouvelles sources d'énergie, de nouveaux modes d'interaction, de nouvelles chaînes de valeur. Dans le même temps, le pays le plus peuplé, et bientôt la première économie du monde, a entamé sa mutation. D'atelier du monde, il devient un prétendant au titre de leader technologique. Cette transformation va ébranler l'ordre mondial.

Les effets de ce mouvement tectonique ne seront pas ressentis seulement hors de Chine. À l'intérieur, une révision structurelle d'ensemble sera nécessaire. Elle aura pour conséquence des pertes d'emploi et une réévaluation des coûts nécessaires à la création de valeur. Les gouvernants chinois ont déjà défini l'approche qu'ils entendent adopter pour relever ces défis, en arrêtant un ensemble de priorités, concernant l'amélioration de la qualité de l'air, de l'eau et des sols, l'éducation et les énergies renouvelables.

La Chine est résolue à poursuivre son expansion sur de nouveaux marchés. Les routes de la soie, l'Asean, le continent africain sont les premières régions concernées. Dans le pire des cas, elles se substitueraient aux occasions perdues aux États-Unis et en Europe.

Les évolutions qui se profilent vont engendrer un climat de profonde incertitude économique dans le monde entier. Le changement est certes une constante de l'histoire, mais, par leur ampleur et par l'impact qu'ils auront à l'échelle de planète, les mouvements tectoniques qui s'annoncent auront un caractère inédit. Leurs effets seront profonds sur les entreprises occidentales et, en particulier, sur leurs relations et leurs interactions avec la Chine et ses firmes.

Prêcheur ou négociant : faut-il choisir sa fonction dans le nouveau contexte mondial ?

En cette période marquée par la froideur croissante des relations entre la Chine d'un côté, les États-Unis et l'Europe de l'autre, dirigeants politiques et chefs d'entreprise font face à un dilemme.

Doivent-ils ressasser les critiques à l'égard de la société d'en face et des insuffisances qu'ils y perçoivent, agiter le doigt désapprobateur du donneur de leçon, manifester leur indignation et réclamer des changements ou doivent-ils adopter la posture du négociant ravi de multiplier les transactions, tout en sachant que ses clients ne partagent pas ses propres normes ?

Pour avoir si longtemps vécu en Chine, nous être immergés dans sa culture, avoir travaillé au sein de ses firmes et côtoyé ses habitants, nous sommes convaincus qu'on ne peut pas s'en tenir à une branche de l'alternative à l'exclusion de l'autre. Complexe, diverse, riche d'une multiplicité de voix, dont beaucoup sont ignorées à l'extérieur, la Chine mérite mieux. Certes, les contentieux politiques sont nombreux, mais les enjeux sont si cruciaux que les parties doivent se retenir de souffler sur les braises et éviter l'éloignement réciproque.

Même les entreprises leaders dans leur secteur courent à l'échec quand leurs dirigeants, aussi remarquables soient-ils, tournent le dos aux « principes du chaos » qui gouvernent l'innovation, la mondialisation, la technologie et la dynamique entrepreneuriale, propres au marché moderne.

La taille d'une entreprise n'est plus une garantie de longévité. Aujourd'hui, à peu près n'importe qui peut concevoir une appli et, au prix d'un marketing numérique efficace, assurer sa diffusion mondiale à une échelle de masse. Même les patrons d'entreprises qui dominent leur marché doivent se garder de tout sentiment d'autosatisfaction. Nous en tirons une simple leçon : les vieilles habitudes de travail et de collaboration sont dépassées. En ces temps de bouleversements majeurs, les *business models* et le management des entreprises sont condamnés à évoluer.

Les entrepreneurs chinois ont démontré leur aptitude à gérer leur entreprise dans un milieu incertain, hyperconcurrentiel et en mutation constante. Ils se sont dotés de capacités et d'organisations adaptées à un tel contexte. Ils ont appris à tirer parti du chaos. À court terme, les entreprises occidentales vont affronter les mêmes épreuves. Pour survivre, elles devront s'adapter. Autrement dit, améliorer leur moteur tout en le faisant tourner à plein régime.

De son côté, la Chine, elle aussi, est contrainte de s'adapter. Ne serait-ce que pour prendre la mesure des dangers dont sont porteurs le nationalisme et les postures agressives. Le pays et ses firmes sont confrontés à des défis de grande ampleur qu'ils ne pourront surmonter seuls. Les circonstances plaident en faveur de stratégies mutuellement bénéfiques. Éducation, changement climatique, environnement : les expériences européennes ou américaines sont riches d'enseignements.

Compétences : qui fait la course en tête ?

Américains et Européens voient toujours les États-Unis au centre de l'univers et n'ont qu'une perception limitée des réalités chinoises. Nous espérons que notre lecteur aura pu avancer dans sa découverte de l'empire du Milieu. Le sujet est vaste, cependant. Nous encourageons chacun à poursuivre son exploration et nous rappelons au passage que beaucoup de (jeunes) Chinois suivent de près l'actualité internationale et les tendances du moment. Leur compréhension des États-Unis et de l'Europe va bien au-delà de ce que leurs pairs occidentaux connaissent de la Chine.

Dans le même temps, les investissements chinois à l'étranger vont continuer à croître et, avec eux, l'exportation des méthodes nationales de management. De nombreux entrepreneurs chinois découvrent qu'ils sont bien mieux armés qu'ils ne le supposaient pour la compétition internationale. Le constat devrait les inciter à accélérer les rythmes de leur expansion et à prendre des risques, accroissant ainsi la pression sur leurs concurrents en place. Par ailleurs, l'importance des effectifs de doctorants chinois à l'étranger devrait vite réduire à néant l'« avantage en qualification » dont a bénéficié l'Occident au cours des dernières décennies.

Sur la scène internationale, la volonté de l'emporter et l'aptitude à s'adapter sont appelées à jouer un rôle toujours plus déterminant. Toutes ces notions ont partie liée avec les tactiques du dragon. Il est donc essentiel de s'en emparer. De combiner nos atouts et les leurs.

Les avantages d'un ancrage en Chine

Nous savons d'expérience que beaucoup d'entreprises, convaincues qu'elles ne sauraient pas s'y faire une place, ont abandonné toute perspective d'implantation en Chine.

Elles pourraient bien se tromper. Même aujourd'hui, où les gros titres sur la Chine peuvent parfois effrayer les entreprises. Avec ce livre, nous avons montré que le succès est possible. Notre diagnostic est confirmé par une étude du cabinet de conseil en stratégie et management Bain[1] qui établit que le nombre de firmes étrangères obtenant des résultats positifs est à la hausse.

> *L'année 2019 marque un tournant dans la compétition intense entre marques étrangères et nationales en Chine. Pour la première fois, la croissance en valeur des firmes étrangères dépasse celle de leurs concurrentes nationales. Pour les premières, les ventes de biens de consommation à rotation rapide*

ont augmenté de 9,5 %, contre 7 % pour leurs rivales chinoises. La progression est parfois spectaculaire : les ventes de L'Oréal, par exemple, ont augmenté de 35 % en 2019.

Pour une entreprise qui opère à l'étranger, en Chine en particulier, une des clés du succès est la capacité de s'adapter aux normes et aux pratiques locales. Pour se conformer à ce principe, l'approche « moteur 1 » et « moteur 2 » que nous avons décrite dans le premier chapitre est une voie possible. Elle consiste à développer l'opération chinoise à l'écart des autres activités internationales, dans une démarche « la Chine pour la Chine », puis à réintégrer les procédures chinoises dans l'ensemble de l'organisation.

En définitive, pour atteindre une échelle véritablement mondiale, une entreprise doit s'appuyer sur la taille exceptionnelle qu'offre le marché chinois. Et, pour y prospérer, elle n'a d'autre choix que d'adopter et de mettre en œuvre les compétences offertes par les tactiques du dragon.

Pour y parvenir dans des délais raisonnables, il peut être utile d'intégrer des cadres chinois, déjà rompus à cette approche, au sein de la direction internationale et de mettre sur pied une infrastructure spécifique à la Chine au fonctionnement autonome. Autrement dit, il s'agit de créer une entité conçue pour opérer comme ses concurrentes locales et disposant des moyens d'agir.

7.4 Sur la voie du dragon

Carrefour a engrangé les succès en Chine avant de laisser ses concurrents lui tailler des croupières et ce, en l'espace de quelques années. En moins de dix ans, Xiaomi est devenu le troisième fabricant mondial de smartphones. Quatre ans après son apparition, la marque dépassait déjà Apple sur le marché chinois. Âgé de cinq ans à peine, Pingduoduo rivalise avec Alibaba et pourrait bien rattraper Amazon. Luckin Coffee a ouvert 3 000 points de vente en moins de trois ans, donnant des sueurs froides à Starbucks, qui a dû réviser de fond en comble sa stratégie numérique pour rester pertinent. À l'insu des médias mainstream, Shein et TikTok ont conquis les cœurs et les porte-monnaie d'adolescentes du monde entier. Sorti de nulle part, Perfect Diary a conçu un *business model* qui lui permet de rivaliser avec les géants mondiaux des cosmétiques.

Toutes ces sociétés sont apparues voilà moins de dix ans, et même moins de cinq ans pour une majorité d'entre elles. On assiste à une croissance exponentielle des *success stories* chinoises. Même une entreprise qui n'envisage pas de s'implanter sur le marché chinois a toutes les raisons de s'approprier les tactiques du dragon. Elle y trouvera des armes pour affronter le climat incertain et la concurrence acérée de la période. Voilà selon nous, la voie à suivre.

1. Stimuler vraiment l'entrepreneuriat

Dans la plupart des multinationales avec lesquelles nous avons collaboré, la direction mondiale insiste à l'envi sur l'importance de l'esprit entrepreneurial, à tous les niveaux. Hélas, le mantra est rarement suivi d'effet : nous avons vu trop souvent des collaborateurs, animés par un tel esprit, démissionner à force de frustrations.

Au sein d'une multinationale, l'esprit entrepreneurial se heurte à divers obstacles – réticences à remettre en cause les normes et les processus en vigueur à l'international, penchant à préférer les efficiences mondiales aux opportunités locales. On est là aux antipodes des attitudes chinoises. Dans l'empire du Milieu, un entrepreneur verra un risque à ne pas se jeter sur une opportunité.

L'essor phénoménal de Starbucks-Chine à partir de 2010 en apporte la meilleure preuve. Dans un contexte entrepreneurial, les responsables sur le terrain doivent avoir carte blanche. Ils doivent aussi être récompensés à la mesure de leurs succès afin d'oser prendre des risques. Si l'enjeu en vaut la chandelle, ils obtiendront des résultats. Ou, comme le dit Ren Zhengfei, le patron de Huawei, c'est en s'assurant que la viande est abondante qu'on transforme le personnel en loups.

2. Définir une vision, pas un plan stratégique

Dans un contexte d'incertitude, planifier est superflu. Il faut tabler sur la vitesse d'exécution, l'agilité, l'aptitude à s'adapter. Il faut s'armer d'une vision à long terme, mais agir avec la fluidité de l'eau pour parvenir au but. Dans une période où dominent les aléas, il n'est plus possible de tout miser trimestriellement sur la valeur pour l'actionnaire.

Les entrepreneurs chinois assimilent l'inflexibilité à la stupidité. Grâce aux processus qu'ils ont su inventer, ils s'assurent que l'organisation reste en phase avec les réalités fluctuantes

3. Oser penser en grand

Dans un univers numérique sans frontières, la capacité à connaître ses utilisateurs dans toute leur diversité est proportionnelle à l'échelle. C'est aussi de l'échelle que procèdent la quantité et la qualité des données qui informeront et entraîneront les algorithmes. Du simple fait de sa taille, le marché chinois confère un avantage naturel à ses entrepreneurs : pour peu qu'ils occupent une position de leader à domicile, ils entrent d'emblée dans le top 5 mondial quelle que soit l'industrie.

S'aligner face à de tels compétiteurs exige de sérieux efforts des entrepreneurs et dirigeants d'entreprises dans le reste du monde : il faut penser en termes d'échelle, analyser son profil de risque, son acceptation du risque. Faut-il laisser passer une occasion au risque de tout perdre ? Les conditions nécessaires à la survie sont-elles bien prises en considération ?

4. Fonctionner en écosystème

Plateformes et alliances sont les modèles organisationnels et économiques d'avenir. Ils offrent les moyens de changer d'échelle pour des coûts limités.

Dans l'univers du luxe, les marques premium ont longtemps exclu les partenariats et tablé sur leur réseau de boutiques en dur. Elles veulent aujourd'hui assurer leur présence sur les plateformes en ligne chinoises. LVMH, par exemple, notoire pour le contrôle obsessionnel de sa distribution, a cédé à la nécessité et établi un partenariat avec JD.com pour toucher de nouveaux clients et poursuivre sa croissance.

Les modèles organisationnels évoluent. Même les grandes entreprises et les leaders mondiaux émergents, tels Huawei, Haier ou Xiaomi, montrent qu'il est possible d'engranger les succès avec des organisations et des procédures centrées sur des projets et très agiles.

Les écosystèmes chinois n'ont pas encore d'équivalent ailleurs. En leur absence, nous recommandons de déployer tous les efforts en vue de nouer des alliances essentielles. Trouvez des partenaires qui partagent vos vues, en dehors de votre strict domaine d'activité, tirez le meilleur parti de vos vues et de vos connaissances (clients) mutuelles. Donnez un prolongement numérique à ces collaborations

5. Mettre le client au centre. Grâce à la data, devenir ultra-centré utilisateur

Dans un monde numérique incertain, la rapidité de réaction est la clé du succès. Elle exige de donner la priorité au client, d'être disponible pour lui, toujours et partout.

Xiaomi, Tencent, Perfect Diary, Pingduoduo et bien d'autres ont mis au point des processus et des *business models* qui placent l'approche centrée sur le consommateur au cœur de leur organisation. Les clients ont des canaux d'expression, les plus fidèles sont reconnus et récompensés pour leur contribution, les produits peuvent être optimisés en fonction des réactions du marché.

Une connaissance fine du client est indispensable pour le convertir en utilisateur et s'assurer que l'offre répond précisément à sa demande. En somme, de quoi votre utilisateur a-t-il besoin? Assurez-vous de lui procurer tous les éléments nécessaires pour déclencher l'acte d'achat. Pour y parvenir, il faut en passer par l'exploitation des données multicouches. Seuls l'apprentissage automatique et l'intelligence artificielle procurent l'éclairage nécessaire.

6. Apprendre à gérer le chaos

On recommande un peu partout de développer ses capacités de concentration, pour mieux «filtrer les bruits parasites». Il faudrait apprendre à se concentrer sur l'essentiel, résister au flux chaotique de tendances et d'informations, et prendre le temps de formuler des réponses et des solutions créatives et réfléchies. Nous ne sommes pas d'accord avec ces recommandations.

L'incertitude et la disruption prévaudront au cours de cette décennie et au-delà. L'aptitude à gérer le chaos, à s'adapter au changement constant décidera du sort des entreprises. Le chaos ne nuit pas à qui ne se laisse pas surprendre. Si chacun est conscient d'évoluer dans un environnement fluide et reçoit les bons outils pour y faire face, l'équilibre peut s'imposer au milieu de la confusion.

7. Accélérer son développement sur des marchés émergents

Présents depuis peu sur les marchés internationaux, les géants chinois explorent les opportunités avec appétit. Alibaba, par exemple, prévoit de générer 50 % de son chiffre d'affaires à l'international en 2025.

Les entrepreneurs chinois ont appris à croître rapidement dans des secteurs et sur des marchés émergents. Ils y investissent dans les infrastructures et mettent en place des écosystèmes ouverts aux acteurs locaux.

Leur expansion internationale passera probablement par des modèles collaboratifs, combinant investissements stratégiques et alliances avec des acteurs locaux, pour s'adapter aux conditions de chaque marché. C'est l'approche à adopter! Les tactiques du dragon sont taillées sur mesure pour réussir son expansion sur les marchés émergents.

8. Créer des schémas de participations efficaces

En Occident, les écarts de revenus se creusent au-delà du raisonnable. Le constat est largement admis. En Europe, en particulier, la rémunération des cercles dirigeants est sujette à débat. L'imposition n'est pas le bon remède : elle s'attaque au symptôme, mais néglige les causes du mal.

Les schémas de participation élaborés par les entrepreneurs chinois indiquent la voie à suivre. Ils impliquent le personnel dans la marche de l'entreprise et distribuent la majorité de la valeur créée à ceux des salariés en place qui contribuent le plus à sa création. Double avantage de la démarche : elle favorise la loyauté et le recrutement de profils très compétents. Mieux encore, elle donne aux salariés l'opportunité de mieux s'intégrer dans l'économie mondiale et les incite à regarder au-delà de leurs frontières nationales.

9. Encourager une implication plus active du gouvernement dans l'IA

L'idée selon laquelle seule une crise grave sur les marchés privés justifierait une intervention de l'État n'est pas à la mesure des enjeux. Les investissements publics sont à l'origine de nombre d'innovations disruptives, par le biais de technologies militaires ou spatiales. Internet et le GPS n'auraient probablement jamais vu le jour sans financements publics.

L'exemple chinois l'illustre de façon convaincante : la mobilisation des ressources et des fonds publics précède les investissements privés.

La maîtrise de l'intelligence artificielle va décider des gagnants et des perdants. Les enjeux sont trop cruciaux et l'urgence trop pressante pour abandonner la décision aux forces du marché.

10. Être tenace et rester flexible

Jack Ma, un ancien prof d'anglais, a révolutionné la distribution en moins de vingt ans avec Alibaba ; Ren Zhengfei a fait de Huawei, l'entreprise qu'il a fondée, le leader mondial de la 5G ; Zhang Ruimin, a transformé Haier en puissance mondiale de l'électronique grand public ; plus récemment, Lei Jun, avec Xiaomi, est parvenu à rivaliser avec Apple en quelques années… Dans l'univers entrepreneurial chinois, ces exemples ont pour trait commun l'alliance d'une remarquable ténacité et d'une flexibilité exceptionnelle, mises au service du sens des opportunités.

Il s'agit là de noms déjà connus en Occident, mais des millions d'autres entrepreneurs chinois sont animés par ce même esprit. L'avenir ressemblera à ce qu'ils en feront, aucune difficulté ne pourrait les faire renoncer à s'y tailler une place.

Leur parcours illustre ce que l'entrepreneuriat a de mieux à offrir : une volonté sans faille de s'adapter ou de périr, une résilience obstinée, des ressources inépuisables d'optimisme face aux revers de fortune, une vision bien définie de l'avenir qui échappe à beaucoup, combinée à la capacité de convertir les opportunités en réalité et d'obtenir des résultats.

Beaucoup de nos entreprises ont grandi démesurément, souvent par le biais de fusions et d'acquisitions. Elles ont perdu au passage leur âme entrepreneuriale. Peut-on rêver, qu'au prix d'efforts réels, elles retrouvent la flamme de leurs fondateurs ? Elles en ont un besoin urgent pour affronter l'incertitude des temps numériques qui s'annoncent.

Le monde qui nous entoure change à un rythme sans précédent. À l'échéance de la décennie, l'univers de l'entreprise sera méconnaissable. Chacune d'entre elles est condamnée à suivre le mouvement ou de sombrer dans l'obscurité. Chacune doit acquérir les capacités nécessaires pour gagner en flexibilité, prendre davantage de risques et devenir plus innovante.

Il faut maintenant apprendre à prospérer dans l'incertitude. L'enjeu est simple : s'adapter ou mourir. Puissent les tactiques du dragon vous servir de guide !

Conclusion

Alors que nous rédigions ce livre, nous avons assisté à la dégradation des relations entre la Chine et une bonne partie du monde. Le bras de fer géopolitique pour le leadership mondial, initié par l'administration Trump, semble devoir se poursuivre sous la présidence de Joe Biden. Dans le même temps, les relations entre la Chine et l'Union européenne se sont envenimées. À la mi-2021, elles ont atteint leur point le plus bas depuis 1989, avec une succession de sanctions réciproques et le gel soudain de l'accord sur les investissements Union européenne-Chine, alors que celui-ci était unanimement salué comme un succès sans précédent au début de la même année.

Chaque partie cultivant des valeurs et une vision propres, résoudre ces différends ou trouver un terrain d'entente par la négociation politique sera une tâche délicate. Plus déconcertant encore, s'il faut en croire le sondage du Pew Research Center d'octobre 2020, l'image de la Chine se détériore un peu partout dans le monde.

Les opinions négatives sur la Chine, à la hausse depuis plusieurs années, ont atteint un pic en 2020 dans de nombreux pays développés. Pour plusieurs de ceux pris en compte par l'étude, elle atteint son niveau le plus élevé depuis les premiers sondages de l'institut sur cette question, voilà plus d'une décennie[1].

Aussi préoccupants que soit ces développements, nous jugeons essentiel de garder la tête froide. L'influence croissante de la Chine sur la scène internationale aura nécessairement des contreparties défavorables ailleurs. Les acteurs concernés ne les accepteront pas aisément.

Il serait vain de se lancer dans des prédictions trop précises. Notons néanmoins que, selon le consensus à peu près général des économistes du monde entier, la Chine occupera à la fin de la décennie la première place mondiale par le PIB. Par ailleurs, son influence croissante ne se limite pas à la taille de son économie. Avec la « nouvelle route de la soie », la « quatrième révolution industrielle » ou même le plan de développement viticole dont l'objet est de rivaliser avec Bordeaux, Pékin multiplie les initiatives pour jouer un rôle de premier plan dans un avenir proche.

On ne doit pas s'étonner que la Chine adopte une posture plus affirmée. Ou, plutôt, comme préfèrent le dire les dirigeants du pays, qu'elle occupe à nouveau sa place légitime dans l'ordre mondial.

Le statut de numéro un confère des responsabilités

Pékin dispose d'une marge de manœuvre accrue pour défendre ses intérêts, mais s'y emploie par des méthodes qui suscitent des inquiétudes grandissantes, comme le montre l'enquête du Pew Research Center.

Rançon de sa force, la Chine est observée de près. Au grand déplaisir de ses dirigeants qu'irritent les critiques venues de l'étranger. Jusqu'ici, ils font le gros dos. Réagissent par le repli. Esquivent les responsabilités qui leur incombent en tant que grande puissance. Comme si la Chine ne voulait s'occuper que de la Chine.

Cette situation n'est pas tenable. Du moins, l'espérons-nous. Les dirigeants chinois ne doivent pas renouer avec les aspirations des empereurs d'autrefois, qui n'attendaient rien du reste du monde, sinon des flatteries. La sagesse voudrait qu'ils apprennent à s'accommoder des critiques formulées à l'étranger[2].

Au cours des dernières décennies, la Chine a connu une évolution aussi rapide que spectaculaire. Pourtant, il semble parfois que Pékin, ne mesurant pas l'envergure de son influence ou le caractère potentiellement menaçant de sa stature, réagisse avec trop de lenteur à cette nouvelle configuration.

Son attitude évoque celle de l'autruche enfouissant sa tête dans le sable, s'entêtant dans ses vues, même quand elles se heurtent aux réalités de la politique étrangère, refusant d'admettre l'ampleur des différends. Mais les divergences ne disparaissent pas par enchantement. Au contraire, elles s'accumulent et finissent par engendrer des problèmes plus sérieux.

Ce n'est pas une offensive de relations publiques qui mettra fin à ces tensions d'échelle internationale. À défaut d'être inutile, elle aurait un impact après de longues années, voire des décennies. Restaurer une image peut assourdir les critiques, non les éliminer. Seules des initiatives concrètes peuvent changer la donne.

En définitive, il est de l'intérêt de la Chine d'adopter une orientation plus inclusive ou, en tout cas, moins autocentrée. La Chine doit assumer les responsabilités que lui confère sa position de leader mondial. Elle doit prendre conscience que, malgré sa première place quant au PIB, elle a encore beaucoup à apprendre d'autres régions du monde. Elle doit assimiler qu'une approche gagnant-gagnant est beaucoup plus prometteuse qu'un comportement de voisin impoli et sûr de son bon droit. On pourra nous reprocher de formuler des vœux pieux, mais regardons la réalité en face: la Chine et le reste du monde sont voués à entretenir des relations de plus en plus étroites.

Un découplage économique ? Irréaliste !

Forts de notre connaissance intime de la Chine, née d'une longue expérience, nous estimons que la détérioration de ses relations avec le reste du monde est, pour une part, inévitable et malgré tout superflue.

Répétons-le de nouveau, nous ne sommes pas des admirateurs inconditionnels de la Chine. Le pays nous a beaucoup apporté et nous estimons que bien des leçons peuvent être tirées de son parcours récent. Toutefois, nous déplorons la propension de la Chine à montrer ses muscles à l'intérieur et hors des frontières, et son insistance à défendre son système économique qui retient encore trop souvent les firmes étrangères de s'y implanter.

Pourtant, nous engageons les décideurs économiques du monde entier à observer la réalité chinoise avec attention, au-delà des questions géopolitiques douloureuses et de tout ce qui peut nourrir leurs réticences.

En premier lieu, nous ne croyons guère en une évolution séparée qui verrait « l'Ouest » opérer indépendamment de la Chine. La position de celle-ci dans l'économie mondiale, à la fois comme premier fournisseur de biens manufacturés et comme deuxième importateur – pour 2 000 milliards de dollars en 2020 – rend l'hypothèse d'un découplage indésirable et extrêmement difficile à mettre en œuvre.

Même en tenant compte des barrières commerciales dont s'entourent aujourd'hui les États-Unis et l'Europe, cette hypothèse fait l'impasse sur les intérêts croisés, dont la part va croissant, et sur leurs conséquences : la nécessité d'initiatives conjointes dans le reste du monde, l'Asie et l'Afrique tout d'abord et, de plus en plus, l'Amérique du Sud.

Au bout du compte, un tel découplage ne servirait pas mieux les intérêts de la Chine. Certes, le pays peut tabler sur l'expansion de son marché intérieur pour atteindre une prospérité partagée par tous – son objectif déclaré –, mais le vieillissement de la population et la réduction de la part des actifs fixent des limites à cette ambition et nécessitent un taux de croissance particulièrement élevé. Ce dernier serait difficile à maintenir, avec une baisse de la demande en provenance de l'Europe et des États-Unis.

De plus, dans le plus récent rapport *Doing Business* de la Banque mondiale, qui classe les pays les plus propices aux affaires, la Chine, contrairement aux idées reçues, figure dans le top 10 des économies qui ont accompli le plus de progrès dans de multiples domaines pour faciliter les affaires. Si l'on ajoute à ces avancées la vision clairement définie du quatorzième plan quinquennal pour atteindre une croissance de haute qualité, la Chine reste une destination prometteuse pour les multinationales capables de s'adapter aux conditions locales[3].

Oui, la pandémie de Covid a accéléré la tendance au raccourcissement des chaînes de valeur et bien des firmes envisagent de rapprocher les sites de production de leur marché national, mais la Chine n'est pas près de perdre sa position de plateforme mondiale de production.

En dépit des tensions géopolitiques du moment, il est toujours intéressant pour les entreprises de chercher à pénétrer et à se développer sur le marché chinois. Du fait de son envergure et de l'importance de sa base de consommateurs, l'ignorer serait irréaliste.

De leur côté, les entrepreneurs chinois réfléchissent à leur expansion internationale. La taille du marché national leur procure les vastes ressources qui les aideront à conquérir le monde. Forts de leur penchant pour le risque et de leur aptitude à s'adapter, c'est au-delà des frontières qu'ils envisagent, en toute logique, de poursuivre leur activité. Dès la prochaine décennie, les interactions entre les firmes chinoises et le monde vont se multiplier.

Une meilleure compréhension mutuelle sert les intérêts de la Chine et de l'Occident

À notre niveau, ce type d'interactions est notre quotidien depuis deux ou trois décennies. Nous mesurons combien il est important de comprendre la Chine, sa culture, ses entreprises et leurs capacités. Les mouvements de fond qui modifient aujourd'hui la structure de l'économie chinoise et, par conséquent, du monde, donnent toute son urgence à cette question.

La Chine est à la croisée des chemins. Ses succès auront un impact mondial à l'échelle de plusieurs générations. Les chefs d'entreprise occidentaux ne peuvent l'ignorer. Ne serait-ce que pour trouver des exemples d'innovations auprès de leurs concurrents chinois et s'inspirer de leurs *business models*. Cette attitude exige, de leur part, ouverture d'esprit et envie d'apprendre.

On a souvent l'impression, à l'extérieur de la Chine, que celle-ci parle d'une seule voix. Le pays est pourtant beaucoup plus divers que le consensus imposé ne le suggère et nombre d'entreprises intéressantes sont en quête d'opportunités en vue de leur expansion internationale. Conscientes des obstacles qui peuvent se dresser sur leur route, elles sont prêtes à envisager des alliances favorables à la poursuite de leurs objectifs.

Pour qui est ouvert à ce type de partenariat, comprendre le fonctionnement de ce type d'entreprises est décisif afin de prospérer non seulement en Chine, mais aussi en Inde ou en Indonésie. Réciproquement, il est tout aussi important d'apprendre à travailler avec des entreprises chinoises au sein des économies développées. C'est le moyen de saisir comment les géants chinois du numérique et leurs émules envisagent la compétition à l'échelle internationale.

Ainsi, comme l'affirme avec conviction Kai-Fu Lee dans son livre[4] :

> *Ce sont, incontestablement, des réussites remarquables. Pourtant, elles semblent presque insignifiantes quand on imagine ce que ces mêmes entrepreneurs pourront accomplir avec la force de l'intelligence artificielle. En Chine, l'émergence d'Internet a eu des effets similaires à ceux de l'invention du télégraphe : elle a raccourci les distances, accéléré les flux d'information et fluidifié les échanges commerciaux. Les débuts de l'IA vont rappeler ceux de l'électricité dans notre société : ils vont redéfinir les règles du jeu et dynamiser toutes les industries qui y prendront part. Après avoir aiguisé leurs talents dans l'arène et mesuré le pouvoir que renferme cette nouvelle technologie, les entrepreneurs chinois sont déjà à la recherche de secteurs et d'applications où métamorphoser cette énergie en profits. Mais il ne suffit pas d'être rusé en affaires pour y parvenir. Si l'intelligence artificielle est l'électricité du XXIe siècle, les masses de données constituent le pétrole qui alimente les générateurs. Or, dès son décollage en 2012, l'Internet chinois est devenu le premier producteur mondial en la matière.*

L'entrée dans l'ère de l'intelligence artificielle va provoquer de profondes perturbations. Pour y faire face, les managers devront se montrer capables d'initiatives autonomes et faire preuve de flexibilité. Les entreprises chinoises ont toujours évolué dans un contexte de perturbations et d'incertitude. Elles ont développé les compétences nécessaires pour survivre et prospérer.

En Occident, alors que la conversion générale au numérique affecte la stabilité des marchés occidentaux, ces mêmes compétences vont s'imposer comme des nécessités. Or, rien ne convient mieux aux environnements et aux temps incertains que les tactiques du dragon. Les maîtriser pourrait bien être la meilleure garantie de survie.

Remerciements

La base de ce livre est notre propre expérience en Chine qui s'étend pour chacun de nous sur une période de 30 ans, ayant tous les deux travaillé dans des entreprises internationales avec de nombreux partenaires locaux, avec et pour des entreprises privées chinoises locales ou dans notre propre entreprise créée en Chine.

Nous connaissons de près un grand nombre des marques et des sociétés mentionnées dans ce livre. Nous avons collaboré avec elles, sous une forme ou une autre, souvent par le biais d'une relation professionnelle avec les fondateurs, les propriétaires ou d'autres dirigeants. En outre, nous avons mené divers entretiens pour approfondir nos connaissances. Nous avons beaucoup appris à leurs côtés et nous osons espérer que la réciproque est vraie. Nous tenons à les remercier pour leur contribution à notre éducation. Leurs pratiques quotidiennes, leurs initiatives et leur savoir sont les fondements de ce livre.

En particulier, nous adressons nos remerciements à 丁世忠 (Ding Shizhong) et 郑捷 (James Zheng) d'Anta Sports ; 仇文彬 (Vincent Qiu Wenbin) de Baozun ; 盛百椒 (Sheng Baijiao) de Belle International ; 陈义红 (Chen Yi Hong) de Dong Xiang ; 郭广昌 (Guo Guangchang) ; 汪群斌 (Wang Junbin) et 程云 (Joann Chen Yun) de Fosun International ; 赵迎光 (Zhao Yingguang) de Handu Yishe ; 李琳 (Li Lin) de JNBY ; 雷军 (Lei Jun) et 洪峰 (Hong Feng) de Xiaomi et 丁水波 (Ding Shui Bo) et 李冠仪 (Holly Li) de Xtep, ainsi qu'à tous les propriétaires des franchises et aux fabricants d'Adidas-Chine, Lacoste-Chine et Kappa-Chine.

Outre les chefs d'entreprise dont l'exemple a été une source d'inspiration, nous remercions les nombreux contributeurs auxquels nous sommes aussi redevables. Sans leur concours, leurs commentaires critiques, leurs suggestions et leurs encouragements, ce livre n'aurait pas vu le jour. En particulier, nous exprimons notre gratitude à Anders Kristiansen, Angel Yu, David Baverez, Frans Greidanus, Gert-Jan van Eck, Grace Gu, Jonathan Seliger, Mark Schaub, Pierre-Alain Ceralli, Richard Spaans, Rina Joosten-Rabou, Stéphane Wilmet et Thierry Garnier.

Enfin, nous remercions tout particulièrement Simon Wang, le mari de Sandrine, pour son implication essentielle au cours du développement de ce projet. Source précieuse d'information, il a aussi joué un rôle crucial en veillant à ce que le contexte culturel de ce livre soit correct et historiquement exact.

Nous remercions également Annette Nijs et François Candelon dont les critiques constructives nous ont permis d'affiner les idées et le contenu de notre livre.

Dragon Tactics réunit de manière unique de nombreux aspects de la gestion des entreprises chinoises. Avant notre livre, d'autres ont publié leurs réflexions sur certains des sujets que nous abordons. Notre manuscrit n'aurait pas été complet sans l'utilisation de certains de ces matériaux existants tels que des livres, des vidéos, des rapports, des recherches scientifiques et des articles publiés. La liste complète de ces sources figure à la fin du livre, soit dans les références (qui sont numérotées tout au long du livre), soit dans les sources. Nous avons inclus de nombreux documents en chinois, dont certains sont des blogs ou des messages sur les réseaux sociaux, qui reflètent l'état d'esprit actuel en Chine sur les sujets abordés dans notre livre.

Un dernier mot pour expliquer la représentation des noms chinois. Par courtoisie envers les entrepreneurs que nous avons remerciés ci-dessus, nous avons utilisé leurs noms chinois complétés par une représentation du nom en pinyin ou – pour ceux qui l'utilisent régulièrement – en style occidental. Toutefois dans le reste du livre, par souci de simplification, nous n'avons représenté les noms – tant pour les personnes que pour les entreprises – qu'à l'aide de la conversion en pinyin ou du nom de style occidental communément accepté.

Références

Prologue

1. Hout T., Michael D., « A Chinese Approach to Management », *Harvard Business Review*, septembre 2014.

Comprendre les tactiques du dragon

1. « Amazon Opens Flagship Tmall.com Store », Alizila, 7 mars 2015.
2. Kharpal A., « Amazon is Shutting Down its China Marketplace Business. Here's Why it Has Struggled », *CNBC*, 18 avril 2019.
3. *Ibid.*
4. Entretien de Pony Ma à l'université de Hong Kong, 2015, visible sur iQiYi [www.iqiyi.com/w_19ruvuq6s1.html] (en mandarin).
5. Huiling L., « Amazon Abandons China's Self-Operated Market and Initiates Layoffs », *China Business Journal*, 18 avril 2019.
6. Feng L., « Why Western Digital Firms Have Failed in China », *Harvard Business Review*, 14 août 2018.
7. Bell D., Shelman M. L., « KFC's Radical Approach to China », *Harvard Business Review*, novembre 2011.
8. Allen J., « The Changing Question of China », Founder's Mentality Blog, Bain & Company, 29 juin 2018.

Maîtriser les tactiques du dragon

1. 华为企业文化 [La culture d'entreprise de Huawei], Baidu BaiKe.
2. Toutes ces informations sont publiées sur le site de Huawei.
3. 华为企业文化 [La culture d'entreprise de Huawei], *op. cit.*
4. Birkinshaw J., Diego E. (de), Liang-Hongke D., « Seven Lessons From Tencent's Pony Ma », London Business School, 17 septembre 2018.
5. Ducrey V., *Un succès nommé Huawei*, Eyrolles, novembre 2019.
6. « How Luckin Coffee is Racing Ahead in China », World Coffee Portal, 29 octobre 2019.
7. Crabtree J., « Didi Chuxing Took On Uber and Won. Now it's Taking on the World », *Wired*, 9 février 2018.
8. *Ibid.*
9. Ying L., « Teamwork in Chinese Organisations: A New Concept and Framework », thèse soutenue à l'Old Dominion University en 2006.

10. Chen X., Bishop J. W., Scott K. D., « Teamwork in China: Where Reality Challenges Theory and Practice », dans Li J. T., Tsui A. S., Weldon E. (éd.), *Management and Organizations in the Chinese Context*, Palgrave Macmillan, 2000.

11. 华为企业文化 [La culture d'entreprise de Huawei], *op. cit*.

12. Xiao-Ping C., Xiaofei X., Shiqing C., « Cooperative and Competitive Orientation Among Chinese People: Scale Development and Validation », *Management and Organisation Review*, juillet 2011.

13. Feng J. A., « "Wolf culture" in the Workplace, Good Use is Positive Energy, Otherwise it Will be Counterproductive », *Nanfang Metropolis Daily*, avril 2014.

14. Abacus, « Experience the Damaging Reality of China's 996 Work Culture in a New Game », *Line Today*, 31 mars 2020.

15. Zhong R., « Huawei's "Wolf Culture" Helped it Grow, and Got it Into Trouble », *The New York Times*, 18 décembre 2018.

16. Feng J. A., « "Wolf culture" in the Workplace, Good Use is Positive Energy, Otherwise it Will be Counterproductive », *ibid*.

17. Cailliau H., *Le Paradoxe du poisson rouge*, éditions Saint-Simon, 2016.

18. 腊八节 马云视频连线百名乡村教师 [La vidéo du festival Laba Jack Ma connecte 100 enseignants ruraux], *Sina*, 20 janvier 2021.

19. Hout T., Michael D., « A Chinese Approach to Management », *op. cit*.

20. Bork H., « How Short-Sighted Vision Turned a Chinese Success Story Into a Cautionary Tale », *Roland Berger*, 8 août 2019 et Lapehn A., « Bike Sharing in China: What Happened to the Craze? », 1421 Consulting, janvier 2020.

21. *Digital Luxury*, rapport, BCG Collaborates et Tencent Marketing Insight, septembre 2020.

22. Chen Y., Liu C., « Motto for the Internet Age: Adapt or Die », *China Daily*, 8 mai 2015 (date de mise à jour).

23. Kleiner A., « China's Philosopher-CEO Zhang Ruimin », *Strategy+Business*, hiver 2014, n° 77, 10 novembre 2014.

24. Zhang S., « The Rise of China's Cosmetic Brands », *Beijing Review*, n° 5, 4 février 2021.

25. Yu S., Scott M., « "All Girls, Buy It!" in China, Perfect Diary Gives Cosmetics World a Makeover With Live Streams Low Prices », Reuters, 26 août 2020.

26. *Ibid.* et « How Perfect Diary Got to the Top of China's Cosmetics Market », Daxue Consulting, 7 mars 2021.

27. Hall C., « Chinese Brands Can Teach Victoria's Secret How to Sell Lingerie Today », *Business of Fashion*, 18 février 2021.

28. Yip S. G., McKern B., *China's Next Strategic Advantage*, MIT Press, 2016.

29. « De Liu About the Products of Tomorrow », Xiaomi Global Community, 29 août 2017.

30. Hout T., Michael D., « A Chinese Approach to Management », *op. cit*.

31. « How Perfect Diary Got to the Top of China's Cosmetics Market », *op. cit*.

32. Andrew J., Sirkin H., *Payback*, Harvard Business Review Press, 2007.

33. Allen J., « The Changing Question of China », Founder's Mentality Blog, *op. cit.*

34. Hout T., Michael D., « A Chinese Approach to Management », *op. cit.*

35. Cailliau H., *Le Paradoxe du poisson rouge*, *op. cit.*

36. Birkinshaw J., Diego E. (de), Liang-Hongke D., « Seven Lessons From Tencent's Pony Ma », *op. cit.*

37. Chou C., « Taobao Helping Farmers Reap Gains in Livestream Boom », Adizilla, 4 avril 2019.

38. Reeves M., Zeng M., Venjara A., « The Self-Tuning Enterprise », *Harvard Business Review*, juin 2015,

39. Confucius, *Entretiens de Confucius*, XIII. 13.

40. Lee J.-K., *Confucian Thought Affecting Leadership and Organisational Culture of Korean Higher Education*, thèse soutenue au Korean Educational Development Institute (KEDI) en 2001.

41. Ducrey V., *Un succès nommé Huawei*, *op. cit.*

42. Graziani T., « WeChat Management Culture: A Sneak Peak », WalktheChat, 28 mai 2019.

43. Smartphone Market Share, IDC, 17 mai 2021 (mis à jour).

44. Birkinshaw J., Diego E. (de), Liang-Hongke D., « Seven Lessons From Tencent's Pony Ma », *op. cit.*

45. Adler R., Hiromoto T., « Amoeba Management: Lessons From Japan's Kyocera », *MIT Sloan Management Review*, 18 septembre 2012.

46. Tanner H., *Lin Biao's Principles of Tactics vs. the Human Wave: A Disagreement with Edward C. O'Dowd*, University of North Texas, 2014.

47. Allen J., « The Changing Question of China », Founder's Mentality Blog, *op. cit.*

48. Campbell C., « China's Cainiao Is Revolutionizing How Goods Get Delivered. Will the Rest of the World Follow its Rules? », *Time*, 23 novembre 2020 et « A Closer Look at Alibaba's Logistics Arm, Cainiao's Globalization Journey », Cainao network, 18 september 2020.

49. Greeven M., Nieto-Rodriguez A., « Agility, Chinese Style », *Dialogue*, 16 January 2019.

50. *Innovation & Coopetition*, rapport annuel, Fosun, 2019.

51. *Ibid.*

52. Greeven M., Nieto-Rodriguez A., « Agility, Chinese Style », *op. cit.*

53. Minnaar J., « 4 Future-Proof Organisational Models Beyond Hierarchy and Bureaucracy », Corporate Rebels, 7 décembre 2019 (modifié le 4 décembre 2021).

54. Kleiner A., « China's Philosopher-CEO Zhang Ruimin », *op. cit.*

55. « Chinese Culture vs the U.S.: 3 Main Differences in Management Culture », MI Translations, 30 octobre 2015.

56. Huang G., Gove M., « Confucianism and Chinese Families: Values and Practices in Education », *International Journal of Humanities and Social Science*, vol. 2, n°3, février 2012.

57. *Ibid.*

58. Li J. R., Fu B., « Talking about the Characteristics and Development Causes of Chinese Family Enterprises », *Global Market Information Herald*, 3 août 2012.

59. Zhang C., *Culture and the Economy: Clan, Entrepreneurship, and Development of the Private Sector in China*, Central University of Finance and Economics, Pékin, décembre 2016.

60. Entretien avec Chang Boyi, 每个中国企业都需要一个皇帝 [Chaque entreprise chinoise a besoin d'un empereur], *China Europe Business Review*, 18 juillet 2011.

61. Xiao B., *Why is Haidilao's "business path" so wild?*, Peking University Press, septembre 2020.

62. *Ibid.*

63. Hout T., Michael D., « A Chinese Approach to Management », *op. cit.*

64. Li X. C. *et al*, « Research on Chinese Family Businesses: Perspectives », *Management and Organisation Review*, vol. 4, n° 11, p. 579-597, 2015.

65. Chen M.-J., *Inside Chinese Business: A Guide for Managers Worldwide*, Harvard Business Review Press, 2001.

66. Yong Hong S., 海底捞员工激励制度 [Haidilao Employee Incentive System], Sohu, 4 septembre 2019.

67. Hout T., Michael D., « A Chinese Approach to Management », *op. cit.*

68. Feng G., Zhu P., *Employee Share Plans in China: Regulatory Overview*, Thompson Reuters Law, 1er août 2021.

69. Chinese Restaurant Network, 海底捞员工激励制度 [Système d'incitation des employés de Haidilao], Sohu, 4 septembre 2019.

70. Zheng X., Zhao Z., *Yonghui Superstores: Profit-Sharing and Partnership Reform*, Tsinghua School of Economics and Management et Ivey Publishing, 22 mars 2019.

71. Towson J., « Digital China and Asia's Latest Tech Trends », Jeff Towson, octobre 2019.

72. « 50 Smartest Companies », *MIT Technology Review*, 2017.

73. China Internet Network Information Center (CNNIC), juillet 2014.

74. China Internet Users, chiffres de 2008-2020, consulté en décembre 2020.

75. Rapport sur le numérique en Chine, édition 2021, DataReportal, janvier 2021.

76. *Number of Smartphone Users in China From 2015 to 2020 with a Forecast Until 2026*, Statista, juillet 2021.

77. *Chinese Consumers at the Forefront of Digital Technologies*, enquête sur les consommateurs de services mobiles, Deloitte, 2018.

78. Candelon F., Li S., Reeves M., « Lessons From China's Digital Battleground », *MITSloan Management Review*, 2018.

79. Nijs A., *The China Factor*, The China Agenda, 2019.

80. Candelon F. *et al*, « China's Business "Ecosystems" are Helping it Win the Global A.I. Race », *Fortune*, 2 juillet 2021.

81. Candelon F., Puri A., Shameen P., « Your Company Needs a New China Strategy in the "Decoupling" Era », *Fortune*, 28 janvier 2021.

82. Craig J., « Open Innovation: Transforming your Business in China », Daxue Consulting, 11 avril 2019.

83. Ho D., « Focus: The Rise of Chinese Tech and Why it Matters », CIGP, 30 décembre 2020.

84. Xiang N., « How China Winning the Race to Install 5G Will be Good for the World », *Nikkei Asia*, 8 septembre 2020.

85. Li D., Tong W. T., Xiao Y., « Is China Emerging as the Global Leader in AI? », *Harvard Business Review*, 18 février 2021.

86. Zhihua L., « Tech-Powered Imaging Devices Offer Faster and More Accurate Diagnosis », *China Daily*, 4 mars 2020.

87. « Why Retailers Everywhere Should Look to China », *The Economist*, 2 janvier 2021.

88. Li D., Tong W. T., Xiao Y., « Is China Emerging as the Global Leader in AI? », *Harvard Business Review*, *op. cit.*

89. « 50 Smartest Companies », *op. cit.*

90. Candelon F., Puri A., Shameen P., « Your Company Needs a New China Strategy in the "Decoupling" Era », *op. cit.*

91. *China AI Development Report*, China Institute for Science and Technology Policy, université de Tsinghua, édition 2018.

92. *Chinese Consumers at the Forefront of Digital Technologies*, Deloitte, *op. cit.*

93. Li D., Tong W. T., Xiao Y., « Is China Emerging as the Global Leader in AI? », *op. cit.*

94. Lee K.-F., *I.A., la plus grande mutation de l'Histoire*, Les Arènes, 2019.

95. « Alibaba Now Product Designer, as Well as Seller, for Brands », Alizila, 20 avril 2018.

96. Ho D., « Focus: The Rise of Chinese Tech and Why it Matters », *op. cit.*

97. *Ibid.*

98. Meier L., « Fast fashion, Faster Profits », *The Wire China*, 6 juin 2021.

99. Cramer-Flood E., « In Global Historic First, Ecommerce in China Will Account For More Than 50% Of Retail Sales », eMarketer, 10 février 2021.

100. Nicole, 数字业务营收占比超26%！过去一年，星巴克迎来线上爆发, [Les activités numériques représentent plus de 26 % des revenus ! Starbucks a connu une explosion en ligne l'année dernière], Weixin, 7 janvier 2021.

101. Rapport 2020 sur le luxe numérique, BCG et Tencent.

102. « Burberry Debuts Luxury's First Social Retail Store in Shenzhen, China, Powered By Tencent Technology », site officiel de Burberry, burberryplc.com.

103. Lee K.-F., *I.A., la plus grande mutation de l'Histoire*, *op. cit.*

104. Jorge Ricart R., « Data Governance: EU-China Competition Approaches », Elcano Royal Institute Foundation of International and Strategic Studies, 17 novembre 2020.

105. Lee K.-F., *I.A., la plus grande mutation de l'Histoire*, *op. cit.*

106. Candelon F., Puri A., Prashantha S., « Your Company Needs a New China Strategy in the "Decoupling" Era », *op. cit.*

107. Beurteaux D., « This Fish is "King of the Reef." But High-End Diners May Change That », *National Geographic*, 20 mars 2020.

Utiliser au mieux les tactiques du dragon

1. Lannes B., Deng D., « In 2019, Foreign Brands Outgrew Chinese Brands in China », Bain, 6 août 2020.

Conclusion

1. Devlin K., Huang C., Silver L., « Unfavourable Views of China Reach Historic Highs in Many Countries », Pew Research Center, 6 octobre 2020.

2. Qing X., « How China Is Losing Europe », *The Diplomat*, 25 mai 2021.

3. Candelon F., Puri A., Prashantha S., « Your Company Needs a New China Strategy in the "Decoupling" Era », *op. cit.*

4. Lee K.-F., *I.A., la plus grande mutation de l'Histoire*, *op. cit.*

Sources

Notes des auteurs

西方神话中的龙与中国龙造型差异很大，为什么也译作「龙」？ [Le dragon dans la mythologie occidentale est très différent du dragon chinois par sa forme. Pourquoi est-il également traduit par « dragon » ?], tchat Zhihu.com, question publiée le 23 juin 2018.

Boji T., 东方龙与西方龙的区别，你不知道的还有很多 [Il existe de nombreuses différences entre les dragons orientaux et les dragons occidentaux que vous ne connaissez pas], Ny.zdline.cn, 13 juillet 2017.

Zhang W. P., 中国龙和西方龙差别大，外国网友：中国的才是真龙 [Il y a une grande différence entre les dragons chinois et les dragons occidentaux, les internautes étrangers : la Chine est le vrai dragon], Sohu, 9 juillet 2017.

Chapitre 1 : « Pourquoi en Chine certains réussissent et d'autres échouent ? »

« Thirteen Reasons Why Western Internet Companies Fail in China », Academy of Management Insights, 31 juillet 2018.

« Why Big Companies failed in China ? », CompuFocus, septembre 2020.

« Why Amazon Struggled to Beat Alibaba Online in China », DW, 19 avril 2019.

亚马逊为何不支持货到付款了，还有哪些支持货到付款的网站？[Pourquoi Amazon ne prend-il pas en charge le paiement à la livraison et quels autres sites Web prennent en charge le paiement à la livraison ?], comment certains utilisateurs perçoivent et comprennent la performance d'Amazon en Chine, tchat Zhihu.com, question publiée le 25 mars 2018.

Carlson B., « Why Big American Businesses Fail in China », CNBC, 26 septembre 2013.

Li H., 什么原因注定亚马逊将败走中国？是政策限制、本土化缺位、本土企业的围追堵截、还是光说不练的用户体验？ [Pourquoi Amazon est-il destiné à perdre face à la Chine ? S'agit-il de restrictions politiques, de l'absence de localisation, de la poursuite et de l'interception d'entreprises locales, ou de l'expérience utilisateur qui ne fait que parler, mais ne pratique pas ?], Ittime.com, 22 juin 2014.

Ren & Heinrich, « Why Amazon failed in China », Ren-heinrich.medium.com, April 2019.

Weise K., « Amazon Gives Up on Chinese Domestic Shopping Business », *The New York Times*, 18 avril 2019.

Ye J., « Consumers Say Amazon Failed in China Because it Didn't Adapt », South China Morning Post, 19 avril 2019.

Sur KFC

Yum China, rapport annuel 2019.

Cho K. « KFC's Recipe for Success », Insead Knowledge, 20 mars 2009.

Neil T., « How KFC Changed China and How China Changed KFC », MacroPolo, Institut Paulson, 31 août 2018.

Wang Z., « Mcdonald's Eyes Faster Expansion In Lower-Tier Cities », *China Daily*, 23 octobre 2019.

Sur Carrefour

« Walmart in China: Market entry case study », Daxue Consulting, 23 février 2021.

Chen J., 家乐福败走中国，只能怪自己 [Carrefour perd la Chine, mais ne peut s'en prendre qu'à lui-même], Huxiu, 27 juin 2019.

Matthieu D., « Carrefour in China: 25 Years of Success Ends With Slow Market Exit », Daxue Consulting, 18 juin 2020.

Qixun Siebers L., « Carrefour's History and Exit from China », *The World Financial Review*, 5 août 2019.

Chapitre 2 : « La culture du loup »

« A Transcript of Ren Zhengfei's Interview », *The Economist*, 12 septembre 2019 (mis à jour le 13 septembre).

« Ren Zhengfei's Interview with UK Documentary Producer », Voices of Huawei, site Internet Huawei, juin 2019.

狼性文化成功的背后只是高薪酬制？任正非：烧不死的鸟是凤凰 [Et si derrière le succès de la culture du loup se cachait juste un système de salaires élevés ? Ren Zhengfei : L'oiseau qui ne brûle pas est le phénix], Sohu, 13 septembre 2018.

为什么很多创业公司都提倡狼性文化？ [Pourquoi de nombreuses startups prônent la culture du loup ? La vérité est ici !], tchat Zhihu.com, question publiée le 12 octobre 2019.

关于企业狼性文化的讨论 [Comment comprendre la culture du loup proposée par l'entreprise ?], tchat Zhihu.com, question publiée le 27 mai 2020.

达能强购娃哈哈事件 [Rachat forcé de Wahaha par Danone], Baidu, 23 avril 2022 (date de mise à jour).

Bu Q., « Danone v. Wahaha: Who Laughs Last? », *European Journal of Law Reform*, vol. 13, n° 3-4, pp. 614-628, 2011.

Tao J., Hillier E., « A Tale of Two Companies », *China Business Review*, mai-juin 2008.

Wang R., « Wahaha and Danone: Can unequal contracts be torn up? », Sina, avril 2007.

Zaagman E., « The Huawei Way », *The Interpréter*, The Lowy Institute, 28 juin 2018.

Sur Wechat

Yu H., « In Mobile Social Networks China's Wechat Shows the Way Forward for Facebook », IMD, 16 décembre 2016.

Wang S., « What is WeChat's dream? WeChat founder Allen Zhang explains », WeChat, blog, 18 mars 2019.

Sur Huawei contre Cisco

Flynn L., « Cisco Agrees To Suspend Patent Suit For 6 Months », *The New York Times*, 2 octobre 2003.

Sur Luckin Coffee

Norris M., « From Jail to Java: How Luckin's CMO is Hacking China's Coffee Market », *TechNode*, 25 mars 2019.

Wang S., Campbell M., « Luckin Scandal Is Bad Timing for U.S.-Listed Chinese Companies », *Bloomberg*, 20 juillet 2020.

Sur la culture 996

Fannin R., « Why China's 996 Work Culture Makes Sense Right Now », *Forbes*, 5 mai 2019.

Starnier J., « The Rebellion Against China's 996 Culture », *OneZero*, 2 mai 2019.

Chapitre 3 : « S'adapter ou mourir »

Covid-19, Veille technologique sur les innovations en Chine, Conseillers du commerce extérieur de la France Chine, rapport du groupe de travail Innovation Chine, 7 avril 2020.

L'Intelligence artificielle en Chine, Conseillers du commerce extérieur de la France Chine, rapport du groupe de travail Économie numérique Chine, 2018.

Chen Y., Liu C., « Motto For the Internet Age: Adapt or Die », *China Daily*, 1 mai 2015 (date de mise à jour).

Clifford P., Alberts L., « After WTO, Chinese Firms Will Adapt or Die », *The Wall Street Journal*, January 20 janvier 2000.

Deborah D., « What's the Business Landscape in China Today », *Yale Insights*, 20 août 2013.

Hughes K., « Why Business Needs Chaos to Thrive », Nexxworks, 1er mars 2021.

Liu X., 2021年,"蚂蚁们"命运的三大预测 [Trois prédictions sur le sort des « fourmis » en 2021], Sohu, 2 janvier 2021.

Peyman H., « What Can be Learned From China? Long-Term Thinking And the Ability to Adapt is the Answer », China-Britain Business Council, 25 septembre 2018.

Zhong R., « In Halting Ant's I.P.O., China Sends a Warning to Business », *The New York Times*, 24 décembre 2020.

Zhu M., 腾讯、华为、阿里的决策机制, [Mécanisme décisionnel de Tencent, Huawei et Alibaba], Sohu, 2 juillet 2018.

Sur Perfect Diary, Neiwai et le live streaming

« Perfect Diary Case Study: How This Chinese Makeup Brand Got to the Top », Daxue Consulting, 7 mars 2021.

完美日记"双11"再登榜首，母公司逸仙电商赴美上市 [Perfect Diary « Double 11 » est à nouveau en tête de liste, la société mère Yixian E-commerce est devenue publique aux États-Unis], Sina, 12 novembre 2020.

Hallanan L., « The Greatest Threat to Global Cosmetics' China Success: An Interview With D2C Unicorn Perfect Diary », *Forbes*, 24 juin 2020.

Qin Z., « How China's Livestream Industry is Revolutionizing Ecommerce », *SupChina*, 3 février 2021.

Vervaeke L., « Made for China: livestreamen voor een sterke natie », *De Volkskrant*, 27 octobre 2020.

Wu W., « Neiwai Founder Reimagines Female Empowerment Through Lingerie », *JingDaily*, 5 juillet 2020.

Zerbib S., « How to become a market leader in China in 4 years », LinkedIn, 23 mars 2021.

Zhang Y., « How Lingerie Brand Neiwai Connects with Chinese Women », *JingDaily*, 11 mars 2020.

Chapitre 4 : « L'empereur décide, mais l'agilité règne »

每个中国企业都需要一个皇帝 [Chaque entreprise chinoise a besoin d'un empereur], Sina, 18 juillet 2011.

Shi W., 中国企业家何时丢掉帝王思, [Quand les entrepreneurs chinois ont-ils perdu l'idée d'empereurs ?], Infzm, 28 février 2008.

Sur la décentralisation

Birkinshaw J., « WeChat: behind the scenes at China's most successful app », London Business School, 20 novembre 2019.

Dutt A., « How Tencent used 'micro-innovation' to make WeChat a success », TechInAsia, 13 août 2018.

Yang, X., Sun, S., Lee, R., « Micro-Innovation Strategy: The Case of WeChat », *Asian Case Research Journal*, vol. 20, pp. 401–427. 2016.

Zhang H., 央地关系变迁、分权 与地方政府竞争—对中国经济增长动因的思考 [Évolution des relations entre l'état et les collectivités locales, décentralisation et concurrence entre les collectivités locales], *Business Century*, 29 novembre 2011.

Sur l'organisation en projet et les organisations horizontales

Xiaomi, rapport annuel 2019.

Bo M., 柏明顿：小米上市造富神话 更值钱的是其成功背后的分算奖逻辑 [Le mythe de la création de richesse de Xiaomi lors de son introduction en Bourse : ce qui est plus précieux, c'est la logique qui sous-tend son succès dans le prix du sous-calcul.], Sohu, 14 mai 2018.

Dudovskiy J., « Xiaomi Organizational Structure: Matrix and Flat », Research Methodoly, 23 mai 2018.

Heng H, 为什么有越来越多的公司放弃了扁平化管理? [from Sales And Market, February 2019, Why are more and more companies giving up flat management?], Sina, 26 février 2019.

Liu Z., 微信之父张小龙 [Zhang Xiaolong, le père de WeChat], Taihai éditeur, 2019.

Lu J., 小米组织架构调整，背后有何深意？ [Quelle est la signification de la restructuration organisationnelle de Xiaomi ?], Baidu, 28 février 2019.

Yu L., 小米式组织架构案例分析 [Étude de cas d'une structure organisationnelle de type Xiaomi], Docin, 13 mars 2015.

Wang Z., « Xiaomi Announces Organization Restructure », EqualOcean, février 2019.

Wechat Mini Program, « A Closer Look Into Tencent's Micro-Innovation Strategy », *Medium*, 18 avril 2019.

Sur la concurrence interne et les organisations de style amibe

马化腾对话钱颖一：首次揭秘！原来微信竟是这样诞生的 [Ma Huateng parle à Qian Yingyi : pour la première fois, il est révélé comment est né WeChat], QQ, 22 octobre 2016.

阿米巴经营：小集体大事业 [Gestion amibe : un petit collectif pour une grande entreprise], Sohu.com, 7 janvier 2017.

Chong Gong Dian Li, 阿米巴核心十个字：公司平台化，小组企业化 [Dix mots au cœur de la gestion amibe : platformiser l'entreprise, entreprendre le groupe], Sohu, 25 novembre 2020.

Hu Xiu Team, 赵迎光：韩都衣舍"小组制"在内部高度竞争下的三次转型 [Zhao Yingguang : trois transformations du « système de groupe » de Handu Yishe sous haute concurrence interne], Sohu, 19 juin 2015.

Yi N., 韩都衣舍大建"三人团"共270小组, 追赶ZARA [Hantoo constitue un « trio » de 270 équipes pour rattraper ZARA], ChinaSSPP, 13 février 2015.

Yu Z., Shi W., 你缺的不是人才，而是人才的"赛马机制" [Ce n'est pas le talent qui vous manque, c'est une « course de chevaux » pour le talent.], Sohu, 15 octobre 2018.

Ming Brother, 在职场上你对"胜者王侯败者寇"这种说法怎么看？ [Au travail, que pensez-vous du dicton « le gagnant est le roi et le perdant est le perdant » ?], QQ, 24 mars 2020.

Uncle Watermelon, 阿米巴模式适合中国企业吗？ [Le modèle amibe convient-il aux entreprises chinoises ?], tchat Zhihu.com, question publiée le 27 mars 2020.

Sur les écosystèmes

Cainiao Network Overview, rapport, Cainiao, septembre 2016.

« Open Innovation: Transforming your Business in China », Daxue Consulting, 11 avril 2019.

Candelon F., Yu C., Wang J., « Get ready for the Chinese internet's Next chapter », BCG, 11 janvier 2019.

Kline D., « Behind the Fall and Rise of China's Xiaomi », *Wired*, 22 décembre 2017.

Mason C., Brown R., *Entrepreneurial Ecosystems and Growth-Oriented Entrepreneurship*, document de travail, OCDE, janvier 2014.

Tiger Sniff, 人阿里离职校友会上，彭蕾说今后阿里对离职员工创业或会进行投资 [Lors de la réunion des anciens élèves d'Ali, Peng Lei a déclaré qu'à l'avenir, les employés d'Ali ayant quitté leur emploi pourront créer une entreprise ou investir], Huxiu, 29 novembre 2014.

Xin Z., 世界级巨头是怎样诞生的？看阿里巴巴生态系统的构建 [Comment naît un géant de classe mondiale : un regard sur la construction de l'écosystème d'Alibaba], 360doc, 27 mars 2019.

Za Ji, 以马云为首的"阿里"创业帮：盘点19位离职创业者 [La bande d'entrepreneurs « Ali » dirigée par Jack Ma : un inventaire de 19 entrepreneurs sur le départ], Sohu, 2 mai 2015.

Chapitre 5 : « les gens ne font que passer »

HE L., ZHANG J., MOON L., « In China, the Family Business is Out And The Business Family is in », *Inkstone*, janvier 2019.

HUMPHREYS J., « How to Understand China: Step One, Forget About God », *The Irish Times*, 10 octobre 2019.

LAO F., 要让员工超越自己！马云：我一直把"人"作为阿里巴巴的第一产品 [Laissez vos employés se surpasser ! Jack Ma : J'ai toujours considéré les « gens » comme le premier produit d'Alibaba], 163, 26 octobre 2019.

NG N., « Chinese Company Treats 6,400 Employees to French Vacation », CNN, 11 mai 2015.

ZHANG C., « Culture and the Economy: Clan, Entrepreneurship, and Development of the Private Sector in China », *SSRN Electronic Journal*, Central University of Finance and Economics, 8 décembre 2016.

WENER-FLIGNER Z., « A Chinese Billionaire Sent 6,400 of His Employees on a French Vacation », *Quartz*, 11 mai 2015.

Sur les programmes d'incitation et de stock options

看好公司价值，顺丰回购股票，用作员工激励 [Optimiste quant à la valeur de l'entreprise, SF Express rachète des actions pour motiver ses employés], Sohu, 31 janvier 2019.

LEI L., « Determinants Of Stock Option, Use By Chinese Companies », *Journal of Applied Business Research*, vol. 31, n° 4, juillet-août 2015.

FENG M., LI M. ZHU Y., « Employee Share Plans In China: Regulatory Overview », Thomson Reuters, 1er août 2021.

GREGURAS F., MORGAN L., « Overview of Stock Option Grants in China », Fenwick & West LLP.

WA W., 解读480家上市公司案例！实施员工持股计划准备，这三点需注意 [Interpréter les cas de 480 sociétés cotées ! Pour préparer la mise en place d'un plan d'actionnariat salarié, il convient de noter les trois points suivants], Baidu.com, publication originale *Sina Financial*, 16 juin 2020.

Sur l'actionnariat de Huawei

Hui Zhou Xue Yuan, 经典案例评析:华为员工持股计划 [Classic Case Study: Huawei Employee Stock Ownership Plan], Cssn, août 2014.

STRUMPF D., WANG Y., « Huawei Says it is Employee-'Owned'—But Not Really », *The Wall Street Journal*, 16 avril 2019.

TOWSON J., « Huawei Is Going to Beat Trump with Human Resources, not Technology », Jeffrey Towson, 1er octobre 2019.

TOWSON J., « Huawei's Employee Stock Ownership Plan (ESOP) is "Meritocracy Plus Partnership" at Scale in China Tech », Jeff Towson, 20 octobre 2019.

WEI S., « New Research Claims Employees Do Not Own Huawei », Telecoms, 16 avril 2019.

ZHONG R., « Who Owns Huawei? The Company Tried to Explain. it Got Complicated », *The New York Times*, 25 avril 2019.

Sur Yonghui

YongHui Superstores, *2019 Corporate Social Responsibility Report*, rapport de responsabilité sociale de l'entreprise, 2019.

Cui H., 让腾讯和京东大赚的永辉超市，已经是优等生了？[Le supermarché Yonghui, qui a rapporté beaucoup d'argent à Tencent et JD.com, est déjà un bon étudiant ?], Weixin, 29 avril 2020.

Lam T., Li C., « Yonghui Superstores – The Vanguard of China's Grocery Market », Fung Business Intelligence, « New Retail » dans *Action*, n° 10, novembre 2017.

Mu Q., 永辉超市的合伙人制度详解 Le système de partenariat du supermarché Yonghui expliqué], Sohu, 5 mars 2019.

Sur HaiDiLao

Jian S., 原来海底捞是这样对待员工的，怪不得 [Il s'avère que Haidilao traite les employés comme ça, pas étonnant], QQ, 19 novembre 2020.

Li G., Li L., Deng H., *On Three Characteristics of the Chinese Style Management*, Atlantis Press, 2019.

Xiao B., 为什么海底捞"业务路子"这么野？[Pourquoi l' « approche commerciale » de Haidilao est-elle si sauvage ?], *The Paper*, 7 septembre 2020.

Zhong C., 海底捞员工激励制度 [Le système d'incitation des employés de Haidilao], Sohu, 4 septembre 2019.

Chapitre 6 : « Tout commence avec la data »

« Alibaba Introduces Brand Databank: Data Can Appreciate and Be Deposited like Monetary Funds », Alibaba Group, 26 novembre 2019.

Favoriser une approche européenne en matière d'intelligence artificielle, Commission européenne, politique, 21 avril 2021.

« The Great Mall of China, Why Retailers Everywhere Should Look to China », *The Economist*, 1er janvier 2021,

« 50 Smartest Companies in the World 2017 », MIT Technology Review, 27 juin 2017.

« 50 Smartest Companies in China 2020 », MIT Technology Review.

对于 5G 和全球来说，华为为什么如此重要？ [Pourquoi Huawei est-il si important pour la 5G et le monde ?], *Sina Finance*, 25 février 2020.

专访拼多多陈磊：AI将解决零售业的核心问题 [Entretien avec Pinduoduo Chen Lei : l'IA résoudra les problèmes fondamentaux du secteur de la vente au détail], *Sina Finance*, 2 juillet 2020.

2021世界人工智能大会，大佬们都说了啥？ [Qu'ont dit les gros bonnets lors du Congrès mondial sur l'intelligence artificielle de 2021 ?], China Commerce Network, 9 juillet 2021.

基因决定拼多多是一家人工智能公司 [Les gènes déterminent que Poundland est une entreprise d'IA], *Chong Qing Daily*, 26 août 2019.

关于平台经济领域的反垄断指南（征求意见稿） [Annonce de l' Administration d'État pour la réglementation du marché sur les commentaires du public sur les « Lignes directrices anti-monopole sur l'économie des plateformes » (ébauche)], Administration d'État pour la régulation du marché, Samr.gov.cn, 10 novembre 2020.

CANDELON F., YANG F., WU D., *Are China's Digital Companies Ready to Go Global?*, BCG Henderson Institute, 22 mai 2019.

He Xun Investment Consultant, 重磅消息! 拼多多竟然要用AI种草莓给我吃 AI进军农业领域能行吗？ [Une nouvelle importante ! Poundland va utiliser l'IA pour faire pousser des fraises. L'incursion de l'IA dans l'agriculture va-t-elle fonctionner ?], Sohu, 31 juillet 2020.

BISHOP A., « Google FloC Explained: A Guide for Marketers », Search Engine Journal, 3 juin 2021.

Cashcow, 大数据的大价值：大数据五大成功案例深度解析 [The great value of big data: in-depth analysis of the five successful cases of big data], Ctocio, 11 avril 2013.

CRAMER-FLOOD E., « Unexpected Surge Pushes China's Internet Population to Brink of 1 Billion », *e-Marketer*, 24 mars 2021.

CHAN T. *et al*, « How Chinese Digital Ecosystems Battled COVID-19 », Boston Consulting Group, 22 juillet 2020.

DU W., 中国线上销售额增长约150%，奢侈品抢夺电商红利 [En 2020, les ventes en ligne de la Chine augmenteront d'environ 150 % et les produits de luxe profiteront des dividendes du commerce électronique], *The Paper*, 15 janvier 2021.

MIRCHANDANI M., *Why China Could Lead on Global Data Privacy Norms*, Brink, 2 février 2020.

Scientific Technology Company, 阿里3大营销模型：AIPL、FAST、GROW [Les 3 principaux modèles marketing d'Ali : AIPL, FAST, GROW], Baidu, 15 janvier 2020.

VLASKAMP M., « App met gezichtsherkenning gaat restaurantvissen in Hongkong beschermen » [Une application avec reconnaissance faciale va protéger les poissons des restaurants de Hong Kong], *De Volkskrant*, 20 mai 2021.

You Chuan Yun Tian, 这13个大数据应用案例,让你彻底了解大数据 [Ces 13 cas d'application Big Data vous donneront une compréhension approfondie du Big Data], Bilibili.com, 21 décembre 2020.

ZENG M., « Alibaba and the Future of Business », *Harvard Business Review*, septembre-octobre 2018.

ZHONG W., 大数据到底是什么？对我们的国家有什么意义？对每个人有什么影响? [Qu'est-ce que le *big data* exactement ? Qu'est-ce que cela signifie pour notre pays ? Comment cela affecte-t-il tout le monde ?], Sohu, 9 mai 2020.

Sur Shein

FAITHFULL M., « Shein: Is China's Mysterious $15 Billion Fast Fashion Retailer Ready for Stores? », *Forbes*, 10 février 2022.

LIEBER C., « The Search for the Next Shein », *Business of Fashion*, 4 juin 2021.

« Shein's market strategy: How the Chinese fashion brand is conquering the West », Daxue Consulting, 16 février 2021.

MEIER L., « Fast Fashion, Fast Profits », *The Wire China*, 6 juin 2021.

Sur Yum

« Yum China Named to Fast Company's Annual List of the World's Most Innovative Companies for 2020 », communiqué de presse de Yum China, Cision, mars 2020.

SCHIAVENZA M., « The Yum Model », *The Wire China*, 2 février 2021.

Chapitre 7 : « Attributs fondamentaux et autres considérations essentielles »

平台经济反垄断利剑出鞘, 2020双11狂欢变奏, 互联网巨头万亿市值蒸发 [L'épée antimonopole de l'économie de plateforme rengainée, la variation du double 11 carnaval de 2020, les géants de l'internet ont vu leur valeur marchande s'évaporer de mille milliards], 21 Century Business Herald, 11 novembre 2020.

中国企业家们的苦难与辉煌 [Misère et gloire des entrepreneurs chinois], Sohu, 27 novembre 2018.

Atkinson, R., Moschella D., *Competing With China: A Strategic Framework*, Information Technology & Innovation Foundation, août 2020.

Ash A., « China's New Nationalism », *The Wire China*, 8 août 2021.

Black S., Morrison A., « The Strategic Challenges of Decoupling », *Harvard Business Review*, mai–juin 2021.

Candelon F., Puri A., Prashantham S., « Your Company Needs a New China Strategy in the 'Decoupling' Era », *Fortune*, 28 janvier 2021.

Carafano J., Gupta A., Smith J., « The Pitfalls of the China-EU Comprehensive Agreement on Investment », *The Diplomat*, 22 janvier 2021.

Cheng E., « China wants to build up its wine country into one that could rival France's Bordeaux », CNBC, 21 juin 2021.

Freymann E., « What If China Never Reopens? », *The Wire China*, 1er août 2021.

Hui Zhi Xing Bang, 失败、负债和落魄其实并不可怕，这都是上天对成功者的馈赠 [L'échec, les dettes et le découragement ne sont pas terribles, ce sont les cadeaux de Dieu à ceux qui réussissent], Sohu, 2 décembre 2018

Lannes B., Deng D., « In 2019, Foreign Brands Outgrew Chinese Brands in China », Bain, 6 août 2020.

Lannes B., Deng D., Falli F., « Consumer Products: Now's the Time to Double Down on China », Bain, 2 avril 2019.

Li Y., « China's 'OK Boomer': Generations Clash Over the Nation's Future », *The New York Times*, 14 mai 2020.

Martin P., « China's Wolfpack », *The Wire China*, 20 juin 2021.

Qing X., « How China is Losing Europe », *The Diplomat*, 25 mai 2021.

Wasif Khan S., « Wolf Warriors Killed China's Grand Strategy And We'll All Come to Miss It », *Foreign Policy*, 28 mai 2021.

Silver L., Devlin K., Huang C., « Unfavorable Views of China Reach Historic Highs in Many Countries », Pew Research, 6 octobre 2020.

Xinhuanet, 郑永年：中国企业家为何缺少格局? [Zheng Yongnian : Pourquoi les entrepreneurs chinois manquent-ils de modèle ?], Baidu, 22 juin 2018.

Bibliographie

Andrew J., Sirkin H., *Payback, reaping the rewards of Innovation*, Harvard Business Review Press, 2007.

Baverez D., *Paris-Pékin Express : la nouvelle Chine racontée au futur président*, François Bourin, 2017.

Bishop J., Chen X., Scott D., « Teamwork in China: Where Reality Challenges Theory and Practice », dans Li, J., Tsui, A., Weldon, E. (éd.) *Management and Organizations in the Chinese Context, Palgrave Macmillan*, Palgrave Macmillan, 2000.

Brizay B., *Les Trente « empereurs » qui ont fait la Chine*, Perrin, 2018.

Cailliau H., *Le Paradoxe du poisson rouge*, Saint-Simon, 2015.

Chen M.-J., *Inside Chinese Business: A Guide for Managers Worldwide*, Harvard Business Review Press, 2003.

Cheng A., *Histoire de la Pensée Chinoise*, Seuil, 1997.

Clark D., *Alibaba, the House That Jack Ma Built*, Harper Collins, 2018.

Confucius, *Entretiens de Confucius*.

Cremer D. (de), Wu C., Tao T., *Huawei. Leadership, Culture and Connectivity*, Sage, 2017.

Ducrey V., *Un succès nommé Huawei*, Eyrolles, 2019.

Erisman P., *How a Remarkable Chinese Company is Changing the Face of Global Business*, Pan Books, 2016.

Fairbank J., Goldman M., *China: A New History*, Harvard University Press, 2006.

Faure P., Javary C., *Yi Jing : le Livre des Changements*, Albin Michel, 2012.

Gernet J., *L'Intelligence de la Chine*, Gallimard, 1994.

Gernet J., *Le Monde Chinois*, tomes 1-3, Armand Colin, 1990.

Huang A. (trad.), *The Complete I Ching*, Inner Traditions, 2010.

Javary C., *Les Trois Sagesses Chinoises*, Albin Michel, 2012.

Javary C., *La Souplesse du dragon*, Albin Michel, 2017.

Jing S., *Zhang Jindong: Management Journals of Suning*, China Railway Publishing House, 2011.

Jullien F., *Figures de l'Immanence*, Grasset, 1993.

Jullien F., *Traité de l'efficacité*, Grasset, 2001.

Karam A., *The China Factor: Leveraging Emerging Business Strategies to Compete, Grow, and Win in the New Global Economy*, John Wiley & Sons, 2016.

Kynge J., *China Shakes the World*, Mariner, 2007.

LARDY N., *Markets Over Mao: The Rise of Private Business in China*, Peterson Institute for International Economics, 2014.

LEE K.-F., *AI Superpowers: China, Silicon Valley, and the New World Order*, Houghton Mifflin Harcourt, 2018.

LI K., ÔTIÉ P., *Une Vie Chinoise*, Kana Edition, 2009.

NIE W., XIN K., ZHANG L., *Made in China: Secret of China's Dynamic Entrepreneurs*, John Wiley & Sons, 2015.

NIJS A., *The China Factor*, The China Agenda, 2019.

NYLANDER J., *Shenzhen Superstars – How China's Smartest City is Challenging Silicon Valley*, autopublication, 2017.

PIMPANEAU J., *Chine, Culture et Traditions*, Picquier, 2015.

PUEL C., *Les Trente ans qui ont changé la Chine 1980-2010*, Buchet-Chastel, 2011.

REIN S., *The End of Copycat China: The Rise of Creativity, Innovation, and Individualism in Asia*, John Wiley & Sons, 2014.

TSE E., *China's Disruptors: How Alibaba, Xiaomi, Tencent, and Other Companies are Changing the Rules of Business*, Portfolio, 2015.

VOGEL E., *Deng Xiaoping and the Transformation of China*, Harvard University Press, 2013.

YIP G., MCKERN B., *China's Next Strategic Advantage: From Imitation to Innovation*, MIT Press, 2016.

84276 - (I) - OSB 80° - PCA - NGT
Imprimerie CHIRAT - 42540 Saint-Just-la-Pendue
Dépôt légal : août 2022 - N° 202207.0160

Imprimé en France